高校体育教学理论创新研究

王汉锋　李一良　刘莉媛　著

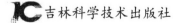吉林科学技术出版社

图书在版编目（CIP）数据

　　高校体育教学理论创新研究 / 王汉锋，李一良，刘莉媛著. -- 长春：吉林科学技术出版社，2023.6
　　ISBN 978-7-5744-0627-8

　　Ⅰ. ①高… Ⅱ. ①王… ②李… ③刘… Ⅲ. ①体育教学－教学研究－高等学校 Ⅳ. ①G807.4

　　中国国家版本馆 CIP 数据核字(2023)第 136506 号

高校体育教学理论创新研究

著	王汉锋　李一良　刘莉媛	
出 版 人	宛　霞	
责任编辑	安雅宁	
封面设计	正思工作室	
制　　版	林忠平	
幅面尺寸	185mm×260mm	
开　　本	16	
字　　数	300 千字	
印　　张	13	
印　　数	1–1500 册	
版　　次	2023年6月第1版	
印　　次	2024年2月第1次印刷	

出　　版　吉林科学技术出版社
发　　行　吉林科学技术出版社
地　　址　长春市福祉大路5788号
邮　　编　130118
发行部电话/传真　0431-81629529 81629530 81629531
　　　　　　　　　　　81629532 81629533 81629534
储运部电话　0431-86059116
编辑部电话　0431-81629518
印　　刷　三河市嵩川印刷有限公司

书　　号　ISBN 978-7-5744-0627-8
定　　价　75.00元

前　言

　　当前，进一步深入发展高校体育教学是实现中华民族伟大复兴的中国梦与中国体育强国梦的重要内容，是高校培养身心全面发展并具有良好社会适应能力的优秀人才和合格社会建设者的有效途径，这就必须彻底摒弃传统高校体育教学的形式化，树立科学的体育教学理念，重视新形势下体育教学理论的发展和创新，为高校体育教学实践提供理论指导。基于此，特撰写《高校体育教学理论创新研究》一书，旨在促进我国高校体育教学改革。

　　本书以高校体育教学为研究重点，重视体育教学与其他学科之间的联系，侧重于现代体育教学理论、教学理念以及教学技术的创新性探索，对构成高校体育教学这一系统的各个要素（教学内容、教学设计、教学模式、教学评价、教学管理等）进行了深入的分析与研究，为当前新形势下高校体育教学的发展以及优秀体育教育人才的培养提供了理论指导，对当前从事高校体育教育教学的一线工作者提高高校体育教学质量、完善高校体育教学过程、优化高校体育教学效果具有重要的启发意义。

目　录

第一章 体育教学概述

作为传播体育理论和体育实践知识的重要途径，体育教育有助于培养学生体育方面的才能，促进学生德、智、美等诸多方面素质的全面发展。本章主要从体育教学的概念与目标、特点与功能以及体育教学的现状和发展进行分析与研究，为体育教学实践活动的开展奠定一定的理论基础。

第一节 体育教学的概念与目标

一、体育教学的概念

体#教_是众多学科教学的一种具体形式，为了更深入地认识体育教学的概念就需要首先了解教学的相关知识，对教学的基本含义进行分析是认识体育教学的重要前提。

（一）教学的概念

"教学"是一种动态行为，是教学工作者对具体的学科或技能组合进行的一种有组织、有计划的教学行为。可以从宏观和微观两个方面对教学的含义进行分析，具体如下。

首先，从宏观角度分析，教学是一种特殊的教育活动，它是指教学者就一种或多种文化为对象，对受教者进行教育，以期让受教者获得这种文化的活动。其中的教学者是掌握某种知识或技能的人，他与接受教育的人共同构成教学的主体。

其次，从微观意义上讲，教学是一种直观的教师进行教授和学生进行学习的活动，在这个活动中，教师是教学的引导者，是教学活动的组织者和知识传授者；学生是教学的"受众"和主体，简而言之，教学是一种以特定文化为对象的"教"与"学"的活动。

综上所述，可以认识到，教学是一种教育活动，这种活动需要教师和学生的共同参与，并为了实现某一具体的教学目标而相互协作。

（二）体育教学的概念分析

1. 体育教学是一门学科

体育教学包括体育教学目标、教学内容、教学评价等内容。体育教学是一种特殊的教学课程，它以发展学生体能，增进学生身心健康为主要目标，配合德、智、美、劳进行教学，促进学生身心全面发展。体育教学最重要的教学组织形式是课程教学，作为一门较为特殊的课程教学，体育课程教学的目的是促进学生在德、智、美三方面全面发展的同时，促进学生的身体素质的提高和身心健康，以保证教学目标的顺利实现。体育课程教学的概念更加侧重于体育运动知识与技能的学习与掌握，但在学生对体验和参与体育运动的认识、情感与社会适应等方面没有给予充分的关注。

2. 体育教学是教育的组成部分

体育教学是在教师的指导下，从生物科学、教育学、心理学、社会学、哲学等学科中获得知识，在体育与健康方面有计划、有目的、有组织地进行以身体锻炼为载体的活动，它与德、智、美、劳的教育课程相配合，共同促进学生身心全面发展。除了运动能力的教育还有些许欠缺，在体育运动、体育活动与训练的教育方面都能够促进学生身心发展，这也是素质教育的主要内容。

3. 体育教学是活动

体育教学主要是有目的、有计划、有组织的相关体育活动的组合。有关研究学者也提出了相似的看法："现代体育教学是为了使学生能在身体、运动认识、运动技能、情感和社会适应能力方面和谐发展的有计划、有组织的活动。"体育教学不仅仅只是把理论知识背熟就可以，它是在参与运动技能的基础上，有一定技能进行的体育活动，达到体育参与一定运动技能的标准，是体育感受体验的积累。

（三）体育教学的要素构成

体育教学既不是完全的游戏和娱乐活动，也不是一种随意的、随心而行的教学活动，它是由多种要素共同组成，才得以正常、合理、科学地开展。一般来说，体育教学的构成要素主要包括以下几个方面。

1. 体育教师

体育教师是体育教学活动的组织者、指导者，同时也是知识的传授者。如果没有体育教师的参与，那么体育教学也就不会存在，这主要是因为缺少体育教师这一要素，体育教学也就缺少了"组织者"和"指导者"。在体育教学中，体育教师既是课程设计的参与者，同时也是课程教学的实施者。因此，体育教师是体育教学中的主导因素。

2. 学生

学生是体育教学中的受教育者，是体育教学的主要对象。在体育教学中，学生是最为活跃的因素，是主体因素。

教学环境是指开展体育教学活动所需要的硬件和软件条件的综合。就体育学而言，良好的体育教学环境在其中有着非常重要的影响，如果缺少良好的体育教学环境，那么整个的体育教学质量就会受到很大的影响，甚至会对体育教学的顺利开展产生非常严重的影响。

4. 教学目标

教学目标是体育教师组织开展体育教学的根本依据，如果体育教学中缺少教学目标，那么后续的工作就无法正常开展。体育教学目标涉及多个方面和多个层次，它是体育教学中的定向因素和评价因素。

5. 教学内容

体育教学内容主要是由内容实体（体育课程）和内容的载体（体育教材）共同组成的。体育教学内容是体育教师根据体育学科的体系、学生的需要和社会的需求选编出来的。如果缺少了体育教学内容，那么体育教学就显得非常空洞。

6. 教学过程

教学过程是体育教学中的最为中心的要素。如果缺少这一要素，体育教学也就无法得到时间、空间和程序上的支撑，更无法进行体育教学的组织和管理。

7. 教学方法

在体育教学中，体育教学方法与体育教师、学生和体育教学目标等要素有着非常密切的联系，它是体育教师根据体育教学目标和学生的实际情况所选择的有效的教学手段和技术，其中包含了为促进学生加深理解教学内容中的各种信息及其传递的方式。

8. 教学评价

体育教学评价与体育教学目标和体育教师等要素之间有着密切的联系，它是体育教师根据具体的教学目标而制定的各种考核和评价指标，这些指标既包括体育教学的教学情况，也包括学生的学习情况。

二、体育教学的目标

学校体育教学目标是学生在实际参加的有关体育内容的教学中对于最终学习成果的预期标准。体育教学目标是由体育教师定的，具有较强的灵活性和实用性；为具体的体育教与学活会提供依据。除此之外，它还是对具体教学过程与丰富教学活动的定向。

体育教学目标又可分为阶段性目标和最终目标，其中阶段性目标是指体育教学各个阶段的目标；阶段性目标的总和就是最终目标，即体育教学的总目标。体育教学总目标是实现体育教学目的的标志。

（一）体育教学目标的特性

通过总结来看，体育教学目标的特性主要表现在两个方面。

1. 预见性和挫折性

首先需要说明的是，体育教学的目标并不是确立之日起在很短的时间内可以达到的，也就是说它并不是已经实现的现实。由此可知，体育教学目标对体育教师和学生共同完成体育教学活动有着很大的指导和激励作用，它是一种对体育教学活动结果的预见与期待。另外，学校体育教学还具有一定的挫折性，因为体育教学目标不是已经存在的现实，因此在实现的过程中会遇到许多不在预期之内的问题和困难，这些困难会给最终要实现教学目标以极大阻碍，要达成目标是需要付出努力，甚至经过非常艰辛的努力才能实现的。

2. 方向性和终结性

学校体育教学目标能够反映出特定的价值取向，这也说明了它带有明确的方向性。在实际的学校体育教学中，这个方向性也是非常直观、明确地展现在体育教学主体面前，如他们应走向什么方向，走到哪里等。

而体育教学目标的终结性不是体育教学的终止。体育教学目标的完成意味着下一个更高更强的体育目标的建立和开始，这个"终结点"只是整个体育过程的互相联系的一个一个的"歇脚点"。

（二）体育教学目标的功能，学校体育教育目标的功能主要表现在三个方面。

1. 体育教学目标是选择教学内容与方法的重要依据

体育教学中包括的内容较为广泛，除最为常见的体育运动项目技能夕还会学习一些和体育与保健相关的知识与技能。而正确合理的体育教学、目标可以界定体育教学内容的范围，对教学内容的选择起到导向作用，并且对其做出最有价值的判断。另外，对于相应的教学内容选择对应的教学方法也是要以体育教学目标为依据的。

2. 体育教学目标是组织教学活动的重要依据

体育教学目标的高徐决定了体育教学活动组织的严谨程度和方法。它会对体育教学内容的结构形式和教学的组织形式产生影响，指导体育教学的具体实施。例如，较低的体育教学目标（体育教学的子目标）可以轻易完成，因此在对其相关内容进行教学时可以组织得相对轻松一些；对待较高的目标则需要严谨、紧张、细致的教学组织。

3. 体育教学目标是教学评价的重要依据

对于体育教学的结果都要进行系统、客观的评价，以此获得有效数据和结论以用于反馈给体育教学管理部门。此后，相关部门会根据这些评价调整体育教学中的各种指标，促进教学水平的进步以及与学生的适配性。总的来看，学校体育教学目标是评价体育教学价值和效果的主要依据，它是进行学校体育教学评价的基本标准。由此可知，体育教学目标为学校体育教学评价提供了依据。

（三）体育教学目标制定的依据

1. 以人体的发育规律为依据

根据我国体育教学的现状来看，受教育对象的人体发育规律对教学的影响非常重要。人体发育有几个敏感期，这些敏感期对体育素质的培养有着非常重要的作用，抓住这几个敏感期进行体育教学可以达到事半功倍的效果。根据近几年的调查研究发现，按照我国国民的个体发育规律，各项素质发展的最高峰的年龄主要集中在学生时期，特别是大学时期。体育教学可以充分满足大学生的身心发展需求。在高校期间，要制订更加系统、合理、科学的体育教学计划，此阶段的教学最有可B乡会让学生受益终身。这也是体育教学的根本目标。

2. 以个体参与体育运动的兴趣与能力为依据

体育教学要想取得最佳的教学效果，就必须吸引学生的关注力，提高学生参与体育运动的兴趣。要想提高学生的学习兴趣，根据学生生理、心理和智力的特点，将体育运动的趣味性、对抗性等相结合，使学生由浅入深、由易到难地逐渐掌握体育运动知识，从而获得参与体育运动的基本能力。而且教师还注重学生对体育运动的兴趣，来提高欣赏体育运动以及参与运动的能力，使其成为学生终身的爱好。

3. 以促进个体综合素质的全面发展目标为依据体育运动不仅仅只是提高学生的运动技能，还要综合发展学生的综合素质。在培养德育方面，一些体育运动项目要求学生克服内在和外在的双重障碍，培养学生坚定的意志和顽强的毅力。无论遇到怎样的困难都要遵循道德规范和准则，努力实现自己的目标。在智育方面，体育运动项目中，很多运动项目都要求运动者具有高速判断、分析、思维、想象的能力，让运动者智力得到良好的开发。在美育方面，体育本身就是健康美、形体美的代名词，无时无刻不在培养学生对美的感受能力、鉴赏能力、表现能力以及创造能力。因此，在制定教学目标时要考虑选择合理的教学内容，使学生的德、智、美的综合素质得到全面发展。

体育教学的目标能够把握体育教学的方向，是体育教学研究非常重要的一个部分，对教学改革发展起着至关重要的作用。

（四）体育教学目标的制定

1. 体育教学目标制定的步骤

对体育教学对象进行分析。学生的学习需要是指学习者学习成绩、学习态度等的现状与体育教学目标之间的差距。分析学习者能力与条件是指学生在体能、运动技能、体育知识等方面已经具备的能力与条件。在对学生的学习需要与能力条件认真分析的基础上才有可能设置合理有效的学校体育教学目标。

对体育教学内容进行分析。在制定体育教学目标时，要认真析体育教学内容的特点与功能，这是因为制定具体的体育教学目标终归离不开具体的体育教学内容。教学内容的不同自然带来了不同的特点与功能。无目标的体育教学内容，注定也就没有教学内容的目标。

编制体育教学目标。在分析完体育教学内容后，就要开始着手制定体育教学目标了。体育教学目标是指导体育教学活动设计、实施和评价的基本依据，它通常在"单元"或"课"的教学计划中按照课程的水平目标分别陈述。

2. 体育教学目标陈述

通常认为，体育教学目标陈述主要包括四个方面的要素。

明确目标的行为主体。体育教学目标注重学生学习产生的变化和结果，而不应是像以往那样单纯以教师的"教"为行为主体的过程。现代，包括未来的教学都要以学生作为行为主体。因此，对于体育教学目标的陈述也就要注意突出体现这一趋势。

准确使用行为动词。体育教学目标应采用行为动词来描述体验性目标和结果性目标，以区分学习结果的层次性。

规定学习条件。在体育教学目标的陈述中要注意将教学条件描述出来。体育教学设计的准备工作和体育资源较多，这些都是体育教学中不可或缺的内容，就教学条件来讲一般包括情景、环境和信息三大条件。

说明预期效果。体育教学目标的陈述中必须要有经过教学活动后预期达到的效果。另外，在对预期效果进行描述时要以学生为主体，且语言通常为肯定句。

3. 体育教学目标制定的要求

连续性。体育教学目标是通过若干年级目标、单元目标、课时目标的实现最后加以实现的，在不同年级之间、同一年级前后之间、不同单元之间等既有一定的独立性，又有相互联系与影响。因此，制定体育教学目标，无论是年级、单元，还是课时之间都注意相互之间的连续性。

层次性。无论是体育情感目标、认知目标、运动技能琴#，

还是增强体能目标本身如有一个从低到高的层次。各领域目标之中，都有从低到高的层次。

可操作性。体育教学目标的制定应具体、明确，便于操作，有利于给体育教学活动的过程以清楚的导向，并且目标制定得还要便于最终对教学效果的评价；体育教学目标印制定应尽量利于测量和评价。

4. 体育教学目标制定的注意事项

应具有教育价值。体育教学的目标要具有教育价值，在实际的体育教学中，有些体育教师过于强调目标分解和细节。结果制定了一些体育价值并不大，甚至没有价值的目标，这极大地影响了体育教学效果。

应与体育课程目标相关。学校体育课程目标是体育教学目标的上位目标，每一个下位目标都必须与上位的目标有机衔接，并与之相一致。

应与学生实际情况相适应。学生的需要、能力、条件等实际是制定体育教学目标的前提与基础，只有体育教学目标与学生实际情况相适应，这个目标才称得上是合理的目标，学生在追求这个目标的过程中才能获得相应的进步和增加对体育运动的兴趣。

目标描述应准确直白。只有当学校体育课程教学实施的人能像目标制定者那样理解其中要达到的结果时，目标才是有效的。

应找到学生与内容的结合点。在制定体育教学目标时，必须考虑体育教学的对象和教学内容两个因素。要使目标符合学生的实际，必须认真考虑学生的需要及要达到的学习结果。

体育教学目标应注意及时调整。无论体育教师考虑得多么周密，体育教学目标制定得多么明确具体，其体育教学过程也不是一成不变的。体育教学根据实际情况及时调整既定目标。

（五）体育教学目标的实现途径

体育与健康课、课外体育活动与其他体育健身活动等内容是高校体育教学工作的主要内容，同时也是体育教学目标实现的基本方法。

1. 体育与健康课

体育与健康课是必修课，它是以教育部制订的教学计划为依据而开设的。体育与健康课是系统地对学生进行体育教育的课程。高校体育的基本组织形式也是体育与健康课。体育与健康课有三个基本特征。

（1）体育与健康课的_程标准是有一定规定的，授课的班级也是相对固定的。

（2）体育教师是专业的，场地、设备与器材也有较好的保证。

（3）体育与健康课有规定的考评，学生毕业与升学都要进行体育与健康课的测试。

2. 课外体育活动

我国高校体育目标得以实现的重要组织形式之一是课外体育活动。课间操、体育锻炼、早操、课外体育训练、课余体育竞赛以及在校外进行的郊游（夏令营、冬令营）等是课外体育活动的重要形式。课外体育活动具有四个方面的意义。

（1）课外体育活动能够提高学生学习体育知识和技能的积极主动性。

（2）有利于学生运动能力的提高，对学生自觉锻炼身体的意识和习惯具有积极的培养作用。

（3）有利于学生体质的增强，能够发展学生的体育兴趣与爱好。

（4）学生的课余体育生活能够得到丰富，学习和生活质量等也会有所提高。

3. 其他体育健身活动

其他体育健身活动是指在高校教育的各个环节中开展的有利于学生增进健康、增强体质的活动。这些健身活动也是实现体育教学目标的主要途径。

第二节 体育教学的特点与功能

一、体育教学的特点

体育教学与其他学科的教学存在着共性，同时又有自身的特性。体育教学与其他学科教学的共性主要体现在三个方面。首先，体育教学与其他学科教学的目的都是传授某种知识或技能。其次，体育教学和其他学科的教学都属于教师与学生的双边活动。教师与学生在教学活动中会有各种形式的交流，如语言上的交流和肢体动作的交流等。过往这种交流更多的是从教师到学生（教师传授给学生某种知识和技能），现代教学要求教师开始注重使这种交流转向从学生到教师。最后，体育教学和其他学科的教学均是以班级为单位开展教学活动，实际的教学过程中，班级教学的组成方式会根据需要有所不同，如学生入学时组成的自然班，或根据学生的不同兴趣组成的单项班等。

这里重4对体育教学区别于其他学科教学的特点进行分析阐述。

（一）教学环境的开放性

一般学科的教学主要是室内，而体育教学场所多为室外，目前，我国各级院校的体育教学多以体育实践课为主，体育教师组织的大多数体育课主要在学校操场进行。与其他学科主要是在封闭的教室、实验室等地方开展教学活动不同，体育教学的教学空间富有变化性，环境更加开放，即体育教学环境具有开放性特点。

体育教学环境的开放性决定了体育教学具有不同于室内教学的特殊要求，开展教学活动应注意以下几点。

首先，一般来说，室外活动受干扰因素多，如天气、地形、周边设施与噪声等，体育教学的组织管理工作愈加复杂，需要精心设计与统筹安排体育教学的组织形式、教学步骤与方法，以保证室外体育活动正常、有序地开展。

其次，室外的体育教学是动态的，大部分的教学时间学生都处在不断变化与形式多样的运动中，而且班级内学生较多，教师可采取分组教学。

最后，由于一些学校的体育基础设施条件较差，体育教师应重视和加强学生的安全教育。

（二）教学过程的直观性

体育教学以身体练习为主，身体是教学的主要载体，因此，教学过程拥有直观性特点。这砷直观性主要体现在讲解、示范和教学组织管理三个方面。

1. 教学内容讲解的直观性

在体育教学过程中，教师的讲解必须生动、形象，具有强烈的画面感，具体来说，要求教师对体育教学内容的讲解不仅要达到与其他学科教师讲解同样的要求，还要求体育教师的语言更加生动，并且富有一定的肢体表现能力，以使学生有形象、贴切、有趣的感觉。尤其是在某些拥有较难技术动作的体育运动教学中，教师不仅要对体育教学重点进行详细描述，还要用生动、形象的语言把复杂的技术动作进行简单化讲解，做到深入浅出，以便于学生理解和掌握。

2. 动作技能示范的直观性

体育教学过程中，每一项体育项目的教学都涉及技术动作或战术配合，为了加深学生的理解和认识，教师有必要进行动作示范和实践演示。在教师运用示范法时，需要运用非常直观形象的动作示范，其中包括正确动作的演示和错误动作的演示，这些演示都是非常直观地展现在学生眼前，不能有任何的艺术加工和变形，这样才会使学生从感官上直接感知动作的正确与错误，以利于他们建立正确的、清晰的运动表象。当学生建立正确的动作表象后，再配合教师的讲解，使之与思维结合起来，从而掌握体育知识、体育技术和体育技能，改善身体素质，提高运动水平。

3. 教学组织与管理的直观性

相较于一般学科的教学，体育教学中教师与学生接触更多，关系更融洽，对学生的组织与管理也带有直观性，如要更加富有责任心、更具有活力，身体力行，这对学生的身心也是一种无形的教育。有于教师对学生的观察与帮助，把控教学过程，也能为学生创造宽松的教学环境，使学生在教学中表现出来的言行都是他们最为真实的一面，有利于体育教师获得正确的教学反馈，并及时修正轶学过程。

（三）教学内容的情感性

体育教学内容是非常丰富的，它会涉及多种与体育>目关的内容，通过对体育运动项目知识、技能及相关内夸的学习，学生可以普遍从中体会到源自体育的丰富情感。体育教学中，学生丰富的情感体验主要表现在三个方面。

1. 体育教学内容的运动美

在体育教学过程中，师生可以体会到只有体育才能赋予人的人体美和运动美。一方面，学生通过接受体育教学，掌握体育健身的方法和技能，达到运动塑身的效果，使身体外在形态保持优美的线条和良好的身材比例；另一方面，学生通过对不同运动的学习，可以认识到人体不同的动作展现出的动作美和肌肉的动态美，这种美只有在运动中才能看到，是极为外显的美。

2. 体育教学内容的精神美

在体育教学中，学习运动项目，了解运动知识能使学生真正领悟体育精神。学生通过参与体育活动可以陶冶情操，平衡心态。如学生在关键时刻始终保持冷静的心态，或是在胜利时表现出谦虚等。而每一项运动都向人们表现出了不同的美的特点和审美特征，如球类运动可以表现个人对球类技术的掌握能力，集体球类项目中除了个人能力外，还包含了与队友之间的协作和互助精神。这些内容都是人类积累下来的丰富的体育内涵，而通过体育教学能促进学生感受到体育的精神美，掌握体育的精髓。

3. 体育教学内容的创造美

体育教学是一种创造性的社会活动，其创造的成果就是让学生获得内在的顿悟和精神上的启迪。同时，体育教学沟通着学生与学生、教师与学生，对提高学生社会适应能力具有重要作用。

此外，在体育教学中，学生通过体育教学中对美的感受，可以提高余美能力。既然有美的存在，那么就要有欣赏美的人和能够欣赏美，懂得如何欣赏美的能力。

（四）教学条件的制约性

体育教学内容丰富，涉及要素较多，因此也会受到多种因素和条件的影响，这就使得体育教学会受到更多客观条件的制约，这是体育教学的重要特点之一。

体育教学活动受到的制约主要来自学生运动基础、学生其他基本情况（年龄、性别、生理和心理特点）、体育教学场地条件、器材、气候等。这些因素都会影响体育教学质量的高低。具体来说，主要表现在两方面。

1. 学生特点的制约

学生是体育教学的主体，是体育教学过程中体育知识与技能传授的受众，与学生有关的诸多情况会对体育教学本身造成一些影响，因此体育教学要想进行得顺利，获得良好的教学效果，就要注重对学生的运动基础以及体质强弱等实际情况的区别对待。这些差异具体如男生与女生不同的身体形态、机能水平、运动能力等，根据这些差异，学校体育教育部门和体育教师在进行教学设计、教材选择和教学组织等方面的工作时就要考虑周全，否则就会影响教学目标和教学效果的实现。

2. 教学条件的制约

教学环境状况会直接影响体育教学效果。在体育教学中，体育教学环境是体育教学的重要载体，其质量的高低对体育教学会产生较大影响。例如，体育教学活动多在户外开展，面临的是严重的空气污染，或邻近马路带来的噪声污染等问题，这些问题则势必会影响体育教学主体在教学活动中的状态与情绪；天气对于室外体育教学的影响也是不能忽视的，这点在早年间越发明显，如遇到雨、雪、大风等恶劣天气时，体育教学不得不被迫停止，转而来到室内进行一些体育理论课的教学，长此以往，不利于体育教学目标的实现。

总之，体育教学受多种体育教学条件的制约，要想顺利开展体育教学，就要摆脱不利于体育教学的各种条件因素的影响，尽量将制约因素的影响程度降至最低。

（五）技能学习的重复性

在体育运动项目的技能学习中，重复练习是学生可能提高的重要基础。新的《体育与健康课程标准》指出，现代体育教学应促使学生完成运动参与，促进学生的身体健康、心理健康，并提高学生的社会适应能力。体育教学最基本的目的则是使学生掌握运动技能，而要达成这一体育教学目的，就必须重复学习运动技能。当然，这里所说的技能学习的重复性，并非是某一运动技能的"简单机械化重复"，而是同一运动技能学习的重复性，在这种重复过程中，学生的运动技能是持续、螺旋提高的。

具体来说，结合体育运动技能的形成具有阶段性和规律性分析，运动技能形成大致分为四个阶段：即练习分解动作阶段、练习连贯动作阶段、独立完成连贯动作阶段和熟练完成连贯动作阶段。学生要想熟练掌握运动技能，需要经过长期的反复练习。学生无论是掌握篮足排运动中的复杂技能，还是学习体操中的滚翻、田径中的跑等技能，都需要经历由不会到会、由简单初步学习到复杂深入学习、由不熟练到熟练的发展过程。

技能学习的重复性要求体育教师在体育教学过程中要严格遵循循序渐进的教学原则，逐步指导学生掌握各种运动技能，根据不同运动技能的特点，合理安排练习内容和时间，通过反复练习，使学生逐步掌握、提高运动技能。

（六）身体活动的常态性

正如前面所言，在体育教学中，学生需要不断重复学习体育运动技能，这也决定了学生在体育教学活动中，要经常进行身体活动，即体育教学具有身体活动的常态性特点。体育课堂教学过程中，教师与学生的身体操练非常频繁，这种几乎常态化的特点成为体育教学非常显著的特点。

体育教学要求学生掌握基本的运动技能，体育教学过程中有很多对身_活动的要求是体育教学与其他学科教学的最大不同之处。文化类学的、教学环境多为教室、实验室或多功能厅，此类学科的教学要求教学环要保持相对的安静，这样才能激发学生的思维并产生很好的学习效果。而这些学科相比，体育教学却刚好相反，其教学的地点多为户外或专用_场馆，普遍较为宽阔，而且在大多数时间的运动技术练习环节并不需注意保持安静，学生之间、学生与教师之间都可以随时有相关的交流#沟通，如此才更有利于对运动技术的学习。因此，在体育教学中，几乎所有内容都涉及身体活动，或者是为即将到来的身体活动做准备的活动，就是对作为"身体知识"的体育教学的最好诠释。在反复练习的过程中，对学生的机体产生一定的刺激，安排得当的生理负荷有利于发展学生的身体。

需要特别指出的是，体育教学的身体活动的常态性特点不只针对学生，同时也包括教师，在体育教学过程中，不仅是学生要进行具有一定运动负荷的运动，教师在做示范、做指导和参与组织教学中也需要付出不少体力。

（七）身心练习的统一性

身体与心理的发展具有密切的联系，现代科学研究发现，身体健康有助于改善心理健康，而心理健康与否也可以影响身体健康。因此，体育教学具有要求学生身心共修的特点。

体育教学重视对学生身体的改造，与此同时它还强化学生的心理与多种适应能力的发展。而在其他学科的教学中却无法达到这样的效果，这主要是因为体育教学营造了不同种类的教学情境，一系列积极的情境使得参与其中的人在潜移默化中受到感染，在体育教学中，学生的身心发展看似是多元的，但实际上是一种身心统一的锻炼，即达到身体与心理的共同拓展和发展，表现出十足的统一性。身体发展是基础，心理发展依赖、并能促进身体发展。从这一方面来看，体育教学不仅可以促进学生掌握技能、发展身体、增强体质，而且有利于培养学生的思维方式和良好的心理品质，促进学生身心健康与协调发展。

体育教学中学生身心练习的统一性，要求教师应做好以下教学工作。

首先，体育教学内容的选择应有助于学生的身心发展。体育教学内容的选择会影响到体育教学效果，作为体育教学译或的依据，教师在选择时应慎重。为了使体育教学体现出身心统一的特点，教师应针对学生的身心健康状况合理选择教学内容，所选教材的编排要符合该年龄段学生的心理特点，除此之外还要满足其美学、社会学等其他方面的要求。使学生通过体育教学中的知识学习、身体练习、情感体验，身心收益。

其次，体育教学方法的选用要符合学生的身心特点。与其他学科的教学相比，体育教学的教学方法更加丰富，这更加便于体育教师结合体育教学实际合理选用教学方法，为了体现体育教学中学生身心练习的统一性，体育教师选择的教学方法均应遵循与学生年龄段相适应的身心变化规律，选择正确的、适合学生身心发展的体育教学方法，体育教师必须根据学生的这些身心特点安排教学方法，才能有效地激发学生的积极性和兴趣，促进学生身体和心理的共同发展和提高。

最后，体育运动负荷的安排应注重学生的身心承受能力。身体练习是学生获得技能的重要基础，在此过程中，学生还要经历各种心理体验。具体来说，在体育教学实践中，教学内容以身体练习为主，需要学生运用身体器官直接参与活动，不仅要承受一定的身体负荷，还要承受一定的心理负荷。学生在完成大负荷的身体练习时，要承受肌肉活动引起的疲劳与不适，体验不同的心理过程，磨炼思想意志，还要克服困难、团结一致、努力拼搏，感受失败和成功的心境。这种身心练习的统一性更有益于学生的身心健康发展。

（八）人际关系的多边性

教学是师生共同参与的双边互动过程，在体育教学中，人际交往占据重要位置，体育教学中的人际交往具有多边性的特征。现代体育教学的组织形式主要在单人、双人、小群体以及全班之间不断转换，要求学生在不同的时空内完成不同的身体运动、不断地变换角色位置，彼此之间建立多种不同的联系。因此，在体育教学中，师生之间、学生间、小群体之间具有频繁且形式多样的人际交往关系。

体育教学过程中人际关系的多边性要求体育教师在教学中注意以下三点：一是尊重学生，关注学生成长；二是运用多种方式与学生交流和沟通；三是鼓励与评判，教会学生在体育课堂中初步体会社会交往；四是引导学生相互进行配合，培养学生的合作意识，提高其人际交往能力。

二、体育教学的功能

(一) 传播体育知识

知识是教学的基础性功能，体育教学也不例外，在体育教学过程中，体育教师承担着传播体育知识的重要责任，因此，体育教学具有传播体育知识的重要功能，体育教学主要是通过改造学生身体的手段来实施教学的，从教与学的角度来说，可以将体育知识形容成一种"身体的知识"。这种知识最初伴随着人类的发展而发展，每个人类社会时期都有相应的"身体的知识"的传承，如在原始社会，身体的知识就是人类通过走、跑、跳、投、打等动作捕获猎物或逃避猛兽等行为。而在现代社会中，体育知识的传承内容变成了某项体育运动（如篮球、体操）的基本知识或某些体育技能。

应该认识到，体育教学中对体育知识的传承不是简单的"身体的知识"的模仿，更多的是通过体育教学，来向教学对象——学生，传承体育文化，即体育教师通过体育教学内容向学生展现、传授和体育教学内容相关的文化。

(二) 传授运动技能

科学研究表明，适当参加体育运动对人的身体素质的发展非常有益，而体育教学就成为传授这些运动技术的最好方式。体育教学中所涉及的体育运动技能对于人体的要求不再像过去那样严格，这里的运动技能主要是指如球类、武术、田径和游泳等运动技巧和方法。

就我国体育教学现状来看，学校体育教学活动的组织过程就是育教师以体育教学内容为依据对学生传授体育知识与相关技能或向信息传送的过程。因此，运动技术就成为体育教学的主要内.容（也是重要内容。具体来说，教师在体育课中传习的是各项具体运动技术，如足球运动中的传球技术，甚至可以细分到内脚背传球技术。因此，对于运动技能的训练，没有实践就无法学会。

体育教师是运动技术的掌握者和传播者，在向学生传授运动技术的过程中发挥着十分重要的作用。体育教师对运动技术的传授应从简单的、人门的、基础的人手，在此之后逐渐积累，由简到繁。运动技术不同于其他学科的学习，它不仅需要学生对运动理论有深刻的了解，还要身体力行地亲身参与技术练习，在无数次的重复中逐渐在脑海中和身体上建立起对技术的表象反应，最终到熟悉动作以及可以在下意识的情况下做出正确的动作。整个教学过程是循序渐进的。

(三) 传承体育文化

从某种意义上讲，体育教学真正的目的在于教会学生正确的体育运动方法，使其能在未来的生活中对身心产生持续的、良好的影响，体育教学也可以看作是一种体育文化的传承。体育知识、运动技能的传授都是为体育文化的传承而服务的。

从文化的发展角度来看，传承体育文化是一个长期的、系统的过程，要想真正实现体育教学传承体育文化的功能，就必须使学生通过不同阶段的体育教学，学习到较为完整的运动知识、运动文化。具体应从以下三个方面着手。

首先，保证单次体育课内容之间教学的连贯。可以把体育课中传习的各种小的运动技术累加起来，学生学到的是某个运动项目的完整技术，继续累加，就学到了各种运动技能。

其次，保证不同阶段体育教学的可持续发展。体育教学是由每周两至三次的体育课组合而成的一种贯穿全年的教学计划。其中根据不同的教学周期可以分为课程教学、周教学、学期教学以及学年教学。比学年教学周期更长的就是多年教学。在小学体育教学、初中体育教*、高中体育教学和高校体育教学中，应将这几个不同阶段的体育教

学机统一起来，以促进学生对体育文化全面系统地掌握和传承。重视发挥学生的主体性作用。当前，人们对以人为本的教育教学理念的追求使得人类自我知识的回归不仅代表了体育教学的特殊性，还赋予了伴育教学知识传承的特殊意义。具体到体育教学中，要求教师在体育教学、的开展和实施中重视学生的主体性作用，因为学生才是体育文化的继承者、和传承人，体育教学就是要发挥体育文化的传承功能，使体育文化能通过体育教学获得长久的传承。这也是现代教育强调以人为本的重要原因所在。

（四）体验运动乐趣

乐趣是体育的特质。一个运动项目从不会到熟练掌握，人们会有一定的成就感和乐趣。运动中友伴之间的巧妙配合也能产生许多意想不到的乐趣。体验运动乐趣是人们从事身体运动和体育比赛的重要目的，让学生体验运动乐趣是体育教学的目的之一，也是体育教学功能的主要表现之一。

在学校体育教学中，教师应根据学生个性的、身体素质等的差异，让他们在掌握运动技能和进行身体锻炼的同时，体验运动的乐趣，以使学生喜爱运动并养成参加运动的习惯。具体来说，教师需要做好以下三方面的工作。

1. 正确对待和理解运动乐趣问题

每一项成熟的体育运动项目都有其固有的乐趣，这些乐趣来自该运动项目所特有的运动过程和比赛特征。选人教材的运动项目或是游戏也是如此，只不过有的运动项目乐趣明显，有的不太明显。教师应该结合教材、学生实际、教学目标以及教学手段，深刻理解和运用运动乐趣。

2. 让学生不断获得成功的运动体验

很多时候，体育教学中的身体练习是枯燥的，很多学生经过自己的刻苦努力，不断练习提高，较好地掌握了运动技能，获得了极大的成就感，他们对运动乐趣的体验就更强烈和深刻。因此，学校体育教师应该采用各种教法、手段，让每个学生都有机会获得成功的运动体验，从而提高学生参与运动的积极性与主动性。

3. 开发利于学生体验运动乐趣的教学方法

在体育教学中，教师要善于采用多种方法来帮助学生体验运动的乐趣。如采用挑战性练习法、游戏法、让位比赛法、分组总分比赛法等教学方法，通过情节化、游戏化、竞赛化、简单化、生活化等多种手法，让学生能够充分地、平等地体验到体育运动中的各种乐趣。

（五）强健身体素质

体育运动的健身功能是客观存在的，增强人民体质是发展体育运动的本质属性。经过长期的改革与实践，现代高校体育课程在规划设计教学大纲、选择教材内容、安排课时、实施教学组织等方面已逐渐合理化与科学化。

当前，促进学生身体的发展，实现体育教学的健身功能是我国学校体育教学的根本目标，要实现这一目标，需要教师做好以下三点。

1. 重视健康教育

教师应根据体育教学的规律特点，将各种行之有效的健身内容、方法与手段（健身的、竞技的、娱乐的、保健的等）应用到体育教学中去，有机协调并统一体育教学的教育性、健身性、竞技性和娱乐性等特征，从而提高体育教学质量，促进学生积极参与体育运动，科学地进行体育锻炼，进而取得强身健体的效果。

2. 合理安排负荷

运动有助于健康，但是应注意将运动控制在科学的范围之内。为保证学生身体的健康，体育教师应酌情掌控运动负荷强度。学生亲身参与体育运动实践在体育教学活动中是必不可少的。而既然参与运动实践，就必然会使身体承受一定量的运动负荷。合理的运动负荷对发展学生身体素质有极大的帮助，它对学生的机体或多或少会产生一定的刺激与影响，其影响的程度要视运动项目的内容、学生身体素质、持续运动的时间、运动间隙时间、营养补充等状态而定。只有适应学生身体发展状况的身体活动量，才能取得良好的教学效果。

3. 突出锻炼重点

不同的运动项目对身体的锻炼重点不同，如足球运动对人体的耐力、爆发力、速度和灵敏度有着较高要求；游泳对人体的心肺功能和协调能力有较高要求等。在体育教学中，教师应结合学生的身体状况有区别地、有针对性地选择合适的体育教学内容，组织学生进行体育锻炼，使学生获得身体的合理发展。这要求体育教师在制订教学计划前，就要对学生的普遍体质与运动基础有一个清晰、全面的认识，并遵循体育教学的规律，运用科学的教学方法合理地组织体育教学，以此来有效发挥体育教学的健身功能。

（六）促进心理健康

体育教学不仅有利于学生的身体发展，还对学生的心理健康发展具有重要的作用。和体育教学的健身功能一样，体育教学促进心理健康的功能主要是通过教师传授来实现的，因为教师的一言一行无时无刻不影响着学生的思想，这些行为都是在潜移默化中进行的，因此，教师必须身体力行、为人师表，为学生做出表率与榜样。

体育教学对学生心理健康发展方面的作用主要表现在以下两个方面。

1. 平和心态、缓解压力

参与体育活动有助于学生体验各种心理，在参与体育运动的过程中，学生要频繁面对成功与失败，其中失败和挫折的次数远远多于成功。由此可以培养学生在逆境中正确处理心态的能力，作为胜利者也要做到戒骄戒躁，只有具备这样的素质，才能再接再厉，取得成功。教学更为重要的作用是传授各种人类社会的道德、规范与理念，这是学生走向社会之前的必学内容。

此外，平和的心态有助于学生提高自我抵抗压力的能力，而在体育活动，也有助于学生获得身体和心理上的放松，缓解学生的学习压力。

2. 修养品德、完善人格

首先，体育教学具有帮助学生形成良好思想品德的功能。学生在体育教学与比赛中，可以养成遵纪守则的良好习惯。根据体育运动或游戏的规则，运动竞赛或游戏要想顺利进行，必须依靠参与者自觉遵守既定规则。在体育练习或比赛（游戏）中，学生还要懂得关心同学，尊重对手，尊重裁判，自觉遵守体育课堂秩序。

其次，实践证明，系统的体育教学对陶冶学生良好情操，塑造学生完美人格具有重要的作用。体育教学中，大多体育运动或体育游戏都需要集体共同参与方能完成。体育运动取胜关键是靠集体的团结配合。因此，学生为了取胜，必须认识到团结互助、协调合作、发挥集体力量的重要性。总之，身体练习的过程中体力活动与智力、情感、意志活动紧密结合，融于一体，形成身体思维，所以学校体育教学能使学生的体能和思维活动同时得到发展，学生作为体育运动团队中的一员，需要处理好个人利益与集体利益的关系，应抱有克服一己私欲，顾全大局的思维行事。这有助于学生形成完善的人格。

总之，体育教学的功能是多元化的，现代体育教学要求教师不断提高自身的体育专业素养和体育教学能力，以此来充分发挥体育教学的多种功能，促进学生的全面发展，从而使学生成为适应社会发展的高素质人才。

第三节　体育教学的现状及发展

一、高校体育教学的现状分析

近年来，我国体育教学改革正在如火如荼地进行，其理念在于打破传统的以竞技体育为主的教育思想和破除教学安排的竞技体育体系，力求将人本主义精神，贯彻到身体、健康、娱乐、竞技等作为体育教学改革的目标中。在这种理念的指导下以及众多有益的改革尝试下，体育教学改革取得了一定的成绩，不过这个成绩与21世纪对人才所提出的"知识、能力、素质全面发展"目标要求相比仍旧有较大差距，改革中遇到的许多弊端限制了教学改革的步伐和进展。由此可见，我国高校体育教学改革正走在正确的道路上，不过这条道路要走完还需要很漫长的时间，过程中也一定会经历万千困难。

对高校体育教学的改革需要依现状而定，对于我国高校体育教学的现状主要可以归纳出以下三个方面。

（一）体育教学目标缺乏准确性

在目前各大高校开展的体育教学活动中，仍旧是以让学生掌握某项体育运动技术为主要的教学目标，如掌握乒乓球、羽毛球或足球技术。其年终考核也是以这些技术的量化指标为标准，显得非常生硬和单调。这种过于重视让学生强行接受教学内容，而不是花心思在新型教学的创造上，如此就使教学的要求和标准大大降低，并且使体育教学的目标与真正的目标有所偏离，缺乏准确性。

（二）教学质量出现下降趋势

前面提到了体育教学目标缺乏准确性的现状，使得接受此类体育教学的学生在体育学习中积极性不高，学习个性不够突出，仅仅是像生产产品一样接受一致的教学，不能充分体现现代体育的特殊性。新型教育理念要求在教学中体现出以人为本与主动性的双重原则，但在实际的体育教学当中，为追求高效率，尽管体育教师一方面强调要在秉承以人为本的原则下开展教学工作，但另一方面在教学实践中只是将这些理念停留在文字表述上，显得空洞、乏味。学生在接受教学的过程中始终感受不到新意，久而久之也就失去了对体育教学的期待和兴趣，长此以往，必然会导致体育教学工作质量的下降，不利于学校体育教学任务的达成。

（三）教师专业水平相对较低

体育教学所涉及的内容很多，其教学环境也与其他学科教学有很大区别，由此可见，体育教学绝不是由老师带领学生玩闹嬉戏这么简单。体育教学是一门专业性非常强的学科，为了达到预期的体育教学目标，就需要有经验丰富的体育教师参与教学。现代体育教学的内容中充满了较为新颖、现代的体育运动，体育教师能否率先掌握这些新兴运动项目的技术就成为保证教学质量的关键。

不过从现阶段的实际来看，体育教师的学习速度显然还没有完全跟上新兴运动进校园的速度。现代体育教师的培养环境多为在传统体'育教学模式下产生的，一些条件较好的高校会聘请一些退役运动员担任体育教师。不过，这两类体育教师大多是技术型和训练型的，他们对自己已掌握的运动技能有着充分的信心，同时由于他们自小接受单一的体育运动训练，文化水平普遍较低，与其他学科教师相比，存在明显的科研能力较弱的不足。另外，受传统培养方式的影响，体育教师的工作随意性较大，这就使得他们对自己专业以外的体育课程和项目重视不够。

多种不利因素相加，就使得从总体上来看，我国高校体育教师的专业水平较低。他们掌握的知识相对陈旧，教学方法与手段也缺乏创新，造成体育教师整体上专业水平的下降，从而严重影响了高校体育教学工作的发展。

（四）硬件设施普遍匮乏

我国是一个体育资源较为匮乏的国家。尽管高校作为我国重要的人才培养基地可以优先获得优质的体育资源，但从总体上看，许多高校所拥有的体育资源仍显现出不足、陈旧等现象。教育改革从总体上增加了高校生源，而高校学生的人均体育资源则保持不变且逐年下滑，如此一来就加大了学生数与体育资源数的反比关系。可以说，高校场地设施严重缺乏是当下影响体育教学发展的因素之一。

（五）传统教学思想仍起主导作用

我国是教育大国，我国的传统文化中也非常重视教书育人的作用。由此，传统的教育理念也一并留存到了今天。然而，现代教育早已不同于传统教育，这是社会发展到一定阶段所必然产生的。如果此时仍旧延续传统教学思想，必将影响我国教学的现代化及在未来的发展。

就我国高校体育的教学思想来说，它一直秉承着体育健身的理念、开展。实际上这种理念本没有错，然而当现代教学理念着重素质教育后，对于仅在乎身体健康的体育教学来说显然就表现出了其片面性。

涉及德、智、体三方面关系的教学实践中过于重视对"体"的练习，忽视了对学生"德"与"智"的培养，而这两方面的素质教育在当下也是成为社会所需人才不可或缺的方面。由此可见，若高校体育教学的实际工作还停留在以竞技项目为主要内容的传统体系的话，将会给未来我国体育教学的发展带来极大阻碍。

二、高校体育教学的发展趋势

科技的发展带动了人类社会的发展。在当今社会中，几乎所有事物的发展都离不开相应技术的进步。对于高校体育教学的发展来说也是如此，科技的发展带来了更多更为丰富的体育教学方法与手段。当然，体育教学的发展也不能全部依托于科技水平的发展，教学理念的进步是发展的软件，它与科技所带来的帮助同等重要。

从高校体育教学的发展过程中可以看出，教育理念是所有教育行为的基础，这就需要高校体育教学部门重视体育教育理念的转变，具有与时俱进适时转变体育教育理念的意识。具体到体育教师来说，不仅需要他们具有良好的体育教学超前意识，而且要有新的人才观、质量观来满足未来学生发展的需求，更应该引导学生树立"终身体育"和"全民健身"的体育教育观念和意识。为了适应新时代的发展要求，人们将改变传统的选择教育观为发展教育观，通过体育教学，增强高校学生的身体素质、心理素质以及社会适应能力等，促使其身心的全面发展，培养出适应21世纪高科技快速发展的高素质人才。

在新形势下，我国高校体育教学的发展趋势主要体现在以下五个方面。

（一）更加重视发展高校学生的健康素质

众所周知，体育教学及锻炼对增进和保护高校学生的身体健康具有较积极、较能动和较行之有效的作用。因此学校体育教学也应建立在多维健康观的基础上，全面贯彻"健康第一"的指导思想，深化学校体育改革。

1. 提高学生的体质健康水平

高校体育的本质决定了体育教学必须为提高学生的体质健康而服务。而促进学生体质健康水平的提高是学校贯彻"健康第一"指导思想的最为直接的体现，也是促进学生整体水平提高的基础。增强学生体质，增进健康，既是学生顺利完成学业的需要，同时也是学生终身健康的需要。

2. 提高学生的心理发展水平

心理发展水平包括心理健康水平和心理素质水平。学生的心理发展水平与其生理健康有着非常密切的联系。也就是说，一个患有严重的心理疾病的人就不可能拥有健康的身体。对于学生而言，心理疾病所产生的影响要比生理疾病更为深远和严重。在我国的社会主义市场经济条件下，社会竞争变得越来越激烈，这就要求人们必须具备较好的心理发展水平。因此，促进高校学生心理的健康发展，提高其心理发展水平有着非常重要且深远的意义。

3. 提高学生的社会适应能力

一个人能否处于良好的健全状态，关键取决于他.的社会适应能力的强弱。从社会文化的视角来看，体育的实质是模拟社会生产和生活。基于此，一些人常常将体育课堂称为"社会课堂"，将体育精神当作是现代社会精神的缩影。所以，提高对学校体育的重视程度对我国高校学生社会适应能力的发展和提高有着非常重要的意义。

（二）更加关注向高校学生灌输"终身体育"的意识

在深化学校体育改革的实践中，广大学校体育工作者深刻地认识到，传统的学校体育比较关注增强学生体质的近期效益，而对培养学生的体育意识、兴趣、习惯和能力重视不够，要使学生终生享有健康，就必须让体育伴随其终生。

因此，学校体育既要重视近期效益，又要重视长远效益。加强对学生终身体育的教育，培养学生的终身体育意识，使其养成经常锻炼的习惯，掌握科学健身的知识与方法，具有独立进行科学锻炼的能力。进入21世纪后，新一轮的基础教育与高等教育的体育课程改革，更加强调要对学生进行终身体育的教育。

（三）更加强调体育教学的选择性与层次性

1. 体育课程管理体制的改革为学校体育的选择性创造了条件

传统的体育课程与体育教学，基本上是实行统一管理的办法：由国家统一制定和颁发《体育教学大纲》，规定统一的教学目标，统一的教材内容、教材比重与时数分配，统一的考核项目、统一的评分标准。各地各校对体育教学的选择性只局限在"选修教材"中，且对"选修教材"的实施也有诸多规定。

由于我国幅员辽阔，经济与教育发展不平衡，因此，我国试行了国家、地方和学校三级课程管理体制。在课程管理方面，国家只制定课程标准，提出课程目标，对课程内容不作硬性规定，采取开放与放开的做法，对课程进行宏观管理。具体课程标准的贯彻实施、达成方法、内容设置等，完全由各地、各校根据实际需要和自身条件和特点自行选择。

2. 层次性将成为体育教学中贯彻区别对待的重要方法

由于我国教育基本上都是采用大班教学，一个教学班少则四五十人，多则六七十人，要完全实施个性化教学目前尚有一定的困难。因此，根据个性化教学的基本思想，进行分层次教学成为体育教学实践中实施因材施教、区别对待的重要形式。

分层次教学是指根据学生的身体条件与运动技能，把一个教学班的学生分成若干个层次，按层次确定学习目标和评价方法，采用不同的教学策略，以保证绝大多数学生都能完成课程学习目标。

3. 高校体育将呈现出地域特点与学校特色

由于加大了体育课程的选择性，各地高校只要遵循《课程标准》规定的"选择教学内容的基本要求"，就完全可以根据自己所具有的课程资源、地理条件、气候特点、体育传统等，自主选择体育课程内容与课外体育活动及课余训练内容，因此，学校体育呈现出鲜明的地域特色与学校特色。

（四）更加注重体育教学的课内外与校内外一体化

高校体育教学逐渐走向课内外与校内外一体化，主要基于以下兰个方面。

1. 大课程观的确立

课程是为实现课程目标在教师组织指导下一切课内外活动的总和。大课程观的确立为学校体育走向课内外与校内外一体化奠定了理论基础。

新一轮的体育课程改革是"从大课程观出发，将体育的课堂教学与课外、校外的体育活动包括运动训练纳人课程之中，形成课内外、校内外有机结合的课程结构"。因此，各类学校及体育教师实施新的体育课程，必须认真搞好课堂教学、认真组织好课外与校外的多种多样的体育活动，以满足高校体育教学的需要。

2. 增进学生健康的需要

研究表明，当"国民经济发展到一定水平，人的体质健康某些指标呈下降趋势"。而"与体质健康相关的某些人体生理指标的提高，必须要有一定锻炼时间、量和强度的积累"，如果每周体育活动的总量仅限于几节体育课，那么，体育教学提高学生生理机能的作用将十分微小。《中共中央国务院关于深化教育改革全面推进素质教育的决定》指出："学校要树立健康第一的指导思想，切实加强体育工作""确保学生体育课和课外体育活动的时间"。要贯彻落实学校教育与体育课程的"健康第一"的指导思想，有效地增进学生的健康，增强学生体质，学校体育就必须走课内外、校内外一体化的整体改革和发展道路。

3. 课程资源的开发和利用

为了适应"课内外、校内外有机结合的课程结构"的需要，必须充分开发和利用体育课程资源。

就人力资源而言，除体育教师外，班主任、辅导员、有体育特长的其他学科教师、校医、共青团与学生会的干部以及体育特长生等，都将被动员起来，充分发挥他们在学校体育中的作用。

就课程时间和空间而言，首先，除课程计划规定的教学时间外，卓晨、课间、课外、双休日、节假日的时间，也将得到合理的利用；其次，体育课程将拓展到家庭、社区、少年宫、业余体校、体育俱乐部，以及江河、湖海、田野、山林、草原等一切可以用来体育锻炼的地方，为学校体育冲破课堂与校园的束缚，实现课内外、校内外一体化提供可能性。

（五）更加朝着多样化的方向发展

高校体育教育的多样性体现在以下三个方面。

1. 学生个体体育需要的多样性

在高校体育教学中，大学生有着各种各样、各不相同的需求，并且同一学生的需求也是多种多样的，如娱乐需求、健身与健美需求、调节身心的需求、发展体育特长的需求等。因此，高校体育教学要对学生的个体体育多样性需求给予相应的满足。

2. 学校体育内容形式的多样性

为了满足学生不同的、同一学生不同的体育需求，学校体育教育的内容必将朝着多样化的方向发展。具体如下。

（1）开设个体健身类的体育项目，如健美运动、健身操、越野跑、长走、山地自行车等。此类项目可个人进行锻炼，受制因素少，校内校外均可进行，简便有效。

（2）开设反映时代特征的现代体育项目，如足球、篮球、跆拳道、攀岩、体育舞蹈等。此类项目极富挑战性，能够发展学生的个性，满足学生实现自身价值和加强社会交往的需求。

（3）开设休闲体育项目，如网球、台球、保龄球、乒乓球、羽毛球、游泳、冰雪运动、轮滑、滑板等。此类项目娱乐性强，技术含量高，能满足学生愉悦身心的需求。

（4）开设民间体育项目，如武术、跳绳、跳方格、跳皮筋、跳竹竿、踢毽子、荡秋千、爬竹竿等。这类项目扩大了学校体育资源与体育课程资源，可以满足学生健身、娱乐等多种需求。

3. 学校体育组织形式的多样性

目前，学校体育组织形式主要朝着以下三种类型发展。

（1）体育俱乐部。体育俱乐部将成为高校体育重要的组织形式。各个高校根据自身的条件，通过组织各种各样的体育俱乐部，以此来更好地满足大学生提高运动技能水平、发展体育特长以及健身、娱乐、健美的需要。

（2）体育社团。高校中的体育社团通常是由大学生自己来进行组织和管理的，学生们只有参加选择权。一般是由校（院）团委、学生会来组织发起，并由学校体育教研室（部、组）来给予相应的指导和支持，大都是以单项体育协会的形式出现。根据协会的章程，学生们通过交纳一定的费用，自愿报名参加，协会中的管理人员也是通过民主选举产生的。另外，一些全国性的综合体育团体，如全国大学生体育协会，主要任务是负责组织相同级别的学生体育竞赛。这些体育团体有效地提高了学生参与体育活动的积极性。

（3）非正式学生体育群体。非正式学生体育群体多以共同的体育爱好为基础自发建立起来的，以直接的、面对面的、相对固定的角色互动来进行活动，成员之间年龄相近，彼此之间并不存在正式的控制手段。如引导和运用得法，这些非正式学生体育群体将为学校体育注入新的活力。

第二章　高校体育教学基础理论研究

本章着重研究高校体育教学的基础理论，主要内容包括体育教学论及其价值、体育教学与相关科学理论研究、体育教学的原则与方法等。对体育教学基础理论的研究有助于更好地指导高校体育教学实践。

第一节　体育教学论及其价值

一、体育教学论概述

（一）体育教学论的概念

体育教学论是一门科学，其主要是对体育教学的各种现象与一般规律进行研究。换言之，体育教学中的各种现象和教学现象中隐藏的规律是体育教学论的主要研究对象。

（二）体育教学论的结构

体育教学论其实就是人们对体育教学中相关问题的思考，它分为两大部分，即体育理论教学论和体育应用教学论，这两部分又可以做具体的划分。

（三）体育教学论的研究

1. 体育教学论的理论基础

理论基础是研究任何一项学术的支撑与基础条件，体育教学论的研究也是如此，具体如下。

一元论。沃尔夫创造了一元论一词。沃尔夫是18世纪德国著名的数学家、物理学家、唯心主义哲学家。起初一元论不是作为哲学用语出现的。把一元论作为哲学用语的是海克尔，他是19世纪末＜德国著名的动物学家、哲学家。"海克尔把基于物种保存原则和进化论的世界观称作一元论，并著有《作为宗教和科学之间的纽带的一元论》

一书，还创立了'一元论者协会'。"

世界只有唯一一个本原，这是一元论所主张的哲学学说。这一主张是与二元论及多元论相对而言的。二元论主张世界的本原有两个，即精神与物质，同样，多元论主张世界的本原除了物质与精神之外，还有空气、水等。

一元论所强调的是，物质是根本存在的，是处于第一位的，而精神则是第二位的，精神随物质存在而存在，一旦物质消失，那么精神也就随之消失。

一元论可以分为唯物主义元论和唯心主义一元论两大类。唯物主义一元论强调世界的本原是物质的；唯心主义一元论则强调世界的本原是精神的。

严格意义上讲，唯物主义的一元论是不彻底的。主要是因为在以前还没有马克思主义的时候，所有主张唯物主义的人的社会历史观，从本质上讲都是唯心主义的。马克思主义产生后，才坚持了彻底完整的唯物主义一元论，它的坚持反映在自然观与社会历史观上。因此只有马克思主义哲学才从本质上坚持了唯物主义一元论。在唯物主义的一元论中，科学论证和全面贯彻世界的本原是物质这一观点的只有辩证唯物主义一元论。

二分法。日常研究或对事物的种类进行表述时，人们经常会混淆"分类"与"划分"的概念，把分类当作划分，或把划分按照分类的含义使用，所以，这里要严格区别二者的概念。

分类有两种解释："首先，按照种类、等级或性质分别归类，如把邮件分类。其次，把无规律的事物分为有规律的。按照不同的特点分类事物，使事物更有规律。"

从上述分类的两个解释来看，可以大致把分类当作归类理解，类指的是把个体对象按照共同的特征归为一类，并把具有共同特征种类集合成类。

分类的着手点是比较并概括个体之间、类之间的相同点与不同点。因此，对分类来说，归纳和类比的意义重大。

划分通常就是区分的意思，也可以说对一个整体进行划分，分为若干部分。传统逻辑向外延伸了划分的概贪，延伸为将一个类分为若干子类。

总体来讲，分类是从种到属，而划分则是从属到种，二者方向相反，但又相辅相成，往往并用，结果一致。要划分准确，就应对以下规则加以严格遵守。

第一，各个子项之间没有相同的分子，也就是说，各个子项之间不兼容。

第二，每个子项都包含其母项中的某一个分子。

第三，每次进行划分时，划分的根据不能改变。

第四，不可以进行越级划分。

综上所述，从划分的原则来看，"两分法"是比较科学的划分方式，它基本遵循了划分的规律与原则。

观察学习理论。观察学习又称作"模仿学习"，还可称为"替代学习"。其界定是，人们只要对榜样的行为进行观察就能学会某种行为即所谓的观察学习。在班杜拉

（美国，当代著名心理学家）看来，人类不必是行为的直接实施者，不必是行为的亲身体验与强化者，也能形成一切社会学行为，其主要方法是在社会环境的影响下，观察并学习他人或榜样的示范行为及其结果，即可提高学习效率。

在班杜拉看来，观察学习具体包括四个过程，即注意、保持、运动再现和动机。榜样的条件会影响观察学习者的学习行为，因为学习者只有通过仔细对榜样的示范行为加以留心，才能够进行观察学习。榜样若想起到很好的示范效果，需要具备以下四个条件。

首先，基本条件是示范行为要具备实施的可能性，保证观察学习者有能力做到。

其次，示范行为要与观察学习者的年龄相符，使其容易理解。

再次，示范行为要突出重点，力求生动，能够引起观察学习者的兴趣，吸引其注意力。

最后，示范行为要可以信赖，榜样要使观察学习者相信示范行为是为学习者专门示范，没有别的目的。

2. 体育教学论的研究对象

不管哪个学科，其都有属于自己与其他学科不同的研究对象，这是每个学科与其他学科相区别的主要标志之一。体育教学论这门学科也不例外，其研究对象具体如下。

（1）教与学的关系问题。体育教学这一活动包含多种因素，如教学主体、教学环境、教学客体等，这些因素之间的关系是错综复杂的，每个因素之间又是相互联系、相互依存、相互影响的‘在体育教学活动设计的各因素之间的关系中，最根本的、最关键的关系是教与学两者之间的关系，教学活动要以这一关系为主要依据才能得以顺利开展。因此，要对体育教学进行研究，就要首先对教与学二者的关系进行分析与研究，通过研究来将其中所隐藏的教学规律揭示出来，从而对体育教学原理进行深入掌握。

（2）教与学的条件问题。在开展体育教学的过程中，其能否顺利进行直接受到教学条件这一重要因素的影响。体育教学目标能否顺利完成，教学质量能否得到提高从一定程度上也受到体育教学条件的好坏的影响。教学的硬件与软件设施、教学氛围等是体育教学活动中教与学的条件的主要的内容。

（3）教与学的操作问题。体育教学论不仅仅对理论方面的相关内容进行研究，而且对实践操作中的问题进行研究。在体育教学过程中，教与学的操作问题具体指的是以体育教学的原理与规律为参考依据对教学过程进行设计。例如，对教学内容的选择，对教学方法与教学模式的运用，对教学评价方法的设计等。

3. 体育教学论的研究内容

（1）理论部分。体育教学论中研究的理论部分主要包括：体育教学原理、体育教学因素、体育教学的特征、原则、体育教学规律等。

（2）实践部分。体育教学论中研究的实践部分主要包括：体育教学方法、体育教学内容、体育教学模式、体育教学评价等。这些都是与实践操作相关的内容。

二、体育教学论的价值

（一）有利于对体育教学本质的认识

体育教学是许多教学现象集合起来的一个整体，它具有相对的复杂性，与其他学科相比，体育教学现象更为复杂，正因为如此，体育教师要将体育教学的本质认清是有一定难度的，这进而会使教师对体育教学活动的正确认识与评价受到制约。体育教学论能够帮助体育教师对体育教学现象进行准确地、科学地辨别与判断，从而促进体育教师能够在一定程度上认识体育教学本质。

（二）有利于对体育教学要素之间的关系进行辨别

体育教学是一个庞大的教学系统，且具有复杂性，其涉及的教学因素有很多，如教学主客体、教学内容、方法、模式、环境等。为了使体育教学活动能够顺利进行与开展，体育教师有必要通过体育教学论来对体育教学要素进行分析与判断，将其中的关系厘清，并深入理解这些要素，以此来对体育教学的本质进行深入认识与理解。

（三）有利于对体育教学研究进行完善

在基础教育不断改革的过程中，体育教学的内容和内涵也在发生着深刻的变化。而且，随着体育教育与体育文化的不断革新，体育教学现象也逐渐复杂起来，一些新现象与新特点在体育教学中不断出现，但是人们无法解释这些现象，也无法解决这些新问题，这就需要通过对体育教学论的系统学习来解决这些问题，学习体育教学论后，体育教学理论将会日益完善。

（四）有利于对体育教学实践进行指导

通常，总有一定的教学规律会隐藏在体育教学的各种现象中，如果能够对这些体育教学规律有一定的认识，并且在体育教学实践中参照这些规律，就可以取得良好的教学效果。体育教学论的学习有利于体育教师对体育教学规律的认识与掌握，从而促进其教学能力的增强，使体育教学任务能够尽快完成。

（五）有利于体育教学活动的顺利进行

国家推行体育新课程改革后，传统的教学理念已经不能满足新课改的需求，需要对其进行改革与创新才能开展体育教学活动，这主要是为了使新课改后的教学目标的顺利达成得到一定的保障。通过学习体育教学论，能够对与时俱进的教学理念进行熟悉与掌握，但要注意学习的规范性与系统性。

体育教学论能够促进体育教师教学能力的有效提高，可以指导教师在不同的教学阶段都可以以现实情况为依据对教学内容、教学方法、教学模式、教学评价机制等做出正确的选择，以保证能够顺利实现体育教学目标。

体育教学论对体育教师教学理论水平的提升是非常有利的。通过学习体育教学论，能够帮助体育教师建立起科学的体育教学观，从而指导其运用体育教学观对体育教学的本质与规律进行充分的掌握，进而能够对最新的体育教学问题进行研究与把握，最终达致对体育教学问题进行解决的能力的提高。

第二节　体育教学与相关科学理论研究

一、体育教学与美育

（一）美在体育教学中的体现

在体育教学中，处处体现着美，包含着较为广泛的美的内容，具体来说，主要体现在以下四个方面。

1. 教学环境的美

这里所说的教学环境主要是指包括场地、器材的选择和布置等在内的教学的主要外部条件。环境对人的活动会产生一定的影响，对于体育教学来说，周围环境的影响同样不容忽视。教学环境不仅是教学实施的必要条件，而且优美的教学环境能够带给学生美的感受，使学生享受美，从而促进学生学习兴奋性的不断提高。除此之外，良好的教学环境还有利于学生紧张心理的克服、疲劳的消除以及技能的理解掌握等。

2. 教学内容的美

体育教学中，教学内容的美是特别重要的一个方面。研究其原因，主要备一是在体育教学活动中，教学内容自身的地位很重要，也很突出；二是有很多美的因素在教学内容中有所反映。

美在体育教学内容中表现得十分广泛，主要从两个方面体现出来：一是社会美、艺术美、自然美和科学美，这些美的因素源于人类文化知识体系；二是体育教师和学生在体育教学活动中加工过的美。但是，不管是哪一种，都充分体现了美的存在。另外，体育教学中教学内容的美不仅是指外在的形式美，还指内在的美。比如，崇高的理想和高尚的情操、坚强的意志和顽强的品质等。

3. 教师和学生形态的美

所谓教师和学生的形态，是指体育教师和学生在体育教学实践中所表现的行为方式的总和。具体来说，其主要包括师生的言行举止、面部表情等。所谓形态美，也就是指教师和学生的行为举止、语言和仪表等所表现出来的美。在体育教学活动中，教师的形态美和学生的形态美两者之间相互联系、相互感染，特别是教师的形态美，对学生具有非常显著的重要的牵引作用。

4. 教学过程的美

体育教学活动的美主要体现在以下两个方面。一方面是在体育教学实践规程中体育教师与学生所表现出来的活动，其具有创造性与丰富性；另一方面是体育教师和学生在教学活动中表现出来的美的形式。

在体育教学实践中，不仅要在整个教学过程中体现出教师的独特性和学生的个性，而且应具备教学的完整性、有序性、节奏性等。

（二）美学在体育教学中所起的作用

1.能够使体育教育理论的研究更加深入、细致

现阶段，国内外有很多关于体育教学理论的研究，但是，从社会的政治经济制度和生产力的发展角度对教学进行研究的资料比较多，而从其他视角如人的价值、人自身发展进行研究的资料却很少。体育教学的任务并非只是把体育知识与技能传授给学生，同时还要对学生的内在进行良好的塑造和科学的培养，使学生能够全面发展。体育教学任务的完成离不开对学生进行美的教育。

2.能够使体育教学中情感激烈和个性陶冶被忽略的问题得到改善

现阶段，体育教学活动表现出一些鲜明的特征，其中主要的一个表现就是学校对知识传授、思想品德教育和技能提高的重视，但对情感鼓励和个性熏陶的忽视。体育教学活动是包含教师的教与学生的学的双边活动。体育教师要以学生的现实状况为根据来对他们的个性进行有针对性的有目的的培养，使学生对美的情感体验更加丰富。

3.能够使体育教学效应得到有效提高

在体育教学的实践过程中，体育教学效应的提高离不开美发挥重要的功能与作用，其主要表现在以下两个方面。

一方面，教师在展开具体课堂教学之前，需要仔细地备课，对体育教材进行认真钻研，在备课与钻研中体验教材中教学内容所表现出来的美，然后以此为基础采用具有创造性的教学方法来将自己所体会到的美充分展现给学生。

另一方面，体育教师在教学中发挥着主导作用，学生在这一条件下，能够进行创造性的学习，从而能够使自身在体育理论知识、具体动作技术、身体素质以及情感、智力、思想品德等方面都获得一定的提高与发展。

二、体育教学与德育

（一）体育教学与德育的关系

1.德育的实现要以体育教学为主要途径

促进学生身体素质水平的提高，使学生在身体与心理上得到全面的发展，把学生培养成为德、智、体、美全面发展的优秀人才是体育教学的根本目标。从这一根本目标中可以看出，在体育教学的内容

德育是其中之一。另外，体育教学实践中可以运用各种各样的教学形式；而且大都需要学生进行身体的练习才能实现这些教学形式运用的目的、而无论采用何种教学形式，都会从中体现出德育思想，因此对学生进行道德教育有利于教学任务的顺利完

成和教学效果的大幅提高。

2.体育教学质量的提高在一定程度上得益于德育

对学生进行道德教育离不开体育教学这一重要的方式与途径。与此同时，体育教学质量的提高又是以道德教育为主要途径的。这主要是由于，只有学生在一定程度上认识并理解了学习体育的效用，才能激发其积极学习体育的兴趣与热情，才能更好地促进体育教学活动的开展。通过在体育教学中实施德育，能够促进学生思想认识能力的不断提高，使学生有意识地端正自己的学习态度，从而充分认识到学习体育的重要性等。

（二）德育对体育教学的影响

在体育教学实践活动中，德育的影响主要体现为以下两个方面。

1.对学生的全面发展有积极的影响

对学生实施道德教育，要充分结合理论与实践，以此来统一学生的理论与实践认知、身体与心理、思想与行为。而且要注意在德育过程中不断对学生的理想信念进行强化，使学生自身的知、学、行逐步统一，从而促进其体育实践能力和思想意识等的有机统一，使学生成为各方面都不断发展的栋梁之材。

2.能够扩大学生对他人及社会的影响

现阶段，社会在不断进步，经济也在日益发展，这就要求学生的综合素质都要提高，以此来适应社会发展的需要。与此同时，这也是与学校教育需要相适应的要求。在学校，对学生进行良好的道德教育，有利于扩大学生将来对他人与社会的积极影响。

三、体育教学与人的社会化

（一）人的社会化概述

对于社会的生存与发展来说，人的社会化有着非常重要且较为深远的影响。对于人的社会化，简单来说，就是社会将一个"自然人"教化为一个"社会人"的过程。

（二）体育教学对人的社会化的影响

1.体育教学是培养社会角色的重要、有效途经

每个人只要在特定的社会生活，就会有一些不同的社会角色需要其扮演，充当社会角色会促进入的社会化，加速人的社会化进程。人们在社会中需要学习很多与角色相关的内容，其中，与角色相关的权利及义务的学习，与角色相关的态度、情感和价值观及角色转变的学习等是比较重要的。体育教学在培养人的社会角色方面发挥着举足轻重的价值与功能，具体来说，体现在以下两个方面。

首先，学生在体育教学活动中可以充当多样化的角色。例如，学习中充当学生，比赛中充当运动员或裁判员，训练中充当教练员等，学生通过充当不同的角色参与体育教学中，对于学生对不同角色任务的了解，角色多样性和稳定性的理解，扮演角色技能的锻炼，角色的态度、情感以及心理习惯和社会习惯的培养等都会产生非常积极的促进作用。

其次，在体育教学活动中，教师与学生通常使用的教学方法中包括教师的示范教学与学生的模仿学习。从学生的模仿学习来看，不管在课堂上教师传授怎样的教学内容，学生都能够采取这一学习方法。学生采用模仿学习法可以对其所扮演的种种角色的感受进行深刻体会，能够使自身的集体意识与社会意识得到进一步的强化，从而对自己的社会角色与位置能够有更加深入的认识，对自己所表现出的行为也会有所理解，进而提升自身的社会适应能力。

2.体育教学对学生良好个性的形成非常有利

一般情况下，有两方面的因素会影响学生个性的形成与发展，即遗传因素和包括家庭、学校、社会等的社会环境因素。在学生良好个性的形成过程中，体育教学发挥着积极的影响与作用。体育教学活动，学生进行体育学习往往需要有身体的直接参与，而且体育学习有着虽的开放性，经常会发生时空的转化，学生之间的沟通与联系也很频繁，这对于学生学习效果的提高都是非常有利的。由此可以看出，体育迓学所具有的这些特征对于学生良好个性的形成而言，比其他学科更能发#积极的作用。而且，这对于学生学习自主性的提高、良好意志品质的培养以及集体主义价值观的建立也都有着积极的影响与作用。

第三节 体育教学的原则与方法

一、体育教学的原则

在高校体育教学过程中，有一定的教学原则需要教师与学生严格遵循，只有这样，才能顺利开展体育教学工作。

体育教学原则指的是在体育教学过程中，教师与学生一定要遵循的基本要求与指导，它是通过长期概括和总结体育教学经验而得的。

（一）专项教学原则

1.基本依据

体育教学内容丰富，种类多样，不同内容的体育教学对学生的要求是不同的，因此，教师应结合体育教学项目的特点和规律开展体育教学，在促进学生基本身体素质提高的基础上，发展运动专项能力，提高运动水平。

2.基本要求

体育教学的专项教学原则要求体育教师应重视学生专门性知觉的优先发展。体育运动通常是在具体的运动环境中进行的，以篮球为例，篮球运动围绕篮球、篮球场地以及场地上的器材进行，运动过程中，学生对环境和器材的感知是专门性知觉发展的过程，其中手指、手腕对球的控制能力对篮球教学至关重要，因此，教师应重视学生对球控制能力的优先发展。

（二）因材施教原则

1. 基本依据

作为体育教学的主体，学生之间具有共性与特性。共性中：在身体年龄阶段发育的稳定性和普遍性；特性则是每位学生受性别、遗传、生长环境、教育水平、认识能力等因素的影响，彼此之间存在差异，身心发展显现出很大区别，而具体到学生具备的体育运动能力的话，这种差异性就可能更加明显，如有些学生的家长喜爱运动，所以从小就培养孩子参与体育运动或参加业余体育训练，这样孩子的运动水平往往超越同年龄段的孩子的平均水平而显得格外突出。因此，体育教学中应重视不同学生及同一学生不同阶段的差异，进行因材施教。

2. 基本要求

（1）引导学生正确对待个体上的差异。针对差异，如果利用得当，就是一个教育学生要互相帮助，培养团队意识和集体精神的好机会。不同学生的运动天赋和对于体育的了解各有不同，要在体育教学中贯彻个体差异性的原则，就要求教师在充分了解学生个体差异性的基础上，向学生讲解个体差异的具体表现，并引导学生正确看待差异。差异的存在是客观的，然而这却不能成为歧视天赋较差的学生的理由，同时教师也不能过分偏爱天赋较好的学生。

（2）深入细致地研究和了解学生之间的差异。一方面，教师要对学生个体的差异性进行全面的了解，这是贯彻个体差异性原则的前提条件。为此，教师可以在学期前进行一些测试或座谈交流，弄清不同学生在身体条件、兴趣爱好和运动技能等方面的差异。另一方面，教师应认识到学生个体差异并不是一成不变的，如有些学生在一开始的测评中被认为是没有很好的运动天赋，但是其本人非常热爱体育运动，在平时的课堂上也非常积极地配合教师完成各种教学内容，经过一段时间后学生就会取得突飞猛进的进步，对此，教师要有长远的眼光，要能发现不同学生在运动方面的天赋。

（3）重视学生个体差异性与统一要求的结合。在体育教学中，提高全体学生的综合素质是每个教师的目标，因此在制定教学目标时，都会考虑到目标的可行性，以满足大部分学生的要求。学生的个体差异是客观存在的，教师应在教学中充分重视这一点，但是体育教师也要立足于整个班级的教学，对学生统一要求，以促进学生完成教学任务，达成体育教学目标。

（三）合理安排运动负荷原则

1. 基本依据

（1）人体发展的基本规律。学生在参与体育教学时，不管是身体练习还是运动技能的学习，都需要承受一定量的运动负荷。但人体在体育运动过程中的规律揭示出了任何练习和教学都不是活动量越大越好，运动负荷过大，会对学生的身体健康造成不同程度的损害，运动负荷过小，不利于良好教学效果的取得，运动负荷的安排是否适宜得当，是检验一名体育教师水平高低的标准。

（2）不同学生生长发育的特殊性。大多数学生的身体尚处在生长发育期，身体各方面机能的发展还并不完善，因此对体育教学的安排应既满足学生锻炼身体和掌握运动技能的需要又不至于使学生体能透支而出现危险情况，体育教师在为学生安排和设计体育教学活动量时，要以学生可以承受的身体负荷为依据。

2. 基本要求

运动负荷的安排要服从体育教学目标。体育教学的目标是培养学生健康的体魄和健康的心理素质，因此，基于这个目标可以认识到，体育教学不是为了让学生不断超越身体的极限挑战自我，也不是为了增加运动负荷而进行大运动量训练。竞技体育中单纯为了金牌而无限制地加大运动负荷的方法不适用于普通学生的体育教学。

运动负荷的安排要服从学生的身体需求。体育教学应为促进学生身体发展而服务，因此，体育教学中，运动负荷的大小应充分考虑学生的身体发展状况与需要，教师要合理地对运动负荷做出安排，就必须了解学生的身体发展情况（包括不同性别学生的生理差异、学生在不同生长发育阶段的特点等），运动负荷安排要体现对学生身体的无伤害性，同时要有利于促进学生身体发展。

运动负荷的安排要充分考虑学生之间共性与个性关系，篇要体育教师在运动负荷方面考虑周全。一方面，教师要从学生的整体情况来考虑。这个整体情况主要是指学生在相同年龄段有相对趋同性，因此他们的身体素质发展有类似的特点；另一方面，教师在整体趋同性的基础上，还要关注一些个体特殊情况，如对伤病学生的运动负荷安排应酌情减少。

运动负荷安排应为逐步提高学生自我控制运动负荷能力服务。体育教学虽然主要以学生参与身体练习为主，但是也不能忽视学生对体育理论知识方面的掌握，体育理论教学往往能够让学生更好地理解体育的意义，从而促使他们主动参与体育锻炼中来，.而不是仅仅在课堂中参与。因此，体育教师应加强对学生体育运动理论知识方面的教育，提高学生判断运动负荷是否合理的基本能力，并使学生能在体育活动中自主调节运动负荷。

体育教学中应重视合理休息。运动负荷的安排与休息方式、休息时间有关。科学合理地安排休息方式、休息时间和心理负荷，对于顺利达到理想的体育锻炼效果有着重要作用。

（四）全面发展原则

体育教学应以促进学生的身体锻炼为基础，促进学生身心的全面协调发展。在体育教学中，除了促进学生身体健康外，还应将体育教学与心理学、美学和社会学等学科知识结合起来，全面促进学生智力、心理素质、美育（感）等多方面能力的发展，以培养适应社会主义现代化建设需要的人才。

1. 基本依据

社会主义体育教学目的的需要。我国社会主义的性质，决定了体育教学具有明显的社会主义目的性，这就要求体育教学要为培养身体健壮的全面发展人才服务。因此，在体育教学中，要使学生身心双修。

实现体育教学基本功能的需要。体育具有健身功能、教养与教育功能、休闲娱乐功能、促进个体社会化功能和美育等多种功能。

学生发展的需要。在新的历史发展时期，学生的发展并不仅限于身体的发展，在思想、心理、智力、道德品质与行为、审美及表现美的能力等方面都应有所发展。

2. 基本要求

（1）在体育教学中，体育教师要对体育教学大纲（或课程标准）精神认真学习和领会，全面贯彻教学大纲（或课程标准）的目标和要求。

（2）体育教师应树立现代体育教学价值观念。用现代体育教学价值观去对体育教学质量做出评价与衡量。现代体育教学除了具有一定的生物学价值，还具有心理学、教育学、社会学及美学的价值。

（3）体育教师在制订各种体育教学工作计划和编写教案时，应在课堂中给予学生足够的身体练习时间，并在教学中重视学生的心理发展。

（4）在体育教学的准备、实施、复习、评价等阶段中，无论是制定教学任务、选择教学内容还是运用各种教学手段和方法，都应注意增强学生体质并促进其全面发展。

（五）巩固提高原则

1. 基本依据

根据遗忘规律和运动条件反射建立与消退的理论，学生学到的知识与技能在一段时间内，如不经常复习就会遗忘或消退。另外根据"用进废退"原理，学生对所学习的运动技能进行反复练习时，有助于发展运动能力、身体素质和生理机能，起到强身健体的作用。因此，要注意巩固提高所学到的知识和运动技能。"学习如逆水行舟，不进则退""温故而知新"这些关于学习的名言名句充分揭示了学习中巩固提高的重要性。体育教学多为身体的练习，一般来讲，如果这种练习不能得到巩固，就会随着时间的延长而消退，因此在体育教学中遵循巩固提高原则是十分必要的。

2. 基本要求

在体育教学中，教师应合理安排训练计划。让学生进行反复强化的练习，增加练习的密度，使其获得进一步的巩固和提高。制订合理的训练计划是为了让机体在巩固提高的过程中避免出现过度疲劳损伤机体。

不断提出新的学习目标，培养学生的体育运动兴趣和体育学习动机。

教师要给学生布置适量的课外体育作业或家庭体育作业，将课内课外结合起来，达到巩固提高的目的。

增加运动密度和动作重复的次数，反复强化，不断巩固运动条件反射，提高技术水平、身体素质和体育能力。

体育教师应重视良好体育教学方法和训练方法的选择。在教学中，可通过改变教学方式或者改变练习条件来达到巩固提高的目的。

（六）终身体育原则

1. 基本依据

通过体育教学长久地影响学生对运动健身重要性的理解，并使学生身体力行地参与其中是体育教学的最终目的。这也是新《体育与健康课程标准》对当前体育教学的基本要求。因此，培养学生的终身体育意识，帮助学生养成终身体育的良好习惯是体育教学应遵循的基本原则之一。

2. 基本要求

（1）促进学生终身体育思想的形成。体育教学中，教师要对学生的体育爱好与技术特长加以留心观察，并积极引导帮助，而且要注重对学生体育学习兴趣的激发，引导其形成终身体育思想，养成持久体育锻炼的习惯。

（2）在体育教学中充分考虑教学的长期与短期效益，体育教师不仅要重视体育教材或某项运动技能的教学成果，还要考虑体育教学的长期效益，这与体育教育总体目标的要求是一致的。

二、体育教学的方法

（一）语言教学法

语言教学法即在教学活动中，教师通过对学生进行语言指导，从而达到相应的教学效果的方法。作为一名教师，能够正确、简明、形象地使用语言，对于学生的学习和教学工作任务的完成具有重要的意义。正确地使用语言，不但能够使学生更好地理解相应的学习目标和任务，而且能够促进其对相应的知识和技能进行快速掌握。

因此，在体育教学过程中，教师应注重语言法的运用，注重语言的技巧。一般学校体育教学中语言教学法的形式有：讲解、口头汇报、口头评价以及口令和指示等。

1. 讲解法

讲解法即教师将相应的动作要领、方法和规则要求等方面的知识向学生进行说明，其目的在于更好地指导学生进行相应的运动技能的学习和掌握。讲解法是较为常用的教学方法，在运用时，应注重以下五个方面的问题。

要明确讲解的目的，根据教学的目标、教学内容和学生特点进行讲解。在讲解过程中，应对自身的语速、语气进行调节，并抓住教学内容的重点和难点，具有一定的目的性和针对性，这样才能够使学生明白哪些是重点和应该着重理解哪些方面。

在进行讲解时，应注重其内容的正确性，不管是具体的工作原理还是相关的基本知识，都应做到准确无误。另外，还应注重讲解的方式要与学生的学习情况和学习能力相适应，使学生能够很好地接受相应的知识。

为了更好地使学生理解相应的技术动作，讲解要做到生动形象、简明扼要。具体而言，在讲解过程中，应注重将新的技术动作和知识内容与学生已经了解和熟悉的内容联系起来，使学生更好地理解相应的动作技术。另外，教学时间有限，学生的注意力集中程度也会随着学习时间的延长而有所下降，因此，应抓住重点，简明扼要地行讲解。

在进行讲解时，还应注重讲解的时机和效果。在讲解相应的内容时，首先应选择合适的站立位置，确保每个学生都能够听到相应的内容。另外，给学生进行讲解时，应充分调动其好奇心和积极性，如此才能取得更好的效果。

2. 口头汇报法

口头汇报法是教师了解教学效果的重要方法之一，这种方法要求学生根据教学需要，向教师表述学习心得和有关教学内容、方式和疑难问题等相关方面的问题。通过学生的口头汇报，能够使教师明确自身在教学过程中的不足，为教师提高和发展自身的教学水平提供相应的依据。对于学生而言，通过这种方式不仅能够培养其语言表达能力，还能够促进其进行积极的思考，加深其对教学内容的理解。因此，在教学过程中安排相应的口头汇报不仅有助于教师和学生素质的提高，对于教学质量的提升也有重要的促进作用。

3. 口头评价法

口头评价法也是一种重要的语言方法，对于学生的动作完成情况以及课堂表现给予相应的口头评价，能够更好地促进学生的学习。口头评价可分为两种：一种为积极的评价；另一种则是消极的评价。积极的评价即对学生的正面鼓励，它能够在一定程度上激发学生的积极性，促进教学活动的更好开展；消极评价则是否定性的评价，这种评价往往指出学生的不足，明确其提高的方法和努力的方向，但用这种方式时应注重语气和口气。

4. 口令和指示法

在体育教学过程中，需要借助多种口令和指示，如"立正""跑""转体"等。这些语言简短有力，能够很好地指导学生进行相应的技术动作的学练。但需要注意的是，运用这些口令和指示时，应注意把握其机和节奏，否则会造成学生动作的不协调和出错。另外，还应注重发音的洪亮有力，不仅要使学生能够清楚地听到，还应给学生以势在必行之感。

（二）直观教学法

直观教学法是体育教学中较为常用的一种教学方法。通过相应的直观的方式作用于人体的感觉器官，引起相应的感知，从而实现体育教学目的。一般常用的直观教学法有：动作示范、条件诱导、多媒体技术、教具和模型的演示等。在实践过程中，人们认识事物时都是首先从感觉器官的感知开始的，因此，直观教学法能够使学生更易于理解相应的教学内容。

1. 动作示范法

动作示范法指的是教师采取一些示范动作使学生对技术动作的形象、结构和要领进行掌握的基本方法。一般在进行动作示范时，教师可亲自进行示范，也可指定相应的学生进行动作示范。在采用动作示范方法时，应注重以下四个方面的问题。

（1）在进行动作示范时，应具有一定的目的性。如果是为了使学生了解动作的基本形象，示范动作可稍快；如果动作示范是为了使学生了解相应的动作结构，并引导学生进行学习，则动作应稍慢，可略夸张；如果是示范相应的重点和难点动作，可多示范几次。

（2）示范动作一定要注重其正确性，避免对学生形成误导。在进行相应的讲解时，不仅要注重内容的正确性，还要体现出教学内容的特点，并与学生的学习能力相适应，提高学生的学习兴趣。

（3）进行动作示范时，应使全体学生都能够看到。因此，可使学生呈圆圈形站立，或是错位站立。

（4）在进行动作示范时，一般会配合相应的讲解方法，使学生能够更好地理解。可采用先示范后讲解、边示范边讲解和先讲解后示范等方式。

2. 条件诱导法

条件诱导法也是较为常用的一种教学方法，它以某种条件为诱因，并与相应的动作建立联系，从而达到相应的教学目的。例如<通过相应的音乐伴奏和喊节拍的方式，形成一定的动作节奏通过简单的语言提示使得学生的动作能够流畅进行。另外，也可设置相应的视觉标志，指示学生进行相应的动作方向和运动轨迹等方面的操作。

3. 多媒体技术法

多媒体技术法主要包括电影、幻灯片、录像等。在运用电影和电视、录像时，应注意播放内容要与体育教学目标相适应，并有机结合电影和电视、录像与讲解示范练习。多媒体技术虽然在教学过程中得到了普遍的运用，但是在体育教学过程中，其应用并不广泛。这与体育教学在户外授课、器材运用不方便有很大的关系。

4. 直观教具与模型演示法

在体育教学过程中，对于一些高难度的动作可采用图表、照片和模型等直观方法进行辅助教学。通过运用这些教学工具能够使学生更加易于理解相应的技术结构和动作形象。另外，对于一些战术配合，也常采用模型演示的方式进行讲解。

（三）完整与分解教学法

1. 完整教学法

完整教学法指的是从动作开始到结束，完整地进行教学和练习的方法。一般在技术动作的难度不是很高，或技术动作不可进行分解时，会采用完整教学法进行教学。

另外，在首次进行动作示范时，也会采用完整法来进行动作技术形象的示范。完整教学法的优点在于动作协调优美、结构简单、方向路线变化较小，各部门之间具有密切的联系。其缺点在于对一些复杂的动作而言，采用这种教学方法会为教学带来一定的困难。为了便于学生进行学习，促进教学活动更好地开展，应注重以下四个方面的问题。

在讲授一些简单和易于掌握的动作技术时，教师可以先进行完整的动作示范，然后由学生直接完成完整的动作练习。

有些技术动作无法分解，这时要采用完整教学法。需要注意的是在采用这种方法时，要对其中的各项要素进行必要的分析，如动作的用力、动作转变的时机等。但是，不能拘泥于动作的细节，要从整体上进行把握，确保动作的完整性和流畅性。

对于一些难度动作，可适当地降低其难度，可先通过降低难度或是徒手完成相应的动作，在此基础上逐渐增加难度。需要注意的是，降低难度时，不能使转术动作出现错误，这是基本要求。在教学过程中，对于一些器材的质臺似及高度、距离等标准可适当降低。

采用完整法进行教学时，可适当改变外部的环境条件，在外力条件的帮助下完成相应的完整动作。

2. 分解教学法

分解教学法即将完整的动作划分为几个部分，逐步使学生掌握完整的动作技术。这种方法适用于难度相对较高，并且动作可分解的运动项目。采用这种教学方法时，能够将复杂的动作分解为简单的动作，从而使技术难度降低，更加有利于学生的学习和掌握。但是，这种方法也有其相应的缺点，即它注重对于局部动作的分解把握，可能在一定程度上使得学生对于整体的理解不全面。因此，分解教学法和完整教学法通常结合使用。

在运用分解法进行教学时，应注意以下三个方面的问题。

应仔细分析动作技术的特点，采用合理的方式对其进行分解，注重时间、空间等方面的有序性和统一性。

将完整的技术动作分为多个环节时，应注重各个环节之间的联系，注重动作结构之间的联系。

在熟练掌握各阶段的动作之后，要注重各个环节之间的动作衔接，要保证其过渡的流畅性，形成有机的整体。

（四）游戏与竞赛教学法

1. 游戏教学法

游戏教学法也是体育教学过程中较为常用的一种方法，它是指教师组织学生通过做游戏的方式来完成相应的教学任务的方法。通过开展相应的游戏，使得学生之间开展竞争和合作，提升学生的思考和判断能力，促进教学质量的提升。游戏法具有一定的趣味性，能够提高学生参与的积极性，培养学生的学习兴趣，因此在体育教学中广泛地运用。在运用游戏法时，应注重以下三个方面的问题。

应根据教学目标和教学内容采取合适的游戏规则和游戏要求，确保游戏内容与教学内容相契合。

采用游戏法时，学生需要遵守相库的规则。但是，应注重对学生的鼓励以充分发挥其主动性和创造性。通过开展相应的游戏引发和启迪学生的思考。

教师应做好相应的评判动作，要做到公正、客观，避免挫伤学生参与体育学习的积极性。

2.竞赛教学法

竞赛教学法即在教学过程中，为了检验教学效果和提高学生的技术水平，组织学生进行比赛的方法。竞赛法将所学的技术动作应用于实践，能够使学生更好地掌握相应的技术动作。采用这种方法具有一定的竞争性和对抗性，学生需要承受较大的运动负荷。通过开展竞赛，能够培养学生的应变能力，对于其心理素质和意志品质等方面的发展也能起到一定的促进作用。

采用竞赛法时，应注重以下两个方面的问题。

开展竞赛时，应进行合理地组织，无论是个人赛还是小组之间的比赛，其实力应相对较为均衡。

开展相应的竞赛时，学生应熟练地掌握相应的技术动作，并能够在比赛中很好地运用。

（五）预防与纠错教学法

为了防止和纠正学生在练习过程中出现和可能出现的错误动作，教师在教学过程中经常采用预防与纠错教学法。在教学过程中，学生对于各种动作技术的掌握不标准和出错的状况是不可避免的，教师应正确对待，并注意进行有意识地引导和纠正。

预防和纠错是相互联系的。预防意味着具有一定的超前性，要求对可能的错误动作进行积极地引导，并对其出错的原因进行分析；纠错；鲜明的针对性，即针对学生的错误动作采取相应的纠正措施，并分析出错的原因。预防与纠错的具体方法有以下四种。

1.语言表述法

为了使学生建立起正确的动作概念，应注重动作细节与要点描述的准确性，使学生能够明确理解各技术动作的标准和结构顺序。通过这种方式，使学生建立起正确的动作意识。

2.诱导练习法

为了使学生的动作准确无误，可采用诱导性的教学方法，使学生达到相应的教学要求。例如，学生在做肩肘倒立时，不能将腰腹部挺直，针对这种情况，可在垫子上方悬一吊球，计学生用脚尖触球，这样学生就可以挺直腰腹部了。

3. 限制练习法

在进行相应的动作练习时，设置一定的限制条件，有助于错误动作的纠正。例如，在进行篮球投篮练习时，为了使学生的投篮动作更加协调、标准，可进行罚球线左右的投篮练习，使学生掌握正确的投篮方式。

4. 自我暗示法

自我暗示法是一种重要的方法。它是指学生在进行相应的动作练习时，为了保证动作的准确性，在练习中有意识地暗示自己达到要求的方法。例如，在进行篮球的投篮练习时，学生可暗示自己投篮时手指、手腕的动作要标准，使得自身的投篮动作准确无误；再如，在奔跑练习中要暗示自己注意后腿充分蹬地。

（六）体育教学的其他方法

除了上述的教学方法之外，在创新教学理念.的影响下，一些其他教学类别的教学方式也逐渐被移植到体育教学之中，如自主学习法、合作学习法以及发现式教学法等。

1. 自主学习法

自主学习法为了实现相应的教学目标，在教师的引导下，学生根据自身的需要和条件制定相应的目标，选择相应的教学内容，并通独立地分析、探索、实践、质疑、创造等方法来进行学习的方法。自主学习能够充分发挥学生的主观能动性。

在体育教学中，自主学习法指的是"为了实现体育教学目标，学生在体育教师的指导下，依据自身的需要和条件制定目标、选择内容等学习步骤，完成学习目标的一种体育学习模堯"。自主有独立性、能动性和创造性等特点，有利于激发学生学习体育的积极性，培养学生的体育自主学习能力，确立学生在体育学习中的主体地位，提高体育教学的学习效果。

在体育教学过程中，采用这种方法时应注意以下两方面的问题。

（1）学生应根据自身的知识储备和能力水平，选择相应的目标和学习内容，并在教师的引导下进行。

（2）学生应根据自身情况，对照学习目标，积极进行自我调控，并及时改进教学方法和教学策略。

2. 合作学习法

合作学习法是指"在教学过程中，对学生进行相应的分组，学生为了完成共同的学习任务，而有明确的责任分工的互助性学习形式"。各小组成员根据自身的特点承担相应的责任，他们之间是相互依赖的关系，在相互协作中，完成相应的任务。在体育教学中，应用该方法应遵循以下六个步骤。

（1）在教师的引导下，学生结成相应的小组。

（2）全体成员在教师的指导下，根据教学内容确定相应的教学目标。

（3）确定各学习小组的研究课题，并对各小组成员之间的分工进行明确。

（4）小组成员合作学习，围绕相应的主题完成自身的任务，从而实现小组任务目标。

（5）各小组进行一定的学习和交流，分享相应的成果，并纠正自身不足。

（6）对学习的过程进行评价，总结经验和得失，促进下次学习更好地开展

3. 发现式教学法

发现式教学法是通过积极引导学生发挥自己的创造性思维，使学生在发现的过程中进行学习的一种教学方法。有学者将其定义为：从"青少年学生的好奇、好动等心理特点出发，以发展学生的创造性思维为目标，以解决问题为中心，以机构化的教材为内容，使学生通过再发现进行学习的方法"。

在体育教学过程中，运用发现式教学法要遵循以下三方面的步骤。首先，提出相应的问题，或是设立相应的学习情境，使得学生面临相应的问题和困难，在教师的引导下进行相应的探索；其次，通过进行相应的练习，初步掌握技术动作的原理和方法；再次，通过分组讨论，提出相应的假设，并进行相应的实践验证，并对提出的问题进行讨论，最后得到共同的结论。

采用发现式教学法时，应注意以下四个方面的问题。

（1）教师要善于提出相应的问题和创设相应的情境，要充分调动和激发学生的积极性，激发学生学习的兴趣。

（2）教师提出的问题应适应学生的能力水平，使学生能够根据已有的知识和经验，并通过一定的探索得到相应的答案。

（3）教师要注重抓住教学的重点，引导学生对于重点问题进行积极地思考，并找出解决问题的方法，启迪学生的创造性思维。

（4）采用这种方法时，应注重由浅入深、由抽象到具体，使得学习过程符合人们的认知规律。

第三章　高校在体育方面对人才培养的探索

　　身体是革命的本钱，有一个强健的体魄是一切学习的基础，所以在高等教育中，体育是其极其不可缺失的教育内容，它是承载着教育中最具富有活力和与最具创造力的部分。要实现高校的教育目的，体育是其非常重要方法之一，并且在培养锻炼人才的方面，有着独一无二的作用。在高等教育中，大学的理念已经深深嵌入大学生思想里，培育体育方面人才的想法与理念在建设体育系统的始终，高校内的体育文化生机勃勃。体育的发展始终以培养人才理念为向导，反过来，体育又是培养人才的非常重要的方法，体育与教育互相促进，体育深深嵌入到了教育体系之中。综合经验，这是国内高校体育可持续发展的源动力，是宝贵经验。

第一节　体育的基本内涵

一、关于体育的定义

（一）关于体育定义的发展历程

　　体育的名称确定有一个很长的过程，体育这一活动虽然在很久之前就有，但是将这种活动的名称确定为"体育"体育是在很久之后，并且，在各国把体育这一活动统一名称之前，这一活动的名称多种多样。

　　"体操"这一词通常在古希腊时期用来表示体育活动，中国古代虽无"体育"一词，实际上却拥有绚丽多姿、丰富多彩的体育活动，是中国古代文明的重要组成部分，"养生""引导"、甜武术"等词常用来表示与体育相似活动。

　　体育，这个名词第次出现是在法国的一些报刊上。1760年，"体育"与"肉体教育"这些名称曾经出现在法国发表过的文章中。之后两年，在《爱弥尔》这一本书中，"体育"这一一词也被卢梭运用，用"体育"陈述爱弥尔身体的教育过程。到19世纪，世界上教育发达的国家普遍使用了"体育"一词。从二十世纪五十年代之后，中国接受到了德国与瑞典体操，并且，不久之后"体操科"在兴办的"洋学堂"中被单独设立。二十世纪初，"体育"这个专有名词随着在日本留学的人回国而传入。"体操科"被正式更名为"体育课"是在1923年的《中小学课程纲要草案》中。此后，"体育"一词成了标记学校中身体教育的专门术语。

20世纪50年代以后，全球各方面的巨大发展进步，人们物质生活得到不断满足后，人们精神生活的要求也不断扩大，体育也得到了很大发展，而且逐渐深入到社会的各个角落，成为人们日常生活不可缺少的组成部分。体育的内容、形式以及它的影响和作用已远远超过了原来作为学校的身体教育的范畴。因此，我们可以清楚看到，如果还用原来表示青少年身体养护、培养和训练的体育去描述如此广泛的社会活动，就会出现许多矛盾和混乱。之所以如此，是因为体育最初只是标记教育过程中一个专门领域的名词，而现在要用它同时去标记教育范围以外的事物，就要扩大原来的体育概念外延。

围绕着什么是体育、竞技体育（Sport）与一系列有关体育概念的讨论，引起体育工作者的注意。自20世纪60年代起，许多国家的学者从不同角度来阐述各自观点。仁者见仁，智者见智，但至今仍没有完全一致的看法。

（二）体育定义中的基本方面

"育人机制"是当前很多有名学者探究体育定义的专注方面。不同的学者都提出了他们独特的观点。例如，其中之一观点：人体生理功能、力学原理及以及体育运用的研究，这三个部分是体育的内容，同时体育也是一种教育，这个教育讲述人体构造、身体发展；其二观点：让人的身体更加健康与让人的身体正常发育，这者是体育的目的，是一种拥有这二者的教育；其三观点：在一个完整的教育中，体育是教育过程应该包括的一个方面，并且身体诸多能力，如器官的适应性、神经肌肉的支配与情绪的控制，他们可以在体育的一系列活动中得到发展完善；其四观点：如果教育想成为一个过程完整的教育，那么体育则是其不可或缺的一部分，这个部分的发展是把人身体的活动当作介质来使人们在生理和心理方面得到发展并与能适应复杂现实社会的人为目的的；其五观点：身体的活动是体育的介质，与此同时，体育利用这一介质以达到培养健康的身体、养成良好的社会性格为目标的一种特殊教育；其六观点：利用可以看得见的方式法法与介质的身体活动，最终达到教育目的的称为体育。

其实诸多观点中，体育的内涵可以总结概括出一些相同点。第一，体育是使人的某种有意识的过程或者行为得到发展和成熟。第二，被体育所使用到的方法通常称其为身体的运动或者是身体的活动。第三，体育比仅仅是利用或是使用身体，它还要有教育身体的作用。这里的"身体"一词不应该局限于生物学里，用辩证唯物主义的"身心一元论"说明其含义，"身体"是一个统一的整体，它是精神与肉体之间相互交融、相互作用、彼此依赖、彼此影响。经过以上的综合解析，"体育"这一概念作如下定义：把身体活动当作介质，把个体生理心理的健全健康，各方面为最终目的的一种教育历程或者社会文化表现。

二、体育的功能

（一）教育功能

教育功能是体育的重要功能之一，通常在传授技能的同时进行教育。体育的教育功能具体表现在以下几个方面。

1.先前经验的发展

一个人想要生存，他就需要生活的多方面经验，一个人经验的形成与积累会提高他的生活能力。以性格、动作、情感等方面为例，那些不懂得合作而单独行动的，不以公平为前提竞争的，漠视法律法规的，信口开河的人必将无法融入社会人群；从躺立坐行等简单动作到应对紧急事件的综合能力以及一些复杂操作等，例如身体各组织器官相互协调和有机体正常功能的保持来增强动作的效率，而这些动作经验，必须在实践中才能培养的出；对于情感的管理，在现代显得十分重要，随着社会发展，文明也不断发展，人们的一些不好的情绪需要用符合时代的方式文明发泄，这样社会的规矩与和平才得以保证。这些性格、动作、情感等方面的经验都是一个公民应拥有的基本素质，这些方面的经验都可以在体育中得到发展，随着体育实践活动的不断展开，公民的这些基本素质可以不断提高完善。

2.适应能力需要不断发展完善

现在的世界，瞬息万变，想要生存，那么每个人都需要一定的适应能力，当然不同的人需要的适应能力是不同的，然而当今环境要求个体的适应能力应该是全面的，如果不完整的话，个体的幸福感就会下降，甚至得不到真正意义上的幸福。作为生活教育的体育，应该加强身体上、心理上、社会，上的适应能力。

3.规范个人行为

个体的行为有时会随着由实行体育活动的实施而引|起的经累积与适应能力形成而不断变化。那些符合社会规则的行为会被社会接纳和鼓励，从而不断增强，而那些不符合社会规则的则是被社会抛弃。由于这个规律，社会中的个人他们的行为会逐渐的向社会公德标准与行为模范靠拢。在体育活动中，个体的智慧、仁义等行为能够得到培养，并且能达到一些较为高尚的层次一拥有智慧而并不骄不躁，仁义之心心系天下人。

（二）激发竞争意识

人生于忧患，死于安乐，只有不断的鞭策自己不断前行，才能生存到最后。人类的竞争对手无处不在，小到病毒，大到自然界，每个人都生存在竞争的环境里，同时竞争也让个体得到升华，让个体的生活水平、思想境界得到提升。不管身为参观者或是参赛者，在运动场中，人们都可以看到生活里一些将要发生的竞争，让人们在这场绝佳的预演中受益匪浅。在运动场上，人们可以得到的一些好的品性与行为，并且能够把其转移到平日生活行为的规则中而变成社会群体接受并响应的一部分。在竞争要公平的方面来说，合理的竞争意识的培养所需要的最切合场所是体育场。顾拜旦男爵一现代奥林匹克运动之父，但他不是一位竞技大师，他是一位教育家。曾经，他以饱满的热情向法国宣扬英国的关于体育竞技的制度，他为现代奥林匹克运动打下坚实基础，在奥林匹克运动中，他完美的将体育和教育结合，其中把人类社会推向文明的基本方式之一的、奥林匹克运动的基本形式的竞争是竞技体育的精髓，同时也是当代社会心理的重要组成部分。坚持拼搏是奥林匹克精神的灵魂，而赛场上的拼搏则是是人类与自然，社会奋斗的剪影。"更快、更高、更强"这六字言简意赅，作为奥林匹克的格言，它要求人们坚强不息、勇于拼搏、敢于和所有困难斗争。这六个字含有奥林匹克的精神，这个精神不单指处于竞争环境、面对竞争对手时的坚强不息、奋勇拼搏，它还指个人在自己的生活里不断超越自己，不断改善自己，和自己作斗争。人们应该读懂奥林匹克真正的含义，让自己在生活的各个方面永不停歇地自我超越，自我革新，保持永久的动力和朝气。

在《奥林匹克宪章》中，顾拜旦曾经说道："奥林匹克主义是一门人生哲学，它把身心与精神方面的多种品格均衡地结合起来，并且提高这些品格....在拼搏中体会快乐感觉、体验优秀标杆的教育功能与最重常见的伦理基本准则是奥林匹克主义先要创造的人生道路的基础"。所以说，当今奥林匹克运动如此受人重视，其最重要的原因是它能够教育人类，让人能够得到更好的成长。在体育活动中，利用竞技运动中的一些规则程序和夺取金牌的方法等，并完成教育人类永不停歇的完善与提升自己的目的，但是它的意义远不止夺取金牌，它会教会人感动、体验激情。

（三）健身娱乐作用

在机械学的分析中，人体的很多运动有着很高的效率和精密程度，这使文学家高歌赞叹，生理学家穷奇研究，同时也让体育学家有了前所未有的责任使命。人的身体框架由骨骼搭建，在骨骼上缠绕着与铁链功能相似的韧带，并且在骨骼上附着着提供动力的肌肉，所以，人体可以进行多种多样的运动。体育这种活动是可以利用身体去健全身体各技能，善于利用它可以推动其发展，反之就会阻碍它的发展与完善。"用进废退"是人体的发展的生物学规律，依照这个规律进行适当而正确的身体锻炼，是保障人体发挥其极限效能的有效途径。体育锻炼有很多作用，例如改善情绪状态，提高智力功能，确定良好的自我概念，培养坚强的意志品质，消除疲劳，治疗某些心理疾病等等。并且经过科学和实践证明，增进健康，增强体质，涉及多种因素，而体育锻炼则是最积极、最有效的手段。现代社会由于科学技术的发展，人类劳动生产率水平的提高，现代人的体力活动日益减少，肥胖、心血管疾病等"现代文明病"的发病率越来越高。而体育锻炼是治疗"现代文明病"的良方。在国际上，尤其在一些经济较发达国家和地区，通过体育运动强身健体，改善民族体质，提高生活质量的理念早已深入人心，绝大多数人将每天进行体育锻炼看成是生活中不可缺省的组成部分。当然，要拥有健康开心的一生，我们不仅要锻炼身体，而且热衷于身体娱乐活动也是不可缺少的。

第二节 高等教育中的体育

在体育界中，我国的地位在很大程度上受到各大高校体育的发展的直接影响。在生活物质精神水平不断上升的时代，人们对于健康问题的关注不断增强，国家也对此实施了相关政策，例如颁布且切实的实施了《全民健身计划》的内容，给基层群众构建了一个全民参与体育锻炼的舞台。同时，在高等教育中，大校也特意建设了学生可以进行体育锻炼地方，这一举动也对展开全民集体锻炼以及孕育高水准运动员工作提供了重要的动力。

大学是人才集聚之地，它有着在奥运会中取得荣誉的责任。随着中国可持续发展，我国的体育也是可持续发展的方式，所以特别需要大学孕育符合现代社会发展的复合型人才。我国正处于转型期，社会各方面都需要随之改变，其中各大高校的体育教育也在改变，在以往高校体育教育的基础上继承和创新，拓宽了以往的"高水准运动"的定义内涵。在总结二十多年我国高校展开的培养高水准运动员计划的经验下，我国对高校体育教育工作的程度、发展与性质有了新的认识，这也为适应新时代而做出与之相符合的大学教育理念和体育教育制度提供了基础和前提。那么高校体育是什么呢？它是完整教育系统中的一部分，在高校体育教育中遵守教育理念和体育规则的基础下，用有目的的、有系统的、有策划的体育训练内容和比赛活动对一些有运动爱好或者有运动天赋的学生进行培养、训练，并且让这些学生的学业不被落下的前提下，体育素质也进一步上升，最终学生得到较为全面的教育，身体与心理都得到成长。当然，在当今社会中，高校体育它不仅仅是大学教学内容的一部分，它还是国家体育的一部分，这使得它在当代社会体育中拥有双重的身份，在不断提高大学体育教学同，又能为国家提供高水平运动人才。中国高等教育的可持续发展的展开主要开始于各大高校，同时，全球对体育的重视的程度不断加重，我国的高校也开始将教育对象不在局限在普通学生，各种专门体育生也被纳入教育中，让大学的教育变得更加全面。在新时代里，在大学里学习的学生不仅要完成自己应该完成的学习，还应该自觉利用自己的空闲时间锻炼自己的身体，把自己融入各种比赛的激情氛围中，使自己德智体美全面发展。

许多有身体素质好、有发展体育能力资质、综合能力较好的学生或者运动生被大学招纳，并且大学的教育者会对这些被招纳的人在进行有整体计划的文化素质教育的同时，还对其进行长久的持续的正确适合其的体育训练，不断的挖掘其的认知和智力的潜质，增强其专属的体育技能，让其德智体美各项能力全面发展。学生在会参加各种竞赛中，他们的心理承受能力变强，生理的各项机能增强，最终获得优秀的运动成果。当然这个过程是极具挑战的，并不是每个人都能完成，但是这是一个趋势。

第三节　孕育大学体育方面人才

在我国经济科技发展不断提高下，我国原有的高等教育制度和我国体育制度已经无法满足现在的需求，为了二者的未来发展，大学孕育体育人才的教育需要有与之相适应的新定义。

全面小康，最难的是小康，大学培育的体育人才要有智慧、有体魄、有技能，打破全国机械体制培养人才，训练要灵活，要有针对性，形成个人特色，让新一代的体育人才不仅具有文化知识，还有比较高的运动水平。在社会改革中，关于体育的改革，我国不断将其向竞技转化，而大学一为我国体育改革输送人才的集聚地，其制度也应该作出相应改变，积极主动的做出符合社会改革形成的势态的改革。大学形成的一些运动队伍并培养队伍里的人，让这个队伍里的人各有专项又成绩突出，这是新时代我国体育的趋势和要求，也是当前我国所处的历史阶段的必然发展。新时代的大学教育不单指文化教育，它现在趋向于全面化，而孕育大学体育方面人才则是使高等教育这个体系更加完善，与时代相呼应，它是这个时代的新力量、新产物。怎样管理高等体育教育与孕育体育人才，这需要进行深层次的探索，因为这是高等教育管理体制改革的关键，对孕育出更多更优秀的体育人才有强大的推力。

一、在体育方面关于其人才的内涵

有很多的运动经验且长久参加训练活动，能够在竞技体育中参加比赛的，或者受过体育方面的教育有相当的理论知识和参加竞赛能力的，且能有可以满足在体育界进行创作的能力的体育人杰。他们在对自己不断充实的过程中，为建没着国家的社会文化。

所有培养人成才的原理都是想通的，高校体育的育人成才是为了让栽培对象成为一个德智体美全面发展的且有较强竞赛能力的复合型针对型人才，培养者会对其进行一个长时间、有谋划的指导，这是一个有系统的、有目的教育历程。大学是一个学生一个极其重要的阶段，他们在这个阶段各项技能的学习性都很强。体育生在这个阶段，不仅身体和心理上都相对成熟，还接受着学校有条理的磨练、锻炼，其竞技运动的能力不断提高，也开始或多或少的接触或参加体育竞赛，慢慢的向社会需求的人才演变。当然，当前高校体育在培养人才是不仅要注意对学生体育技能的训练，还要注意对其文化课的教育，让学生成为一个全面的综合人才。

二、高校体育人才培养模式

我国地大物博，有五十六个民族，各地的文化有其特色，各地的人也有其擅长，对于体育人才的培养应该遵守这个规律，让培养体育人才的模式多样化以更好的培养我国需要的人才。近来，很多研究者把他们的研究对象重点放在了高校体育上。第一，高校体育培养人才的目前状态，对于培养符合新时代要求的综合型人才中遇到的困难，这些研究者会加以全面的分析，并且对其出现的问题加以解决。第二，加深对可持续发展的高校体育的研究，在整体考察。深思熟虑之后，寻出在高水准运动人才的培养历程中出现的优劣之势，总结出放大有点抑制短处的方法对策。第三，预见未来高校体育的趋向已经训练状态，在这个信息技术更新极快的时代里，高校要时刻看清走向，提高预见性十分重要，要结合时代发展，结合自身实际情况，切实的找出那条适合自身发展的道路，解决阻碍大学发展的关键因素。随着高校体育试水过河小心翼翼的向前发展着，在这个过程中，我们必须对潜在或已经出现的困惑问题进行整体而深层次的分析，及时的针对困惑问题给出应对措施。

我国大学体育能够不断发展全赖以学校体育的支持，这个观点有部分研究者很赞同。在学校里通常有很多有运动资质的学生，他们在学习课本知识外，还积极的参加学校组织或校外组织的运动竞赛，随着时间和经验的累计，他们的运动能力得到提高，为他们进行下一步体育教育提供了基础。有些经过系统训练能力高的学生进入了更为优秀专业的学校进行他们下一步成为为国家争光的体育健儿的阶段高等体育教育。当代培养符合时代要求体育人才的场地不断丰富，向着多元化方向前进，这就要求各色运动员有与其相符合较为完善的训练设施场地和能指导训练各色运动员的高水准科研队伍，让这些有发展空间的运动员得到完善科学的训练。

对于孕育人才来讲，学校是不能代替的组织。学校把懵懂少年养成国家社会需要的全面人才，而且学校有其他组织机构没有的培养人才的资源，它有历史的经验，有国家的支持，学校培养高水准体育人才又让体育事业部前一步发展的能力。

新中国发展至今，我国走可持续发展道路的体育的发展步伐，其一步一动都直接受一直受我国当前的教育机制和经济机制的牵制。其中我国运动员的文化程度问题始终牵制着其全面发展。然而，随着中国各项飞速发展，当前研究员对高校的体育教育研究的还是较少，还需要各学者专家更加费心去专研，为了迎合中国发展，每个中国人都应该有个与之匹配强健身体，大学是教育之地，可以起到引领作用，把体育锻炼的理念变成一种大众文化，让每个人自觉锻炼，让国民身体素质进入一个好的轨道，所以，我们必须探讨怎样让它起作用，让高校培育体育人才带动社会发展，然后社会发展又推动高校体育人才的培养。

特别是体育专业人才培养是提升队伍整体素能最有效的方法之一，是优化人才队伍结构的直接手段，具有极其重要的意义，通过人才培养能够从根本上促进发展和适应领域发展需要，对现有的专业人才进行更为系统全面的具有专业性、知识性的专项培训，进一步增强团队凝聚力和提升整体素养，伴随着高校体育事业的快速发展，对专业人才的培养具有更现实意义。对于高校在培育体育人才方面，其培养人才的经验、出现的或是潜在的难题以及发展走向具体的内容有哪些？我们进行如下详细分析。

三、高校体育人才培养带来的优点、存在的难题以及发展走向

我国高校高水平的运动队伍有一个从零开始、不断发展的历史，现如今，我国的体育在世界的某一些方面已经处于世界领先地位，高校竞技体育在与高水平运动队成长的过程中，一些经验也逐渐积累。

（一）因高校培养体育人而创造出的优势

1. 扎实前进

在20多年的摸索前进的过程里，我国普通高校培养高水平体育人才的能力不断增强，并且其总体的规模也不断增大，这是为能够举行高水平的竞赛提供了支撑并祭奠扎实的基础。其实二者相辅相成，高水平的竞赛反过来又推动开展办队工作。好处不仅于此，教师、家、学生和社区成员在高校高水平运动队的建设和向前进步过程中能够深一步的与高水平运动员相接触，让其对大众不再陌生，拥有学习和了解的舞台。这个过程中也对体育事业的建设与成长有极大的推动作用。

2. 全体的素质能力得到增强

在我国普通高校高水平体育人才取得优秀的运动的同时，其学校的知名度也得到了提高，其培育出的学生对体育的热情也会高涨，也会更加积极的加入到比赛之中。学生在体育场上拼搏之时，其敢于奋斗、永不服输的精神不断得到加强，使其拥有正确的人生观。

我国高校于20世纪末在世界大学生运动会所获得的成就是排在较后位置的，但是经过我国高校坚持不懈的实行培育高水平体育人才战略，当前成就已稳在各国前列，保持在前三。正如刘子歌、胡凯、何雯娜在2008年北京奥运会上的灿烂出现样，这些高校高水平运动员的身影是一道亮丽的风景。在奥运赛场上，世界各国见证了我国高校高水平运动队建设和成长的果实，与此同时，我国组办高校高水平运动队为发展我国竞技体育提供的这份坚实力量得到了验证。

3. 加速国内高校体育事业蓬勃发展

随着我国普通高校高水平体育的标志赛事逐渐走向成熟，一批较有名气的国内大学生赛事项目被设立，例如中国大学生篮球联赛（CUBA）和中国大学生足球联赛（CUFL），这两个项目都较好的经济效益和口碑，特别是作为大学生竞赛的在当前市场反响好、试运成功的CUBA联赛，起成功的例子使得我国大学生竞赛前进空间进一步增大。1998年CUBA被创立到目前为止，六百至七百支高水准队伍和多达上万的运动员和教练员参加每一届比赛，赛程里包括两千四十多场基层选拔赛、一百六十场分区比赛、+五场女四强男八强的比赛，其赛事的影响范围与规模给高校以超强的吸引力，并且向上健康的印象留给了社会，对社会也有积极影响。当前，CUBA有中国篮球的

"希望工程"的美誉，随着其竞赛体系逐渐成熟，其运动员竞技能力逐步增强，市场的运作和品牌的建设全都小有成效，对社会的影响也逐渐扩大，相信我过高校体育有光明的前景。

4. 增进交流

当前全球化不断加深，我国和各国增多了交流的机会，也接受并弓进的许多先进管理体育事业的观念和经验，再结合我国体育发展的实际情况，我国普通高校培养体育人才培养完善了体教结合培养人才模式通过试办高校高水平运动队，"体教结合"的观念逐渐被形成确立，并且多元的办队结构也逐步形成。当前清华大学建立的小学——中学——大学"一条龙"的人才培养形式、华东理工大学的乒乓球队模式、北京理工大学的足球队模式等都是较为成功的案例。

5. 促进高校文化建设

高校体育人才培养对建设和发展高校有丰富课余活动和校园文化有推动作用。在高校组建高水平运动队有很多优点，其一，影响较大但却不影响学生的专业学习，因为学生是将课余时间运用起来，然后接受长时间有系统的专业训练。其二，让更多人爱上锻炼，不同年级和专业的学生观看多种竞赛，其对高校运动员的敬佩和欣赏之情油然而生，自己也会潜移默化的加入到体育事业之中，积极锻炼，感受体育带来的快乐。其三，使我国居民整体身体素质得到提高，因为高校课余体育活动的开展对全面健身运动的开展有重要推动力量，思想上的潜移默化，行为上的积极实施。其四，奥林匹克精神与奥林匹克文化在中国得到的传播，丰富了国民精神世界。

"更快、更高、更强"是奥林匹克主义所强调的，同时它是在运作市场经济体制下所产生的生活哲学。人们要不屈不挠，敢于拼搏，尊重规则、对手和成功，不要害怕失败。奥林匹克精神和文化在高校里传播，让广大青少年从竞技体育里感受其实质，其传播让学生从感性和理性上接受奥林匹克和竞技体育的幼时教育。总的来讲，高校课余训练丰富校园生活，这个过程可以很好的被高校体育及其人才培养所推动，并且学习无形资产也被高水平运动队作为高校对外交流的窗口这个过程所创造，学校名誉双收。

6. 我国要培养全面发展竞技体育人才，高校体育人才培养是其的必经之路

高校是我国培养高素质人才和全面发展的人才的重要场所，其历史悠久，资源丰厚，功能齐全，培育出了很符合当代社会需要的人才，同时也始终孕育着社会主义的继承人。当前我国国民精神需求不断增多，对体育的发展也给予较多的精力，当类似于奥运会如此的运动盛会，他们更是给予更多关注。而当前我国体育事业最紧要的事是怎样把高校的各方面优势充分挖掘利用，已培育出更多达到国际化的体育竞技人杰，当然，这也是能让我国体育事业长远发展的关键。体育需要回归教育本源，体育人才要全面发展离不开学校的支撑，在学校里，他们在学习和训练都得到之时，其面对社会竞争，生存能力也会不断增强。换而言之，全面发展竞技体育人才的实现离不

开学校的教育，而学校为了让学生成为综合型高素质人才，其必须完善教育体系，制定科学的教育内容和目标，运用适用学生的教育方法。相对于常人来讲，学校的教师人员其文化素质较高、专业素质较强，指导学生学习时，遇到多数困难能够较为轻松的解决，并且学校内部有很强的组织纪律性，这让也学生更系统的接受教育。

上述诸多的学校教育特质都使得将竞技体育需要回归学习高等教育之中，当然，竞技体育使得高校教育的内涵和体系更加完善，这也呈现出了为国家和社会培养多样化人才的目标要求。高校在培养体育人才之时，要善于把握学生个人特色，在学生原有的运用基础上结合我国多年总结得出的经验对其进行训练指导的，确定好目标，以学校这个舞台为跳板，向更好的舞台进军。同时高校体育教育不能太过偏嗜，要全面发展学生，让学生的德智体美都得到相应照料，让运动员在拥有高体育运动水平的同时还不落下文化知识，解决其后顾之忧—退役之后的生活。"普及型"体育骨干人才、"提高型"竞技人才、"塔尖型"优秀竞技运动人才的培养都需要高校体育，这些人才代表学校参加校际或国内大学生体育交流、国际大学生体育活动和体育竞赛（世界大学生运动会），承担国际性体育赛事（亚运会和奥运会，压力十分巨大，所以高等学校更应该将培养体育人才的工作作为其重点对象，给社会社会输送全面发展的优秀体育人才。

7. 帮助文化结构变得更加完善

随着科学技术的发展，当代体育也受到科技的影响，开始走向联合各种学科、科技力量的科学结构发展阶段，其竞技本领与运动成就不断提高。指导员拥有科学的教学素质十分重要，这可以帮助运动员更好的理解、领悟、创新和控制所学体育知识技能，帮助突破运动员的竞技能力和运动成绩的限度。所以，在高校开展竞技运动很有必要，让运动员在校拥有良好文化知识结构和较高水平，其在训练过程中能够对体育的动作技巧与作战方法有更好的理解、掌握，对训练的计划过程能更好的把握，同时当其机体与心理的状态处于不佳之时，也能较快的调整走出不佳的状态。如此，高校一定会出现多出、快出和、出好人才的好局面。当前，许多高校已经与相应的中学于个别项目上联合培养，一个完整而系统的运动员培养体系已经形成，并且收到优秀成绩。这种联合接续的培养模式已经给国家队、职业队提供了许多高水准的竞技体育人才，其中有部分人才把在世锦赛与奥运会等世界大赛中为国添荣誉的光荣任务担负在了自己的身上。

（二）高校体育在培养人才过程中存在的问题

回望我国高校体育培育人才的历史，我国高校体育已经取得很多优秀的成绩及通过长期的实践经验，摸索出一套适合国情、校情的培养方式及方法，但是越是受到关注，越是要保持头脑清醒，不能骄傲自大，不能妄自菲薄，止步不前，因为现阶段我国高校体育人才培养并不是十全十美的，并不是毫无缺点的，存在的不足主要有以下方面。

生源问题、教练员问题、经费问题与学训矛盾等的问题是我国各地高校办高水平运动队遇到的共同问题，其中还有学校在办竞赛是面临着教育与教育的冲突。我国市场经济不断发展，其竞争也日益激烈，各类行业也正处于社会转型时期，在这种环境里，我国高校竞技体育事业的发展既有有巨大机遇又严峻挑战。那么我国在这样的机遇与挑战同时存在的环境里要使用怎样的模式去培养高校竞技体育人才呢？运用怎样的措施去保持我国培养高校竞技体育人才走可持续可持续发展道路？这些探究的内容与培养专业人才的目标息息相关，它们是当前国内外研究的焦点，也是我们急需解决的阻碍。各个高校面对问题，解决问题时有个自己特色通常采用不同而有针对性的战略方法，缺点就是他没缺乏全局整体的思考，未能把问题连根拔起，留下祸种导致新问题出现。从大局宏观结构上来看，"竞教结合"的发展局面形成，这是因为受时代束缚，国内外较为大的竞赛是我国高校竞技体育的直接目标，就如奥运会是国家竞技体育的渴望一样，未能切实将"体教结合"的政策切实的实施下去，人本主义离开了原本道路。从中微观结构上看，对于制度呈现出的矛盾，人们总是把解释政策当作解决办法，而非运用法律条例去设计新的制度规范体系。把这个局面分析得出，解决措施通常是"政策强化""提高重视程度"这一类，但是实质性的制度规范操作几乎没有，把制度建设放到传统惯性思维之中，越乱越治的局面便会出现。详细讨论以下：

1. 生源问题阻碍高校竞技体育人才培养工作的深一步展开

多方面研究表明，高校竞技体育走可持续发展之路的主要障碍是生源不足。其中，未能成为一线运动员的市体校的二级运动员、资历高但运动水平能力不突出的退役退役的省专业老运动员、于体育传统学校挑选出的有体育天赋的青少年运动员、于业余体育比赛或在校大学生择选出的有优势项目的尖子生，这几处是我国高校当前的竞技体育人才的主要来源。运动员至小学便接受较为基础的业余锻炼，让那些具有运动资历的学生运动员从小学直接到相应中学，接着再到大学接受更为专业的体育锻炼训练。这种与清华跳水队式的"一条龙"培养形式应该逐渐建立。然而我国现今实施的体育管理体制已经慢慢显现出了我国原有三级训练体制的缺点：学校里学习文化知识所占的投入逐渐加重，青少年学生加入课余体育活动的数星逐渐变少；许多有体育天赋的学生其身体素质由于体育教师能力水平较低和体育经费相对不足等问题变得整体下降，进而高级学校出现生源问题，最终，高校的竞技体育人才身体素质出现良莠不齐的局面，这个局面成为了我国走可持续发展道路的高校培育竞技体育人才的阻碍。

2. 教练员执教水平制约着高校竞技体育人才培养工作深层次增强

好的指导让培育高本领的运动员来讲十分重要，对于体育事业来讲，高水平教练指导往往会事半功陪。竞技体育运动的内容组织以及训练计划的制订都离不开教练员，其教练员在培养人才方面作用越来越重要。要将我国高校竞技体育运动发展好，教练员的执教水平是关键。当前，本校的多半体育教师是负责我国高校竞技体育培养人才工作的教练员，这些老师多数都拥有体育院（系）校的文凭，毕业后成为体育教师，剩下少数来自于退役后的运动员或是从事训练相关工作的运动员。体育教学是大学体育教师的核心任务，大部分体育教师兼任教练员，其主要工作是负责高校负责培养竞技体育人才，然而，体育教师不仅每周有大量的体育教学内容教授，而且还要定制训练计划，因而用于竞技体育人才培养工作的时间有限，这直接导致了高校竞技体育人才的水平难以快速提高。同时，由于主要投身于体育教学工作且缺乏外出培训学习，使很多体育教员缺乏实践运动训练经验，脱离行之有效的学员培训方法。因此，很多具有运动天赋的运动员未能受到科学有效的训练，其运动潜能未能有效开发。总之，高水平教练员是促进我国高校竞技体育的快速发展的重要因素，只有充分掌握理论与实践经验的高水平教员才能培养出更多高水平运动员。

3. 体育培训资金不足制约高校竞技体育人才持续健康发展

众所周知，经济基础决定上层建筑。充足的培训资金是高校竞技体育纵深发展的基本物质保障。我国教育系统的资金投入总体相对较少，对体育的资助更是少之又少。一般而言，我国高校竞技体育人才培养的资金注入主要有以下几方面：学校拨款是体育人才培训经费的主要来源，而这项来源仅能保证日常训练；来自部分企业的赞助经费是体育人才培训经费的重要。高校通过与一些企业合作，来自企业赞助的这些资金主要用于保证一些常规比赛工作。事实上，经费的缺乏令诸多体育活动难以实现，很多活动甚至依靠体育教师、教练员自筹经费，这严重降低了高校竞技体育人才培养工作的质量，很大程度上制约了我国高校培养竞技体育人才的持续健康发展。

4. 学习与训练的冲突制约了我国高校竞技体育人才培养工作

作为学生，他们的主要任务是学习。而在高校开展竞技体育人才培养工作无疑加重学生运动员的学习负担，他们不但要进行教学大纲规定的体育相关的文化课知识学习，又要进行日常的体育训练，这两座大山压在他们肩头。因此，他们自己可支配的空闲时间有限，这无形中给了他们更多的压力。很多学生难以很好平衡兼顾学习与训练的关系，学训矛盾日益突出。另外，一些高校在进行选拔体育人才选拔时，过分强调运动员的体育成绩，而忽视了运动员的文化课学习。于他们而言，运动员的在各类比赛中的获奖和荣誉比任何事都重要。此外，高校很多教练员出自师范类院校，缺乏体育比赛实践训练经验，因而其训练方案难以很好切合运动员的实际水平。再者，他们运动训练方法缺乏创新性和趣味性，使很多运动水平较高的运动员开始对训练滋生厌恶情绪。由于难以完成预期训练计划，运动员的竞技水平也难以快速提高。

5. 不完整的竞赛机制对培养我国高校竞技体育人才向高层次发展不利

当前，我国的竞赛机制还不完善，各式各样的运动水平的竞赛不普遍，竞技锻炼训练的需要得不到满足。其中运动竞赛作为提高竞技运动水平的重要途径与检验运动训练的主要方法手段之一，如果得不到丰富，便会影响发展。尤其那些高水平的比赛对于高校教练员来认识接触最先进的训练方法是最直接的方法，通过比赛知道不足，将那些运动员感到不适的训练方法可及时更换调整，给那些模式僵硬、枯燥无味的训练方法和内容注入新的血夜，同时运动员也会变得更加积极。教练员的实战经验和观察每名运动员所具有的项目优势的能力都能在参加高水平的运动竞赛里被不断提高。现实总是有差距，我国现行的高校人才培养制度还不完善，尤其在参加高水平的运动竞赛中，其弊端暴露的十分明显。例如，比赛时缺乏统一而规范的管理；对于参赛的运动员，教练员通常不能对突发状况进行及时的修改或是补救等。对于高校运动员来讲，他们能参加高水运动会较少，除了类似的较大规模的每4年举行1次的全国大学生运动会和每年1次的省运会以外，几乎没有其他的了。除此之外，一种不公平感更是挫伤了很多运动员的训练热情，例如不同竞技运动水平的高校学生运动员待遇基本相同水平但是那些水平较高的学生运动员待遇却没有给予适当提高。这些情况都会对我国高校体育人才的发展造成不可忽视的危害。

（三）关于高校培养体育人才的发展走向

在上述文字里，高校培养过程显现的问题和总结的经验都充分的分析了一遍，现针对此我国高校培养体育人才的发展趋势及未来走向是等问题加以讨论。

当前多种都样的培育体育人才方式植根在我国这个特殊的社会转型阶段，这种现象是变化的国家政策与社会发展所产生的必然趋势，

也是出于社会主义初级阶段国情的中国对如何持续健康发展竞技体育进行探索研究的必然结果。然而社会力量会局限培育人才发展，这一点必须被关注到。研究培育体育人才模摸索的过程，可以发现专业竞技体制下的后备人才培养模式与社会发展在一定程度上脱接。其实如果将体育与教育两大机构进行资源的优化整合，那么除了当前问题能够解决外，其资源也可以得到优化的调整。

毋庸置疑的是体育属于教育，是其组成部分，改革市场经济体制可导致体育体制也被改革，反过来，改变教育体制也会导致培养体育人才体制的变化。产业化道路是目前体育在走的道路，竞技活动体育也确立了职业化的方向。我国大、中、小学正从幕后向前台过渡，市场经济体制、教育体制也成为培养体育人才的基本力量。在培养体育人才发展中，有目的地是教育体系于培养优秀体育人才的得天独厚的无法更替的优势，让教育与体育紧密结合，互相促进。要走可持续发展培育体育人才智力，这个方法是必然的选择。例如，以当前国有的中高等体育专业院校的力量为支撑，将这种在综合性院校里大办实行体育专业教育和多种民办体育专业教育的方式进行鼓励，让教育和体育系统合作和社会各阶级同办体育的新型体育教育形式流行起来。

时代在前进，国家在发展，培养体育人才的发展观念与方式在新形势下已经发生了改变，由单一格局逐渐转到多元化格局，从最初由国家独办体育系统到现在由体育系统为核心，教育系统、体育俱乐部等多种社会团体为辅助，社会在培育竞技体育人才的角色扮演中其担负的责任越来越大。教育系统作为人才培养的主阵地，非速增长的职业体育俱乐部与社会体育团体为竞技体育的成为贡献的力量，也让自己在培养人

才之中占得一席地位。

"体教结合"培养模式是我国当前培养高校体育人才所运用的方法，它注重计划与市场优势互补，讲究重点项目要凸显，但是多元化方式也同样重要，重点发挥体育系统与教育系统各自的优势，保证后备人才不切断，加强对业余训练体制的管理与创新，让其为改变高水平竞技体育依赖青少年业余体育运动学校的局面提供动力，并运用市场运作机制与财政帮助等方式去把小、中、大学向都实行体育人才培育的方向推动。其实综合的来讲就是，发挥政府目标为主导，但是市场也必须牢抓不放，利用一切可以利用的社会资源去创办体育，最后，形成政府主导、社会自办、市场自治这三种机制协调培养人才的模式。培养竞技体育人才的最终目的是培育全面发展的人才而非竞争与赶超对手。因此在培育体育人才时，教育者要用科学发展观指导学生学习，综合考虑学生的能力与特色，让他们在未来得到更好的发展；教师教育是应该把运动员当作中心，奉行运动员应实行全面发展的原则，为运动训练的后续发展和后备腿与人才做考虑。完成体育回归教育与逐渐走向市场，这二者都需要将体育事业融入到学校教育工作之中，让其成为教育的有机部分，让文化教育和运动员训练充分结合。学校是各个等级的后备体育人才培养和输送场所，支撑着高校体育的发展。在学校学习时，全部体育学生必须与同龄人是知识水平相当，接受相当的教育以粉碎教育和体育一者间的屏障。

已经广泛的展开了初级水平的体育活动，中级水平以上体育活动也将广泛地显现于中学、大学中，并且市场已有大部分高水平的体育出现，在职业俱乐部中开展，国家与社会也资助小部分市场化不高的项目去国内外训练并参加比赛。社会发展需要充分将教育系统资源利用，并设立与相符合的竞技体育后备人才培养体制。要完成我国体育人才全面健康可持续发展的目的与体育与学校体育、社会体育一起全面发展的目的，就必须在教育系统创立出一个全新的培养人才系统，使得于普通教育环境里培养出竞技体育人才的这个任务得以解决，同时，体育发展需要后备人才，而后备人才总是不足的难题也必须解决。

正确的体育价值观的培养、体制机制的改革和创新这是往后我国培养高校体育人才体系时想要进一步发展时必须要注意的两点。在财政支持方面让高校实行培养体育人才政策时没有后顾之忧，并且在其中运用激励机制，用相关的各项法律法规与保障制度做支撑，最终设立与中国国情相一致的培养高校体育人才体制。

（1）在培养高校体育人才观念被转变的过程中将体教结合培养人才的战略切实实施。

目前我国的运动员，特别是由高校体育培养出的运动员，他们将功利看得十分重要，这些为国家添荣誉、为学校争名誉等的功利思想使得教育的原本用意被误解，让教育的出发点被竞争和功利所填满，把竞赛结果当作检验一切的标准，完全将体育的社会性忽略掉了，缺少把体育当作高校的一个不可或缺事业去发展的观念和觉悟。所以，教育主体在培育运动员的过程里无法避免地被夺走了其受教育的机会，让运动员沦为只懂竞赛而没有思想的机器。运动员退役之后除了赛场，其什么都不知道，对于他们说，融入社会非常困难。所以说观念的转变刻不容缓，运动员身体和心理的健康都要注意，使其成为全面而健康的体育人，退役后的他们即便无法继续他们的运动生涯，也有从事其他职业的能力。

（2）市场化模式代替传统体育的"举国体制"的模式。

要使得我国运动员的每项基本素质都得到增强，重训练而弃学习的传统观念必须被破除，要对运动员施以多元化的教育。但也不可太过绝对，改变中保持理性，精华要保留，糟粕去除。在培养运动员的过程中，把科学发展观作为行动指标，以人为本兼顾其各方面，保证运动员能够作为完整的人参加各类社会活动并且从中获得效益。培养出的这样的社会需要的优秀人才才能让我国的高校体育事业得到健康稳定的发展，才能为社会做贡献。

（3）把"院校化"作为其基本模式，把社会效益作为其最后导向。

在减少国家帮扶时，"院校化"还能够获得一定效益，与此同时，对提高运动员的综合素养也有一定的帮助，其最少有四个优点：

第一，对"学训矛盾"可以进行较好的解决；

第二，院校的环境是一个社会雏形的缩影，能把教育和社会结合起来，培养学生对社会的适应性，并且有趣多彩的活动可以给单一而枯燥的训练增添活力；

第三，院校化之后培养体育人才模式不仅使得校园文化生活更加丰富，还为建设校园的精神文明提供资源；

第四，使得学校知名范围变大，和其他高校交流的机会变多，我国体育事业发展的基础被奠定，后备人才得以保存。另外，值得说的是，"院校化"之后，院校把社会效益作为导向，而不再是把赛场结构作为目的。院校培养人才探究其本质是要把社会的需要作为其最终目的，"运动员全面培养与就业"这个难题能够在培养体育人才中实行院校化则可以被解决。

本节中我们提到，任何领域的发张都要与时俱进，改革创新，才能推动所在行业及领域的高效、有序的发展，高校体育人才培养同样对培养体育人才的改革创新有推动作用，培养高水平体育人在高校展开，这解决一部分的社会矛盾，例如，体育后备人才枯竭和退役运动员再就业困难。对于"举国"体制的培养模式的实现，在计划经济这个大背影之下，国家金字塔形的政策倾斜给青少年就业一条捷径，而且未造成严重的社会难题。然而，处于社会主义市场经济环境中，国家的"照顾性"策略随政治体制改革和社会发展需要的变化而逐渐被撤销，其中出现独生子女现象的局面与父母的期望值的整体被提高，很多父母和孩子都不愿承担风险，这使得发展体育事业变得异常艰难，并且这对体育人才和后备人才具有强大冲击。高校培养高水平体育人才模式不会把学生学习文化知识的时间占用，而是科学的将课余活动时间充分利用起来进行训练，让学校和社会的体育互为补充，一起成长，为竞技体育输送长流的后备人才，让人们在我国体育事业的发展上看到了新希望。

在学校、社会和个人发挥主体作用下，把科学发展观作为指导建立与我国国情符合的高校体育后备人才培养体系是实现我国体育事业和体育人才培养得到全面协调可持续发展的根本道路。培养体育人才以"以人为本"为其基本原则，把"因人施教""因人施训"两种策略结合起来，并运用到科学的训练体系之中，把培养出"三高型"体育人才当作其最终目的。

全面的把"以人为本"的人才培养观切实贯彻，把科学发展观当作指导工作的思想，确立全可持续发展的培养体系，将教育与体育这二者系统的资源优势相结合，对培养后备体育人才的大局进行统筹把握，将工作均衡地配置给体育与教育部门，使不同部门对其任务和目标都有清晰的认识，设立"体教联合体"管理体制，实行"体教联合"管理方法，统筹多方面的好资源，创建多渠道层次的体育人才培养系统，加强社区体育俱乐部的建设和网络工具的运用，，完善体育事业体制，实行"体教结合"以保障两部门协调发展，注重办事效率和效果，培养体育人才体系的全面可持续发展，从而保障体育人才资源。

科学有效运作的体制机制是高校体育人才培养系统的科学发展的保障，所以必须将全面发展的人才观牢牢树立，实行"体教结合"方式，建立善新型的体育后备人才培养系统，让体育、教育与社会三者系统协调发展，在竞争和合作上，其形成横向上三者，纵向上每层不脱节、使竞技体育人才的培养体系得到飞速发展。学校培养体育人才的重要作用在其过程中必须被充分发挥出来以全面挖掘更多的体育后备人才，促使主体性教育定义的建设，给予运动员主体充分的重视，突出人的全面发展于人的教育和社会中的主导地位。"以人为本"的教育观念应该被广泛地运用到培养体育竞技后备人才的教育实践中，而不是仅停留在理论层面上。为此，教育者要使得自身的教育素养得以提升，把其自身教育工作者的引导作用发挥到极致，让接受受教者能够对社会的发展有更好的适应。专业竞争体制严重弊端是缺乏全面性发展意识的人才培养模式，所以，竞技体育人才的培养在新形势之下要对人性充分尊重，把主体性教育回归主体。

社会化、实体协会化在我国体育人才培养管理中演变步伐不断加快，从而导致体育后备人才队伍的培养主体也变得多元化。为应对此现象，多种措施应被采取，例如，鼓励和引导最初政府独办体育模式向体育和教育部门、社会和个人、企业公司等多种不同新共同参与模式转变、增强横向竞争和合作并强化纵向连接、引导业余训练资金投入的多元化、鼓励社会力量创办多种类型的业余训练组织等等。最终拓宽训练渠道，形成多元立体的后备队伍培养网络。竞技体育后备人才的培养要让学习与训练并行得到保证，最重要的是鼻血坚持以人为本，充分考虑从运动员的切身利益，充分实行体教结合，运动员的文化教育由学校担起，建立小学——中学——大学"一条龙"的体教结合人才培养模式。

因为体育有特殊使命，当前国家必须将原体系的保持稳定，所以导致改革动力不强，同时高校体系又因为其财力与其他各方面因素，自身的源动力供应也不足。但因为其核心突显了"以人为本"的时代律动，在关注体育人才的全面发展的同时，也遂循了体育与教育规律，将大学的科研和教育优势发挥到最大，弥补了举国体制培养人才中的缺憾，与现代社会人们的求学、就业的价值取向一致，所以，从国际体育人才培养的发展走向来看，它有着美好的未来。

无人不知，运动员的培养是一个长期系统的过程，与制度相比它有滞后性，所以想在短时间里从教育系统里孕育出大批的优秀运动员，期难度系数不是一般的高。因此，教育系统培养优秀运动员的加快步伐加上优化高校创造适合优秀体育人才成长的环境与动力机制这才能加快转型期高校竞技体育的前进步伐，让大学体育的时代使命得以完成。

高水平的竞赛活动是高校体育人才培养的发展的动力。高校应把各种形式层次的大学生竞赛作为发展的杠杆，整体撬开运动项目全面展开的阀门。学会管理运动分级项目。在大体协的指导下，大学生单项运动分会要学习运动项目进行管理，并且逐步形成具有项目特色的组织运行机制与项目管理规章制度，同时还以我国高校竞技体育开展项目特点和发展水平为依据，研究探究多样模式的管理方式，例如项目水平分级管理、区域联盟管理、专业院校分类联盟管理等方式。

对高校体育发展方向坚定不移，对高校体育人才发展的理念与宗旨进行清晰的把握，设立把高校作为枢纽的运动员培养系统，一步一步完善我国体育人才和运动员的培养体系，逐步设立把高交体育作为"龙头"，共存多种体育人才培养方式的高校竞技体育培养网络，让高校体育来来源于学校各种体育模式，却又高于学校体育模式。将高校体育融入学校和大众的体育中，逐步形成体育发展植根于高校、发展于高校、服务于高校的局面，让在校大学生变成未来高校体育人才的核心力量。高校想要培养出符合高校满意的体育人才，教育和体育的双重规律必须必须遵循。所以，其规律性的探求将会是高校体育当前发展的一大重点。那么这就需要对高校资源充分利用，为其创造出优越的环境，坚定科学发展观，将高校体育的发展时机牢牢握在手上，看准高校体育的发展方向，坚持不懈开创高校体育人才发展新局面。

今后一个阶段的高校体育人才培养的主要的探索模式是把高校作基地、将体教结合当前提的校体企培养模式。但是这个实施此模式时，必须依靠每个项目、地方、高校的实际情况而作出调试。

中国有句俗语：取人之长，补己之短。说的是要求我们每一个人都要有一颗虚心学习的诚挚之心，要学习他人之长，弥补自己缺点和劣势。对于每个行业领域来说，这句俗语同样适用，只有虚心求教与认真学习，才能不断地进步与提升自己，进而成为领域内的佼佼者。高校体育人才培养也不列外，从某种程度上来说，同样需要借鉴国外高校的先进经验，再结合本国、本校的具体情况，将外来经验与本土文化完美融合，制定切实可行地培养方针。现通过对高校体育人才培养的理念及运作模式等方面进行剖析，藉以此作为我国体育人才培养的参考资源。

许多学者在近几年里研究和探讨国外--些高校培育专业体育人才观念和相应的运营模式。将国外的先进教育体制和培养体育人才机制与我国实际情况相结合，那些对成功经验和案例的探索对于我国找出适合本国的培养竞技体育人才模式有利，并且有利于我国整个体育事业向全面、健康、稳定的方向发展。

专家通过对美国与澳大利亚的高校培养竞技体育人才体制进行了研究和分析，得出实行与本国情相适应的高校培养竞技体育人才方式，，充足的体育经费，源源不断的后备人才与高素质的教练员，高水平的体育科研服务等是高校竞技体育人才培养的成功之处。面对成功经验，我们应该改良化吸收，为改革与完善高校培养竞技体育人才体系提供灵感。体育与教育的资源有机整合是西方发达国家培育竞技体育人才走可持续之路的共同点。其中美国的机制就是如此，它以学校为基础，当学生运动员处于中小学阶段，有计划目的的书本学习和长时间的、连续的课余体育锻炼就在实施了，所以独立学习科学文化知识及锻炼身体的好习惯从小就开始在培养，因此也切实的实行了学习和训练"两手抓"的政策。另外。学生每周的学习和锻炼时间都由美国严格规定，对其管理十分规范。"体教结合"在体育强国里具有了自己特点的管理套路。

总的说来，我国较晚才开始研究"体教结合"，所以研究高校培养高水平体育人才方面的范围并不是很宽泛，但是当前我国培养高校高水平体育人才的模式正向多元化发展模式过渡，也是一个好的趋势，但不要盲目乐观，在面对我国高校在以组办运动队的模式对高水平竞技体育人才实践培养方面得出的许多成功的案例时，我国高校培养体育人才模式还没有自己的特色，还存在许多问题。我们此阶段的最要紧的任务是面对我国的实际国情时，怎样寻找到那条符合我国合学校竞技体育发展的道路。所以，全面系统的研究高校体育人才培养的理论与实践是必不可少的。

（四）分析我国高校体育人才培养的管理体制和运行机制

我国培养高水平体育人才的重要战略措施是为了推动我国高校体育工作的发展，实现多渠道培养优秀体育人才的目标。教育部在1987年首次确定了招纳高水平运动员的51所高等试点院校的名称。时隔两年后，教育部又重新确立了可以展开田径与乒乓球等重点项目的53所重点院校的名称。教育部于零五年年底在进行对试点院校的考查又再次确立了有资格招纳高水平运动队的235所试点院校的名称，并且在2010年年底，教育部对所以的试点院校展开了新一场考查与评报。

在进行对实践活动的研究表明，在教育、竞技和人才培养层面上，我国高校高水平运动队的建设有了很大的突破，正视发展阶段，我国在管理高水平运动的能力上仍是成长阶段与不成熟阶段。我国高校培养竞技体育人才的时间相对较短、训练和竞赛体系仍不够完善等原因形成了体育系统为主导，教育系统为辅助的发展格局，与国外相比，当前我国高校竞技体育仍然还未能独立负担起培养国家体育人才的重任。

高校竞技体育的发展和竞技体育人才的培养不但是一种机遇，而且一种挑战。这就需要体育工作者排除万难，既保持兢兢业业的敬业精神，又要不断更新思想观念，不断研究我国高校竞技体育人才培养的管理体制和运行机制，继往开来地开拓新领域！

1. 对我国培养高校体育人才的体制与机制概念进行阐述

培养高校体育人才的体制与机制等一切行为规范的总和被称作制度。广义的制度指管理体制、规章条例、运行机制、和行为规范等，狭义的制度具体指规章条例。制度的研究始于企业管理，如企业的制度是由企业的法律形态、组织形态和管理形态构成的，其内容有管理形态、组织形态、法律形态三个部分，是企业文化的中坚力星和核心纽带。

机制在《现代汉语词典》中泛指某一系统的组织和部分之间工作时相互作用的方式。机制本身包含于制度之中，是企业员工的行为准则。机制的建立必须基于各种科学的方式及方法的基础上，且必须经过实践检验证明，它不同于一般的工作方式，为系统化理论化并为实践服务的方法，机制的运行需要多种形式齐力合作。通过对机制的了解和研究，我国高校就体育人才培养方面建立有效机制，它主要包含办队规范、人才选拔、训练和竞赛、奖惩机制、物质保障等多个方面。

目前我国高校体育人才培养成就卓著，但也存在一些问题。当前我国在高校体育人才培养过程中缺乏行之有效的管理制度，高校体育人才培养各项制度建设尚不完善，导致一系列问题。如运动员学籍管理制度不善、训练竞赛目标不准确、后备体育人才不足、训练缺乏激励和保障机制不健全等主要问题，这些问题一直存在于高校体育后备人才培养中，一直未能得到妥善解决。

通过对国外高校体育人才培养优秀经验的借鉴，加之现代体育发展的商业化和社会化等趋势的影响，可见高校体育人才的培养需要可持续发展。所以教育部门和高校必须通力合作，构建一个行之有效、责权分明的高校竞技体育人才培养制度，并坚定不移地推行。国内学者也进行了一些积极探索。池建教授在其论文《美国大学竞技体育管理体系的研究》中提出：我国应当建立全国大学生体育指导委员会，专门负责在全国高校之间开展校际体育竞赛，完全将大学体育竞赛和职业体育独立开来。总是，我们建立健全高校体育人才培养制度，为我国高校体育的可持续发展奠定良好的、坚实的基础。

2. 对我国高校体育人才培养的管理体制的研究考查

在高等教育管理体制和竞技体育管理体制的基础上我国逐渐形成了高校体育人才培养的管理体制。通过查阅文献资料和对其他国家成功体育人才培养过程进行研究，将其总结划分为三种形式，即政府主导型、社会主导型、政府与社会结合型。政府主导型的主要特点就是政府为管理主体，管理人员背为政府的行政管理人员，政府建立了专门管理机构，负责制定决策与制度，执行与管理则是通过行政渠道开展。其中突出的国家有苏联、朝鲜，以及1998年以前我国的高校竞技体育管理体制。美国是社会主导型竞技体育管理体制的典范，日本是政府与社会结合型管理体制的模范。日本文部科学省体育与青少年局是管理高校体育的国家行政机构，但其职权局限于高校竞技体育的发展方向、水平与规模等政策性的问题上。以法律法规的形式提出具体要求与规划，如2006年再次修订的《青少年竞技体育振兴政策》具体的业务管理工作完全由拥有法人资格的日本体育协会、日本奥委会全权负责，经过多方面选拔，由日本奥委会与文部科学省体育局共同负责组织运动队参加一些国际大学生竞赛。不同于日本，我国高校竞技体育人才培养体制是政府主导型，管理体制分为学习招生管理、训练管理、竞赛管理等几个部分，，各个部分皆要求相应的制度体系来保障该环节工作顺利进行。

主管我国高校体育人才培养的机构为中国大学生体育协会，依据《中国大学生体育协会章程》，中国大学生体育协会被定性为非营利性体育社团组织，它是由全国高等院校的体育教师和体育工作者等自愿组成的，具有广泛性、专业性、行业性等特征。然而，事实上，管理大学体育主管单立的中国大学生体育协会的活动章程内容比较宏观，管理的范围比较狭小。基于我国大学竞技体育的组织管理结构和相关管理政策法规两方面相关情况的分析及与一些发达国家高校竞技体育对比，笔者发现，我国高校体育无论是在组织管理结构的确立上还是在政策法规的规范性都存在一些问题，所以还无法满足当前国内大学体育发展的管理需求。高校体育人才管理体制改革的发展对策提出应该在我国公有制体制的大环境下，加快体育人才管理体制改革和高等教育改革的步伐，建立新形势下适应社会主义市场经济体制发展的高校竞技体育人才培养管理模式，归根结底就是进行管理体制的不断创新。

认真分析我国大学体育的发展现状，将此状态作为基础，再加上对国外的成功经验的借鉴，管理制度会得到进一步完善。以美国高校体育中职能独立的管理模式为例，中国大学生体育协会可以对其加以分析借鉴，结合自身情况，转换自身转的管理职能，让我国培养高校体育人才制度得到科学发展的制度环境。要改革创新管理体制则要求政府职能进行彻底的转变，将大学生体育协会的进程体现出实体性，让中国大学生体育协会变为中国高校体育和实体化体育人才发展实质的组织者、领导者，这个变化能够给管理高校体育人才机制的改革发展提供动力，与此同时，各单项协会以其职能发挥出的作用来激发培育高校体育人才的积极主动性与创造性。

3. 对我国高校培育体育人才时所实行机制的分析

（1）分析选拔我国高校要培育的体育人才时所运用到机制。

发展不充分中学体育是展开我国普通高校高水平体育的基层建筑，与此同时，我国竞技体育又处于一元实现模式向多元实现模式过渡的历史环境中开展的。，所以高校在选拔高水平体育人才时所选用的方法与我国基本国情相适应。在这个历史大背景和不同学校体育传统和条件各不相同的局势下，向我国普通高校提供高水平运动队运动员的来源渠道与构成模式也是多种多样的。

当前，我国招纳高校体育人才所用到的主要途径如下。

第一，专业体校与体育度的退役运动员。为快速增强高校的竞技体育能力，高校通常以大量招纳专业运动员，这个方法也让退役运动员的就业压力得到减轻，然而此类运动员多数有高年龄、伤病、将退役的运动员或是运动成绩不够优秀不能成为更高级别运动队的一员的特征，发展潜力和上升空间几乎没有是他们的共同特征。这种急功近利，只顾眼前的做法只能为其代表的学校参赛而为校争荣誉，但是这种做法的弊端很多，例如对教练员在训练实践中经验的总结积累、训练周期的合理安排、训练方法的改革创新、管理高校体育培育人才制度的发展与完善等都十分不利。

第二，专业运动队现役运动员。此类运动员属于专业运动员，他们往往仅是以取得大学学籍为目的，对课本知识的学习几乎不花精力和时间，他们的训练、生活、管理等都不在校园里而是在专业运动队，没有在校园生活。这种为了获得学生与运动员的两重身份，此类运动员多数挂靠在高校的竞技体育人才上，他们可以代表省市专业队与所在高校去参加国内规模较大的赛事，而与国外体育所培养出的运动员相比，我国此类运动员多数只参赛而对文化知识的学习不重视。专业队出身的运动员是我国高校体育人才来源，这个现象会产生普通的高考体育考试时不可能在短时间内超越专业的能力的局面，这一部分学生参加训练与比赛的积极性往往会被挫伤。现役的运动员是高校为其夺得荣耀的希望，让学校与运动员二者都有好处，但殊不知此法若是长久实行，我国竞技体育的长期稳定和可持续发展将得不到保证。

第三，高中校园内体育运动队成员或接受高中阶段体育训练的学生，通俗来讲即是中学体育特长生。此类学生有较高的文化水平，而因为其有繁重的文化学习、没有接受到系统且不间断的训练、训练时间短、高水平竞赛的参加机会少等而造成他们的运动成绩并不是很突出。这对于本来就需要不断地从中小学挑选出一定数量的优秀学生来扩充自己的后备力量的国家竞技体育队的生源变得更加稀少，所以，大学要从高中里招纳有较高水平的学生运动员，这是很困难的。

我国竞技体育的举国体制有许些弊端，但是回看举国体制于国际舞台中取得的优秀的成果也证实了其在特定历史其，它的存在必有它的合理之处。

（2）对我国培养高校体育人才的办队机制进行分析。

研究我国培养高校体育人才的方式，以高校组建高水平运动队对其进行管理实施，其中高校和外界共同办队和高校独自建办队伍是其主要方式。高校与体工队、企业等单位联合起来建办高水平运动队成为高校和外界共同办队。这种模式可以让高水平竞技人才代表所在学校、所在省市或单位参加有关比赛，其本质和上文提到的人才选拔机制中专业运动员挂靠高校获取学历是一样，只是联合队伍挂靠所在地不一样。

高校通过获取高水平大学生比赛和专业体育竞赛中的好名次以提升其知名度，让专业队把自己的队伍挂靠在本校上。专业队成员以代表学校参与全国性的大学生比赛而是自己获得大学学籍，以帮助自身退役后能够就业。种挂靠只是单纯的把专业队和高校联合起来，对教练员在训练实践中的经验积累毫无帮助，甚至违背了高校体育实行"体教结合"培养模式的初心，对高校体育人才的培养有不良的影响。

高校以热心于体育的企业赞助的资金来维持其运动队伍平日训练和竞赛的开支。企业通常对和自己合作的运动队获得优异成果寄以很大的希望，希望他们可以产生社会效益而获取广告效应，但他们不直接参与运动队的平日决策或是管理。这是企业树立正面积极形象，做企业营销的重要方法。

随社会主义市场经济体系的改革，我国体育事业也开始逐步进入到体育产业发展的鼎盛阶段。高校体育对体育产业的影响随其水平和影响的扩大逐步加深且受到社会给阶级的重视。很多高校很多高校为实现经济和社会的效益双赢与高校体育产业的快速发展，，开始主动探索培养体育人才与企业赞助联合办队的新模式。当前高校已经认识到运动队全体实力水平的提高是获得企业资助的关键。对于已经获得企业资助的高校运动队，其物质等各方面得到了保障，运动员的训练和竞赛有了物质基础，为高校竞技体育的向前发展提供支撑。

学校自身以招纳高水平竞技体育人才来使自我培养与管理的目的实现，受我国体制的制约，此类型办队模式于当前竞技体育阶段的发展是有一定的局限的，其局限性体现在此类型组建的队伍参大赛机会较少，缺乏经验，对于运动员想突破新的技术十分困难。其中，高校自主办队模式主要是直接收纳高水平的专业队青年队员、业余体校队员、运动成绩较好的中学生等体育特长生来实现。

（3）对于我国培养高校体育人才的训练竞赛机制进行分析。

高校运动员未能参与高水平比赛的一个重要阻碍因素是我国现在实行的训练竞赛体制。如何使更多的高校体育人才拥有参与高水平比赛的机会？怎样做才能是学生运动员的高水平训练与参赛经历得到增加？怎样使培养高校体育人才的训练竞赛体制被建立？这些都是待以解决的难题。

由国内举办高校体育比赛规模大的几乎没有，仅各省市的大学生体育运动会、中国大学生体育协会举办的单项竞赛与全国大学生运动会三种。虽然有定期开办邀请赛与校际对抗赛等，但其竞赛的规模、参与人数、影响力等方面远远低于预想效果，并且其运动员的竞技水平也是良莠不齐。有学者提出出发点较好，但实行阻力较大的设想。例如，将某些高校的体育竞赛纳入国家体育系统，将各省市专业队作为其比赛者。由此可见，比赛较为业余是当前国内培养高校体育人才的竞赛体制是其主要问题，所以，维持较高水平、能够举办频繁赛事而又能保证参赛者数量的竞赛体系的建立任务是当务之急。

（4）关于对我国培育高校竞技体育人才的动力机制的分析。

体育运动与其他类型的体育活动一致都是教育范畴的一个内容，而且和其他体育活动相互促进，相互促进，都对青少年身心全面发展有着不可代替。高校体育作为学校体育内容的重要部分，其还为我国体育提供后备人才，让协调、适度且可持续发展的培养活动可以成为推动培育高校体育人才才的动力机制的动力。而当动力变得适度之时，各培养主体的需要才能得到满足，社会秩序才能维持，体育机制才能正常运行。为了各种培养主体的合理利益切实得到保证，运动体系必须正常的范围里进行工作。所以我们在制定培育体育人才的动力机制的过程中，必须用宏观整体的、系统有节的思维对全局进行思考，将动力机制功效运用到极致，，合理科学的优化整理各种资源。在实践中证明中国特色的培养高校体育人才的动力机制是一种综合性的动力利用机制，对于中国高校体育发展有重要作用。在充分发挥政策校园文化生活，推动学校体育活动的开展，增加学校知名度，同时在获得企业赞助等经济效益方面也起到一定的积极作用。适度的动力机制能保证教育系统培养竞技体育人才"一条龙"体系持续、稳定、健康发展。其中动力来源于三个层面的需要：

一是全面教育需要被学生运动员个体接受的需要。

二是全面发展人才由学校培育的需要。

三是对一多专复合型人才的培养由国家和社会决定的需要。

协调、适度且可持续发展的培养活动可以成为推动培育高校体育人才才的动力机制的动力。而当动力变得适度之时，各培养主体的需要才能得到满足，社会秩序才能维持，体育机制才能正常运行。为了各种培养主体的合理利益切实得到保证，运动体系必须正常的范围里进行工作。所以我们在制定培育体育人才的动力机制的过程中，必须用宏观整体的、系统有节的思维对全局进行思考，将动力机制功效运用到极致，合理科学的优化整理各种资源。在实践中证明中国特色的培养高校体育人才的动力机制是一种综合性的动力利用机制，对于中国高校体育发展有重要作用。

（5）关于我国培育高校体育人才的激励机制进行分析。

体育人才的积极性与创造力的激发，与社会相适应的价值观念与行为规范的形成是高校培育体育人才激励机制良性运行得以实现的最主要目的。我国的体育机制与总目标虽然未产生根本性的变动，但由于体育事业的发展，高校体育主体的行为方式变得更加丰富、价值观念变得更加复杂，所以更加灵活的激励机制便要与之相应而出。

从高校培育体育人才的激励手段来观察，其方法各式各样，总体的变化是从侧重精神激励向侧重物质激励转变。从物质激励的角度得出，被不同高校所采用的激励方法都有其侧重点。从激励过程来观察得出，高校对培养体育人才进行的价值观和行为的指导方向与社会经济发展的总目标朝向一致，让市场选择的积极作用得到充分的发挥。激励的标准要全面系统，吹评判绩效还要有导向功能。因此，激励标准在被确定时，其应该考虑是否与社会运行与体育运行的总目标相一致。要把仅以竞技水平高低、成绩好坏这单一维度作为奖励标准改变，设计出可星化的标准，能够把竞技体育人才的综合素质等方面概括其中，给予一定的物质与精神激励以激发高校竞技体育人才对训练和竞赛参与的积极主动性。

公平和效率应该在激励中得以体现。效率和公平的矛盾要在对高校竞技体育人才实施激励施要处理得当。培养竞技体育人才的活力基础是协调好公平与效率的关系，所以，自由平等与差异化都必须在其中体现。每个参与者的平等分配资源权和平等的激励机会都应具有，这也是高校竞技体育人才培养主体的激励体现在培养个体之间权利的平等的现象。科学的激励会使优秀者以自己的不懈努力来获得更多的资源。因此，引导参与者有正确的价值观，在激励过程中避免产生培养主体间的恶性竞争。

（6）关于我国培养高校体育人才的保障机制进行分析。

体育人才的训练和学习割舍；训练与竞赛的资金不足；训练场所设备差等等都是我国培养高校体育人才中出现的问题。当然，学训矛盾仍然是培养高校体育人才的主要点，同时亦是高校组建运动队伍最应该考虑的问题。既要增强训练强度以为学校添荣誉，又要让其文化课的学习不可被耽误，这便导致学训矛盾现象的出现，这是不少高等院校培养的体育人才中出现的普遍现象。高水平运动队的软硬件配置直接由训练和竞赛资金决定，例如高水平教练员的多少、先进运动器材设备是否充足等等，当前多数高校的运动资金都有政府拨款而来，其总额少且来源窄。运动员训练要得到保证，那么训练场馆设施必须充足全面。调研得出，多数高校体育设施虽较为全面，可其专项的训练场所器材设备欠缺，这是高校不能培养优秀运动员障碍之一。

我国通过"举国体制"为我国培育了大批国际级运动员，让我国于各种国际赛事上硕果累累。但就长远角度来看，优异的竞赛成果是不能掩盖运动员退役后的就业问题的。这时高校培养的作用就凸显出来了。高水平的竞技能力与深厚的文化功底并存的运动员在高校培育中可以被孕育出来，这些优秀的运动员在退役前后不会处于艰难处境里，他们有为社会作贡献的能力。"以人为本"也可以再次被体现出来。近年来国家随开始对高校高水平运动队的培养加以重视，但其培养重点仍对举国体制有所偏重，高校高水平运动队受到关注与支持仍是不强。

面对高校的重点体育项目是，更多的政策与经费帮扶应该由国家给予。与此同时，在对美国大学培养运动员的方法分析后，借鉴其成功经验将中国大学生体育协会的作用充分发挥出来，让体育上下游产业得到发展，增加相关产业传播力度与关注度。用管理体系的运行对高校高水平运动队于高校竞技体育的健康发展加以保证。高校要对运动员就业问题进行解决，改善退役运动员面临的困难，使其高水平运动员课程体系不断被完善，为运动员提供专门的课程体系与特有的学制标准，在优秀运动员竞技能力水平的维持得到保证的同时，其文化水平的提高也保证。另外，专家应该由高校组织起来去为优秀运动员制定教学计划、培养大纲、文化课知识体系等，让优秀运动员有属于自己独特的课程体系，而挣脱普通学生学习机制的束缚，以达到增强运动员的学习效果的目的，让目前阶段的高校体育人才的培养有个缓冲期。运动员综合素质的增强关键在于教练员队伍的建设，队伍建设的好便能加快高校高水平运动队梯队建设的步伐。所以，为了使教练员对训练与竞赛工作的全身心投入，教练员应该从兼职转向专职，并且专业教练员应该不断的被聘请，促进执教水平的提高，建立起科学合理的教练员队伍。教育部和省市教育局应该关注整体管理机构的设立，让学生运动员的输送机制加以完善。高校则是应该把与中小学的密切配合更深步加强，让组建高水平运动队后备人才基地的速度加快，保证高校优秀运动员队伍的得到充实。高校和中小学有着输送人才的关系，对于有运动天赋的学生要及早关注，并鼓励他们学习理论知识，让他们较为顺利进入大学。对于开创体育新局面来说，这是非常重要的战略措施。物质支持体系的建立。科研、医疗、体育设施等还有与训练相配套的科研人员和器材、运动恢复的相关设设备都是物质支持体系所涵盖的，其范围较广。若要体现科学训练，有条件的高校组建的各种功能性实验室，例如康复与保健实验室等，这可让训练与竞赛过程中的监督和控制得以实现，信息化和时代化等持征在高校体育训练和竞赛中呈现。高校对于后勤和体育设施方面也应给予高度的关注，设立完善的管理机制，给予更大的投入，为培养高校体育人才提供坚实的保障。

4. 关于我国培养高校体育人才体制与机制的发展走向

（1）法制化的管理制度。

我国当前正加快各项制度工作法制化的进程，当然在体育工作方队也无例外。各项体育制度的建立健全极其法制化的推进是高交做好体育人才培养的工作的前提。美国就是因为其高校的竞技体育工作良好发展和人才云集，在培养高校体育人才制度的法制化工作投入了大量的精力，所以能够成为世界体育强国。作为组织管理和监督机构的美国大学生体育协会（NCAA）给美国培养体育人才的学校体育工作提供了无法替代的作用。与本国的大学生体育协会监督机制相比，我国的制度仍不够完善，对于高校体育人才培养中的主导作用不明显。我国高校对体育人才培养系统的控制应该加强例如前期人才的挑选、后期在校学生的训练参赛、文化课的安排、高水平运动队与教练员的管理等方面都要加强。每个环节都要建立健全与之相应的规章制度，加快制度的法制化的进程使大学生体育协会从宏观层面调控培养高校竞技体育人才的全过程，把法律和行政的手段进行有机的结合。

（2）以人为本的理念。

"以人为本"是贯穿于我国高校体育人才培养的基础理念，也是高校体育人才培养的最终归宿，它的根本目的是实现高校体育人才的全面自由发展并体现人生价值。这个管理理念可以有效地使管理者的观念发生转变，给培养高校体育人才目标进行新定位以动力。高校培养体育人才的既定目标之一是参与高级别竞赛为校争光，但其最终目的是让运动员的全面发展得以实现，并培养出高水平素质的复合型体育人才。同时，以完成国内外重大参赛任务来为国家拼搏争得荣誉，为培养高校体育人才作贡献则是教育部和国家体育总局为国家培养全面发展的高水平体育人才而提出的明确目标。

第四节　新形式下我国高校体育人才培养的背景

光阴似箭，时光荏苒，体育这些国民事业已经走进千家万户，成为我们身边的平常事。高校体育也以日新月异的新姿态出现在公众面前，时光是日月轮回交替的升华，，新时代的发展是对前人历经坎坷与磨难，一步一个脚印走过的道路及岁月的总结和提炼。所以笔者认为在进行新形势下我国高校体育人才培养的背景综合分析之前，对于我国高校体育人才培养发展历史沿革的回顾非常重要。让我们共同将时光的指针回拨到20世纪末期，于我国实施"体教结合"政策背景下，培育高校高水平竞技体育人才的活动在我国重点展开。一九八七年，我国第一批高水平运动队被创办了，那时仅有51所试办高水平运动队的高校。现如今二十多年过去了，逐渐增多的高水平运动队在各高校被陆陆续续组建，截止2014年已经有275所高校都组建了高水平运动队，这个数目比组建之初的数目翻了几倍，让祖国骄傲的是当前的我中国在竞技体育方面已经走在了世界前沿，并且我国高校高水平运动队的发展一路向好。

根据我国教育改革发展和社会经济、改革不同类型体育的发展阶段以及高校体育政策文件颁布等重大事件，可以把我国高校竞技体育的发展历史分为下列三阶段。

（1）1986至1996年，孕育和始创阶段。

《全国培养高水平学生运动员试点学校申报审批暂行办法》于1986年4月17日由国家教育委员会和国家体委发布。同年10月，《关于课余体育训练，注意提高学校体育竞赛的技术水平》的通知由国家教育委员会和国家体委联合印刷并发放，到20世纪末学校要利用课余时间组织学生积极开展体育锻炼、发现并培养优秀体育人才，以及鼓励各高校通过积极参与校内外体育竞赛的方式增进与国内外学校间进行体育交流合作。1987年4月，国家教育委员会发布了《关于普通高校试行招收高水平运动员工作的通知》，决定在全国51所高校进行试点，即创建高水平运动队，该文件还对招生方法、招生对象、教学管理等方面做了一些简单的规定。然而，现实办学却遇到诸多困难。首先，缺乏可借鉴的成熟经验，只能摸着石头过河。其次，生源短缺，运动队规模有限。针对这一些问题，51所高校进行了一系列积极的探索。打破原来只招收退役运动员的限制，积极扩大招生范围，吸纳普通高校里有体育特长的学生进入高校高水平运动队，并积极培训，为我国体育事业培养后备力量。此外，国家大力发展体育事业的主要目的在于通过高水平运动队中培养出能在像奥运会、亚运会等高级别比赛中取得名次的体育人才。然而，这些高校仅仅允许运动员学生参加省、市级别的大学生比赛，并以此成绩作为检验学校竞技水乎的主要标准。这也导致目标难以实现，我国体育水平在初期难以快速提高，当然，也存在一些客观因素，如学校的软硬件设施的落后和不足。

第一个吃螃蟹的人总是勇敢的，这些高校都渴望在改革的浪潮中生存下来。因此，针对实践中遇到的一些问题，首批51所试办高校大胆采取了一系列行之有效的措施。如提高教练员的教学实践能力，使高校高水平运动队的训练逐步正规化和系统性；扩大运动会资金来源；增加多方招生渠道以引进更多优秀体育人才；增强高校科研能力；创新对运动队的奖惩形式以激发运动员积极性。俗话说：他山之石，可以攻玉。除了对高校运动队内部的改革，高校运动队积极与其他单位合作，达到双方优势资源的优化配置，实现了双赢。高校与专业队的精诚协作使得高校高水平运动队的运动成绩得以迅速提高，因此运动会的赛场上呈现出一片欣欣向荣的景象。得益于这种联合办学的得力措施，我国高校高水平运动队的整体水平便有了极大程度的提高。

然而，这段探索之路是漫长而曲折的。1995年国家教育委员会又提出逐步实现由国家教育委员会独立组队参加世界大学生运动会的目标，并重新确立53所院校作为开展田径、篮球等重点项目的试点学校，这一政策在一定程度上激发了高校运动队的积极性。但这同时也给高校竞技体育的发展带来了一定的问题，部分高校为了取得更好的成绩，在重要比赛中直接让专业队的运动员代替本校大学生运动员参加比赛，因此制约了高校高水平运动队的发展，也阻碍了竞技体育人才培养在高校的培养，与国家最初的培养目标背道而驰。这一现象之所以屡禁不止的另一个重要原因在于对于这一违纪现象缺乏行之有效的制裁方案。简单来说，当大学生运动员在学校里出现以上违纪现象时，由于其身份的特殊性，学校管理者难以做出正确、恰当的处理，致使这一问题难以妥善解决。当然，这一切还得归结于高校存在管理上的疏忽和受急功近利思想的思想。

（2）1997至2004，蓬勃发展阶段。

随着全球化及互联网带来的信息国际化，发达国家的高校高水平运动队的发展经验在国内快速传播，继而我国高校高水平运动队的发展出现了多元化的趋势。部分高校开始着力培养优秀教练员，提高生源的质量，扩大资金的来源。从原来的单一的依靠政府和学校的拨款转变为多方融资。充分借鉴了美国的集资经验后，，我国部分高校为发展本校竞技体育开始积极与企业合作，企业资金的注入大力支持促进了高校高水平运动队的蓬勃发展。1998年CUBA（中国大学生篮球联赛）的正式开战，这是我国高校竞技体育迈向社会的第一步，这标志着我国的高校竞技体育已进入到了蓬勃发展阶段。

诚然，我国高校在竞技体育人才的创新培养方面取得了卓著成就，且在一定程度上为我国高校培养竞技体育人才提供了重要的参考，但是高校高水平运动队发展仍存在诸多问题。如大多数高校的资金短缺问题和生源质量问题仍旧严峻，场地器材等硬件设施满足不了学生的训练需求。此外，存在优秀生源呈现分布不均的现象。清华大学、北京大学、浙江大学等知名高校吸引了更多的优秀体育人才，普通高校相对缺乏竞争力。同样，高校教练员一般仅仅掌握体育相关知识，比赛相关的系统知识及经验来指导学生运动员的训练的实践能力相对缺乏。大学运动员的就业矛盾问题尤为突出，一些高校竞技体育人才毕业后无法找到与自己专业对口的工作，这也一定程度上减少生源。

21世纪以来，高校体育健身运动开始在校园内蓬勃发展，并在一定程度上带动了高校竞技体育的发展，这得益于教育部提出了"学校体育要树立健康第一"的思想。越来越多的高校采取以高校为主导，引进工作为辅的策略，更多关注高校自身的发展，这反映出高校改变了对高水平竞技人才培养的观念。"体教结合"全面的培养模式受到广大高校的垂青，有体育潜能的学生既可在高校接受文化知识，又能得到体育技能上的训练，学生运动员的整体素质从而得以极大程度的提高，并在国内外的比赛中取得骄人成绩。2003年5月，国家体育总局将组织参加世界大学生运动会的权利移交教育部，这鼓舞了高校建立高水平运动队的士气，也更坚定了高校办好高校高素质运动队的信念。

（3）2005年一至今，综合发展阶段。

为了使高校竞技体育得到更好的发展和高校竞技体育人才培养方法变多，教育部体卫艺司与大学生体育协会研讨了发生在高校办高水平运动队中的多种困难、疑惑。教育部办公厅在2005年对各地区发布了把有资格组建高水平运动队伍的试点高校数量增加到102所的通知，至2006年多达125所普通高校可以组建高水平运动队，这125所还只是算了教育部规定的试办点，其教育部有着开创中国竞技体育新征程的目的。同年的12月，为了使高校高水平运动队伍的建设问题得到深一层解决与完善，其运动项目的内容结构变得科学，其未来成长拥有牢靠的基座，教育部体卫艺司也发布通知。中共中央国务院在2010年发布的文件清楚的肯定了我国传统体育项目的举办与高等学校高水平运动队让体育在社会人们中有着锻炼榜样作用。这文件的意见想要切实实行，则宏观计划应该被各高校提前做好，并且关于怎样建设高水平运动队的问题应该被解决妥当，当然定时去检查和测评高水平运动队的成果也必不可少。这样才能保证增高高校运动的训练水平，才能让建设高水平运动的工作保持在一个系统科学、正确健康的发展道路上。

截止当前，已有275所高等院校被教育部赋予能招纳高水平运动员的资格，二十多年过去了，其高校拥有具有高水平的运动员数量已经达到一定高度。传统的自办模式与体教结合模式是当前多数高校所采取的办学模式。还有一部分学校采用校企结合模式办学，例如宁波大学乒乓球队、三峡大学足球队、南京工业大学女子垒球队。随着各高校的发展，当前模式已经不能满足教育需求，许多高校第二梯队建设增强是，通常以美国职业俱乐部学习模式为过渡，逐渐发展中小学一大学一职业俱乐部的模式。在成长的道路上，各高校在体育培养人才的路上开始结合自己的特色，把当地文化、经济、环境、民俗等因素融入到办学之中，慢慢摸索出适合本校实施的办学模式，这种现象让高校高水平运动队的办学成果与运动成果都有了明显的增高，不仅如此，这也为培养高校竞技体育人才给予的向前动力。

重温我国高校培养体育人才之路，我们已然在回忆过去，展望未来中，欣喜地看到新时期我国高校体育院系人才培养处于--一个健康、和谐的环境和氛围中。

首先，中国"入世"。在入世之后，近3个百分点会在我国每年国内生产总值被提高。我国持续飞速的增长的经济，加快的城市化进程，人们的思想发生变化，对于精神需求不断增多，其中包括"健身"

"休闲"等的意识，对与体育相关的职业，例如，体育教育者、体育指导者、体育研究者、体育管理者等的社会需要不断增多。在体育产业不断发展的过程中，关于体育方面服务业的经营者与体育专业人才的需求不断增强。在体育上，其广阔的生存和发展空间将随着中国"入世"不断变大，然而，这也有一些挑战出现，因为在未来对于社会来说，它要求的是高素质的体育专门人才、复合型人才、创新人才、创业人才，而这些人才培养会较为困难。

其次，颁布的《2001-2010年体育改革与发展纲要》（为书写简便，下文出现简称其为《纲要》）提出："为更好适应体育改革与发展形势，尤其要满足体育产业化、社会化的需要，让办学环境不断得到改善，抓住机遇让专业结构不断优化，教学内容不断丰富，教学办法也不断创新，孕育出引领世界风潮的体育专门人杰"。在新时代里，要使得体育院系有持续发展的动力，并且满足建设社会主义现代化的需求，完成其自身的义务，体育院系除了要让当前我国体育优势继续保持，还需投入更多的精力去锻炼出符合社会需要的体育人才。

再次，高等院校扩招。我国高校至1999年来，不间断扩招。其主要目的是使我国教育的改革速度加快；打造出使得全国的素质教育得以更加容易实行的氛围；让人民群众不断增强的接受高等教育的期望得到满足；满足建设21世纪里我国社会主义现代化时对人才需求；使得科教兴国战略能够全面切实实行，最终实现祖国富强和民族振兴的愿望。与此同时，我国各个体育院系良好的发展机遇也随其而来。

最好，举办北京奥运会。北京申请成功了零八年奥运会，中国的各方面发展将会得到一次前所未有的机遇，可推动我国在交通、邮电、通讯、旅游、餐饮等行业的发展，这个空前商机将可能延续十年之久。还有人推测，我国GDP将会因北京申奥成功增加0.3%--0.4%。北京奥运会不仅仅是我国体育界的盛大宴会，还是全世界人民的盛宴，它推动的不只是我国经济，还会极大的冲击对全国人民的体育价值观念，让人们的思想转换加速，我国体育得到更加科学的发展，新生活力被管住到我国的体育事业里，给高等体育教育的发展给予更强劲的动力，加快各类体育人才需求的增长速度。

在这样的发展社会环境下，许多社会进步和体育事业发展的重要标志显现出来，例如关于体育方面人在成为人才市场的巨大热点，例如体育科研人员、指导社会体育人员、保健治疗人员等。除此之外，还有在体育上对翻译、新闻工作者、旅游工作者、传统体育人才的需要变多，要培养适应社会需求的体育人才，高校体育院系任重而道远。如前所述，"成人"与"成才"是高等院校培养的最基础的首要要求。高层次"人""才"作为体育院系最基本的功能，这也是各种体育在培养专业人才的期望结果。我国体育事业在新世纪里整体苏醒并且朝着更远的目标前，而体育院系的培养是新世纪里我国所需的多种高素质人杰的支撑。

然而，虽然"入世"、扩招、颁布《纲要》、举办北京奥运会为高校体育院系培养人才提供并营造了良好的经济环境、社会环境、政策环境和体育氛围，但一直以来，重术（科）不重学（和科）、重技（能）不重知（识）、重教（练）不重教（师）、重赛不重考、重奖（牌）不重质（量）等观念和做法，影响了人才培养的质量。学生的运动技能相对较好，而文化基础相对较差、知识结构、单一综合素质不高等问题相当突出。

如果想要挣脱是用来多年的办学理念与任务的束缚，让人才的培养变得更加多元化，那么高校体育院系就应该始终把科学发展观当作其指导，让全面协调、可持续发展的办学方针始终贯穿办学全过程，积极打造出以人为本的办学环境，勇于探究出体育专业的办学特点，根据高校体育专业的学科发展、行业的需求及现实状况，，深化教学改革，加强教学建设，更新办学理念，确定新的人才培养方向，换而言之是基础牢靠、知识广泛、本领强、素质高的高水平复合型的体育专门人才。具体而言，就是要"融体育、科技、人文教育于一体"，把体育专业教育、技能训练与思想品德教育、广博的文化知识教育、科技知识教育、思想素质教育、心理素质教育、人格修养教育以及环境教育、氛围教育、发展个人潜力的个性教育有机地结合起来。

平衡点需要在实际的集体教学活动中加强关注并保持，例如，一元化教学目的上与多元化的平衡点，设置专业课时，师范专业和非师范专业的平衡点；办学条件上师资与设备的平衡点；办学职能上教学、科研和社会服务的平衡点；培养目标上的专才和通才的平衡点；设置课程上专业教育和通识教育以及人文教育和科学教育的平衡点；行政管理上集权和分权的平衡点；学术交流上国内和国际的平衡点。随着教育质量的提高和整体实行素质教育，单纯的专业教育逐渐向知识、本领、素质相互促进的发展模式过渡，即孕育满足体社会需求的复合型体育人才模式，并且简单培养体育师资力量结构已经逐步被多层次的体育人才的"宽口径"模式取代，逐步孕育出经得起竞争压力的高素质高水准的体育人杰。此外还可以通过多手段运行模式，以互联网、电视、电台等的传播效益为例，高校可以利用其现代化的武器把自己的体育培育人才模式与高水平运动队参与的竞技比赛向市场推广，其现代化的传媒I具会产生相应的经济和社会效益，使高校培养体育人才的发展和社会发展其二者的步伐同步。在我国高校培育体育人才的过程中，市场化和社会化的规范运作机制是其重要构成内容，但是二者尚未完善，需要对其逐步规范。在新世纪里，高校培育体育人才道路想要走可持续发展之路，单纯依靠教育部门与体育部门的行政拨款的方式再也不能支撑起发展了。不能拉得赞助，没有进行市场化运作，高校高水平运动队没有创造自身收益的能力，无法为往后高校培育体育人才做后续工作，更不用提走可持续的培养和发展道路。分析高校培育体育人才的过程与发展走向，想要使培养效益得到提高，用少量投入换得大量经济与社会效益的方法就必须采用。这个方法是高校培养体育人才培养焕发出新的活力之源。所以，在培养竞技体育人杰之时，教育部门与体育部门要让思想得到解放、追上时代发展的步调，找到并运用有效的措施对市场化运作与赛事营销深一步加深，让高校培育体育人杰更加规范化、社会化、市场化。

同时我们也要清晰地意识到高交培养体育人才对新形势下的我国高校体育建康可持续前进十分有利。

从1987年至今，我国高校竞技体育有一个摸索的过程，它一切从零开始，磕磕碰碰走到今日的辉煌，

就学生运动员的数量而言，以每年仅招纳600多名为初，至今人数已经翻翻近10万名。

就运动项目的开设而言，以最初仅5-7项，至当前20个大项的运动竞赛，以全国大学生运动会与不定期的单项运动比赛为起点，至当前每4年举行1次的全国大学生运动会、每年举行1次的单项联赛与比赛，还有由省、市、专业院校系统举办的多种综合性运动会、单项联赛与比赛。并且大学生田径锦标赛、全国大学生运动会等现已成为我国大学生竞技体育的品牌和印记。

就运动的水平而言，从纯业余能力飞速提高，持续不断刷新纪录新开始。到至今，某些项目的水平与省级相差无几，其中个别项目和个别大学生运动员的能力已经与国家、国际选手的能力相提并

世界大学生运动会，作为各国大学生进行感情交流、增进彼此友谊的盛大宴会，与此同时，它也被比作为奥运会的"资格赛"或使"预备赛"，是大学生能力的"展示台"，始终为各国竞技运动提供后备人才。

对于运动员学生在世界大学生运动会中表现和成绩，我国给予了格外的关注与重视。我国在至1997年的第19届到2003年第22届期间的世界大学生运动会中安排出的运动员数量与参赛的项目都是逐届增多的，其每届获得的奖牌总数和积分总数始终处于世界前列。从我国试办高校高水平运动队以培养高水平体育人到当前，二十多年过去了，一批接着一批的优秀大学生运动员被培育了出来。我国教育部至2005年的世界大学生运动会开始不断组织一支特殊的队伍-成员全部由高校的在读大学生组成，并让这支队伍去参加比赛。我国于2013年的大学生运动会派遣出了比往年更多的大学生运动员以及在校大学生，让在校大学生变成了大学生运动会的坚实力量，并且优异的运动成绩在比赛中被这些坚实力量的大学生取得了。他们用文明的高尚道德、良好的文化素质、高水平的运动成果把新时代里的中国大学生的体育面貌展示给世界。

我国高校培育体育人才在参加完2003年的世界大学生运动会与国际大学生体育交流的事务并把信息整体交给教育部之后，便紧接着新的发展时期就出现了。在处于逐步扩大发展规模、不断增多运动赛事、飞速提高运动水平的局面，两种情况需要解

决，一是需要管理的高校体育理事务飞速增多，政府要对量多而繁琐的具体业务进行管理；二是步调加快的政治体制改革，政府行政管理体制改革来到了攻坚期，为了攻破难关，政府管理的职能必须被转变、机构需要被精简、公务员的编制需要被压缩。对国际高校体育成功例子和我国单项运动协会改革实践经验的研究得出，如果研究高校的体育管理体制改革内涵，不仅是对转变政府职能推动行政管理体制改革有利，而且是让高校体育保持健康、走可持续发展之路的源泉。

高校高水平培养人才的模式在 2005 年年底进行重新布局，这一举动已引起了教育系统在培养体育人才方面的变革。竞技体育在高校得以实施后，除了能把家长与学生的后顾之忧解决之外，让有运动资历且爱好遇到的学生在学习书本文化知识与专业技能的同时，其运动潜力也能得到充分开发与最大限度的发挥，那些杰出的体育健儿在国际竞技赛场展出中国风采，剩下的学生则可以正常入职，并且入职之后，再往后的生活里还可变为带领身边运动和普及竞技体育活动的核心人物。此方法不仅不会产生人才被大量浪费的局面，而且还能解决某些社会问题，例如退役运动员再就业，也让我国以人为本的人文情怀得以体现。

高校培养体育人才对于"进口出口"人才培养问题的解决有利，它能有力把体育培养人才的单一模式打破，加速推动培养体育人才的改革与创新。高校是人才集聚之地，高水平运动队的组建不仅可以帮助有运动天赋的学生运动员将其自身的价值实现，还可以为国家体育事业的发展贡献一份力量。

"高、精、尖"是当代体育呈现出的走向，其体育方面的选材、训练、竞赛、管理的专业化、系统化、科学化等特点较为突出。我国走可持续发展之路的竞技体育的根本支撑是"科教兴体"，并且当前各高等学校具有的科学研究实力，加上有整体教育、系统治理的经验和本领，所以完全可以建立"科-教训"一体化的人才培养基地。在当前，我国政治、经济、科技飞速发展，尤其在面临高等教育与体育体制改革的转换期时，担负起往后给国家培养优秀体育人才的任务，这是高等学校的责任。当然，高校组办高水平运动队孕育高水平体育人杰的过程是我国当前甚或往后的体育事业可持续发展的不可避免之路。高校具有其他机构组织所不能及的优势，成为培育体育人杰的重要之地是必然之事，这也是是国家体育事业科学健康、持续发展的重要支撑。

第四章 高校体育专业复合型人才培养模式研究

我国高等院校体育人才培养，经过40多年的艰苦摸索和发展，已经形成了一定的规模和基础，形成了较为完善的体系，为国家培养和输送了大批体育人才。但是，在复合型人才培养方面还存在诸多问题，如我国体育专业人才培养仍未完全摆脱新中国成立后学习前苏联而形成的"专才教育"思想的束缚，过分强调"学以致用"，致使专业划分越来越细，专业口径越来越窄难以适应市场经济下体育事业发展的需要，毕业生的基础理论知识薄弱、文化素质不高、社会适应性差、创新能力不强等缺陷难以面对未来社会的挑战，同时教学模式呆板、人才培养规格雷同，再加上封闭教学，以至于难以在新世纪的征程中汇入国际化的潮流。

不可否认，这种人才培养模式在历史上曾发挥过较大的作用，但在今天已远不能适应我国高等教育和体育事业以及社会发展的需要，必须对这种单一的人才培养模式进行改革。因此，必须抓住机遇，加快改革结构，走以内涵发展为主的道路，适度发展规模，调整专业结构，扩大专业面，发展特色学科、专业，形成适应社会发展需要的新的专业结构和相应的办学条件。

面对社会对体育人才的需求趋势和要求、就业市场的现状和发展动向以及学校教育资源的不断改善，把培养目标从过去只培养体育人才的单一目标转向培养具有较宽知识面和多种能力的复合型人才的总目标，以培养体育教育者、指导者、研究者、管理者、经营者和第三产业所需的体育人才为具体目标树立加强德育、强化基础、重视社会适应能力和创新能力，突出个性，并面向现代化面向未来面向世界的体育专业教育的改革思想。

1994年，随着职业足球联赛的推广，中国也吹响了体育产业化的号角。体育产业发挥了扩大内需、拉动经济增长的作用。其中的职业联赛体育比赛电视转播、体育商业广告、体育股票、体育彩票、职业运动员转会、体育旅游和体育消费商品等，其人文经济活动特点需要新型才，如体育产业商贸人才、体育产业经营管理人才、体育经纪人才。这些人才的需求，对体育人才培养的思考是一次机遇和挑战。社会对体育经济学方面的人才需求量激增，对体育经纪人更是求贤若渴。有业内专家说过这样一句话："如果大学只是拥有大量的为社会服务的知识，但是缺乏把这些知识用于实践的决心和责任感，那么公众就会认为大学是无用的。"要想成为体育新思想的源泉和交流中心，成为推动整个社会体育进步的重要力量，体育院系在这方面还有待加强。

高等院校具有的人文教育环境、各专业学科教育的综合优势，为体育产业所需的复合型专业人才培养提供了条件。实践证明，我国体育的发展在物质条件方面主要依赖于两个基础：一是经济基础，二是科学技术基础。前者决定着我国体育发展的规模和水平，后者决定着我国体育发展的质量和效益。要想我国未来的体育发展的快质量高、效益好，就要努力提高科技进步和科技创新能力，更要提高我国体育队伍的素质。

因此，高校体育院系必须加强对体育人才创新能力的培养，保证我国体育事业持续快速、健康地发展，促使我国高校体育复合型人才队伍的进一步壮大。

联合国教科文组织在"面向21世纪教育国际讨论会"的报告中指出，"21世纪最成功的劳动者将是一专多能、全面发展的人"。按照这一观点，体育人才应该是具有多种能力（创造能力、再学习能力、合作能力、竞争能力等）的人，拥有多种知识结构，全面发展和个性发展相统的人才。为了适应社会发展的需要，也为了培养新型人才，教育院校要推陈出新，有一套新的培养模式。目前，校、院系际实行教学协作、资源共享、优势互补是高等教育在现有办学体制、观念上的突破，符合市场经济运行的规律，有利于把学生培养成为综合素质较高的复合型人才。而高等院校在这方面就具有得天独厚的优势。

第一节　复合型人才的内涵

复合就是将不同的两者或两者以上合成在一起。复合型人才应该是在各个方面都有一定能力，在某一个具体的方面要能出类拔萃的人。复合型人才是指对不同领域的技能都有一定的了解和掌握的人。复合简单可以概括为两类，一是自然科学与社会科学复合，二是智力因素与非智力因素复合。复合型人才通常要经历以下几个过程，通才到专才，专才到复合型，也是横向型到纵向型，纵向型到复合型，每次转变都是一种提升。

以下三种模式被各大高校广泛采用，用于培养人才。

（1）通才教育培养模式。要学生涉猎广泛，各类科学都要了解，对必要的专业课的教学上也比较宽松，主要是对学生进行素质教育。

（2）专才教育培养模式。对学生的教学内容和课程，主要是针对专业课的需要，为专业课打基础。

（3）厚基础、多方向人才培养模式。培养学生多学习一些基础学科，有一定的基础知识的同时，要专攻两个以上专业方向。

　　复合型人才的培养不同于其他人才的培养，要更加专业化，所以复合型人才的培养采用的是种新型的培养模式。复合型人才是指再有本专业学历的基础上，攻读第二专业或者更多专业，但是对各个专业的基础知识都要有所掌握，成为能适应跨专业跨学科工作和研究的复合型人才。

　　英文 Interdisciplinary，就是跨学科、交叉学科的意思，所以，跨学科亦称交叉学科，它是由不同学科互相渗透、彼此结合而产生的新学科。设置交叉学科的目的就是让不同专业的知识可以进行组合，培养学生成为多学科基础扎实、专业能力强、高素质、学习能力强的全方面人才。各行各业都需要复合型人才，所以培养复合型人才的培养成为必然的趋势，也是创新人才培养的重要途径。现代的科学技术即是高度分化的又是高度综合的，但是高度综合作为主要的发展趋势。现在是缺乏人才的时代，各领域都需要大量的人才，我国社会发展面临的环境、能源、生态等问题，都急需多学科人才一起研究解决。我国各大高校在教学模式上，主要采用的是分科教学的形式，分科教学培养出来的主要是专才，但是过度的专业化导致与其他专业脱轨，衔接不上，不能很好的解决多领域、综合性的问题。这样的教学方法已经适应不了社会的发展了，培养出来的人才也没有市场。所以，复合型人才的培养是首要问题。为了适应社会发展的需要，大学在培养学生时，注意不能让学生的知识架构单一，要让学生基础宽厚，哪怕换专业时也不会受到太大影响。

　　跨学科交叉学习专业，对学生而言也是一种挑战，需要学生有较强的学习能力。但是这种培养方法有利于学生的未来发展，也满足了社会需要复合型人才的需要。想要成为复合型人才，在就业中凸显优势就要具备几个基础的条件，宽厚的学科基础、知识跨度大、素质全面等。

　　随着社会的发展与变迁，各学科不在独立，学科之间的联系越来越紧密，许多重大问题都需要多学科共同研究解决，所以谁能掌握多学科知识，谁就有优势。我国大学的专才教育方法，造成学生的知识结构单一、缺乏创新，也限制了学生的发展。跨学科的教育方法，有利于学生丰富基础知识，对相近的学科也有一定的涉猎，可以让自己的知识架构多元化，对科学有完整的认识，也有助于学生从多角度解决问题，有利于学生的创新力发展。也可以成立跨学科组织，研究交叉学科内容，什么专业之间相互交叉是最有利的，为复合型人才的培养做调研，也有利于复合型人才培养的开展。

　　因此，应突破传统的教学理念和管理机制，将一些重要的学科从选修变为必修，实行主辅修、双专业、双学位制度；不要将学生局限于本学院，允许学生跨专业、跨学院进行选修，让学生按自己的兴趣来选择喜欢的课程。

　　不同的学科有不同的发展规律，在遵守原规律的发展基础上，将不同学科的内容进行整合，将单一化教学变成多元化教学。另外还要进行兴趣化培养，根据学生自己的喜好选择专业，因材施教促进学生的想象力和创新力的发展，培养复合型人才。

第二节　复合型体育人才的综合素质

1995年我国颁布了《全民健身计划纲要》，这个纲要的出台表明了我国对体育发展的重视，也表明了中国进入了全面健身的新时代。为了适应时代的发展，体育专业的人才受到社会的亲睐，那么教育出社会需要的体育人才呢？

第一，无论哪方面的人才，都需要综合素质过硬。21世纪，是个性张扬的时代，所以体育专业教育要把综合素质的培养作为基础，并且要与个性发展相结合。

第二，自然学科与社会学科相结合的复合型人才也是社会发展所需要的。在培养体育人才时，同样要注意这一点。在培养学生技能的同时，还要提升学生的思想道德，善待自己、善待他人，要有社会责任感，为社会发展作出贡献。

第三，为了体育事业的蓬勃发展，需要有创意能力的人才，要为他人、为工作、为社会创造价值。

综上所述，在全民健身的今天，需要高素质、高知识、高能力的多能型人才。体育专业教育要以"夯实基础、拓宽知识、强化能力、提高素质"为原则，坚持基础教育与专业教育相结合的"厚基础、宽口径、强能力、高素质"的人才培养模式。

一、素质

高等学校体育专业的学生，通常都是小学、中学的体育特长生和基层体校的学生。而这些大多是文化课成绩不理想的学生，加之成为体育生后训练及比赛占去了更多的时间，文化基础更加薄弱。大多数体育院校过于专业化的教学，学生本身也是想提高专业技能，就导致学生人文学科和社会学科的一些教学内容被忽略，综合素质较差。

江泽民同志在党的十五大报告中明确指出："培养同现代化要求相适应的数以亿计的劳动者和数以千万计的专门人才，发挥我国巨大人力资源的优势，关系21世纪社会主义事业的全局。"大学生教育的根本任务是提高大学生的综合素质，包括了思想道德素质、业务素质、文化素质、身体素质等。所以，教育现代的大学生要有一套新的教学方法，推陈出新，适应时代，可以让大学生在学习专业知识的同时，人文社科这些素质教学的内容也不能落下。

21世纪社会体育事业的发展及现代年轻人越来越西方化的思维，就越要求各大高校对学生的教育要坚持政治思想教育，帮助学生树立正确的"三观"。现代社会的体育发展需要与高校教育落后的矛盾日益凸显，这就要求体育院校要以培养学生专业素质为核心；现在的大学生普遍对人文科学了解的减少，体育专业的学生可能更是这样，所以要求体育院校要以培养学生的人文素质为重点；现代社会用人制度的严苛和人际交往等问题，导致人才流动性极大，所以要提高学生的心理素质和身体素质的同时要提高学生的适应能力及学生能力；为了适应社会发展的需要，也为了推动社会的发展，还要培养学生的创新能力。

所谓高素质，即全面提高学生的综合素质，要求学生有社会责任感，不要只在乎"小我"；有正确的价值观，有勇于坚持真理、热爱祖国的思想道德；有宽厚的知识基础和人文内涵，有自信、乐观、越战越勇的良好心理素质等。

（一）思想道德素质

它是指具有坚定的共产主义信念优良的道德品质和自觉地运用辩证唯物主义分析问题的能力。思想道德素质主要包括对共产主义信念的坚定程度、辩证分析问题的能力、对党和国家的路线、方针、政策理解贯彻能力以及包括诚信在内的道德品质修养的提高能力。思想道德素质是根本，文化素质是基础。思想道德教育在大学生素质教育中具有特别重要的地位，是整个素质的灵魂与统帅。思想道德素质的目标是对学生进行民族自豪感与自尊心、人生价值观、良好职业道德、遵守法纪的习惯和品质的培养。培养大学生的责任心、事业心也是至关重要的，这两个点也是学生必备的基础思想素质。当代的大学生，都像温室里的花朵，成才之路顺风顺水，但是在工作后问题就会显现。所以，在培养学生时，素质教育的同时，也要注意学生精神品质的培养。要让学生具备吃苦耐劳的精神、遇事不退缩的精神、不怕失败的精神等，让大学生们有一颗勇敢的心，有了目标努力拼搏，即便失败也不放弃，成功之后也不会骄傲体育专业的学生尤其要有百折不挠的精神。体育专业的学生尤其要这样，，他们要有超强的毅力和极强的心理素质，放飞自我，实现人生价值。

（二）身心素质

它是指身体、心理都要健康。身心素质主要包括体育锻炼能力、心理承受能力等，知识经济时代是一个高速运转的时代，这个时代的人才，都要具备良好的工作能力和抗压能力。在体育世界里，也有些他们需要的人才素质，可能对于普通人而言，我们能接触到的体育世界就是电视机里播放的各种体育比赛。就拿体育比赛来说，赛场上风云突变，什么情况都有可能发生，无论是暂时的胜利还是暂时的失利，运动员都要进行自我调节，保持情绪稳定，他们的心理素质是常人无法比拟的。

（三）智能素质

它是种综合认知能力，对客观事物的认知和理解，对工作的完成和开创本领。智能素质包括记忆能力、决策能力、创新能力等。

（四）人文素质

它是指掌握人文知识程度和运用人文知识进行审美的能力，这也是人文素质的主要能力。显然现在的高校教育尤其是体育院校，对人文社科的教学不够重视，文化课基础也是相当薄弱。但是人文素质不达标也就表明了综合素质不合格，不能满足现代社会发展对人才的要求，就业也会很困难。所以，对当代大学生的教育要加强人文素质的培养，要加强思想政治教育，至少要了解中国的发展史，对中国特色社会主义理论要有了解，汲取中国传统文化的精华，提升完善自己。

（五）社会协作素质

它是指与其他人员的沟通和合作能力。社会协作素质主要包括协调能力和沟通合作能力。现在社会发展面临多领域交叉的问题，一个合格的人才也应具备通沟合作能力。国际大舞台上，各国之前都存在合作发展的情况，所以社会协作素贡能力强的人将倍受社会青睐。体育事业更是这样，每个从事体育工作的人，都要有团队合作精神。我国体育健儿能在世界大赛上取得辉煌成绩，不单单是运动员自己的努力，还是整个团队的功劳。

（六）可持续发展素质

主要包括改革创新意识、超前竞争意识、接受新信息和科学思维能力、自我发展与终身学习的能力等。高校体育人才培养应树立"素质教育、终身教育、创新教育"的观念，培养学生德智体美全面发展，知识、能力、素质协调统一的复合型人才。

二、知识

现在是全面健身的时代，大家都注意健康饮食加强体育锻炼，所以体育方面的专业人士被社会大量需求。所以加强体育工作者的知识体系，不仅是工作需要，更是市场需要。把握住机遇，迎接了挑战，我们培养的人才才会在广阔的人才市场上游刃有余、施展才华，体育专业也才会有一个广阔的可持续发展的前景。

知识包括通识知识、基础知识、专业基础知识、专业知识以及与专业有关的基本技能和技术等。

21世纪是信息化时代，科技迅速发展，各学科之间高度综合。所以现在社会上专业化的概念变得淡薄，人们频繁的换工作，在不同的工作之间，宽厚的基础知识和较强的综合素质就显得尤为重要。因此，各大高校在对学生的教育上要紧跟时代的步伐，注意专业课的培养之外，更要注意学生的横向知识的培养，拓宽学生的知识面，以便适应不同专业、跨学科领域的工作或研究。"广知识"并不意味着基础知识的简单扩展，而是学科知识多元化和基础知识的综合化。学科知识多元化是在掌握主修专业知识的基础上，还应通晓其他专业知识；基础知识综合化，是具有多方面的综合性基础知识，除应具备的专业知识和相邻专业的基础知识外，还应广泛吸收和借鉴众多相关学科的知识。只要将思想的触角伸向相关学科领地，多学科交叉学习，开阔自己的视野，从更广泛、更深入的层面理解和掌握体育教学的客观规律。

随着社会发展和科技进步，各领域相互交错，各专业人才都不应只局限于某一专业，应注意培养学生的"现代化"和"开放性"所学知识具有显著的时代特征，也能反映出体育科学的时代性，能适应市场对体育人才知识水平的要求，符合专业培养目标和人才规格。体育人才应重视专业基础知识、学科前沿知识等的培养。在新的世纪里，我国体育人才培养的方向是面向基层和学科前沿，培养的模式应向"厚基础、宽口径、高素质、重创新能力的复合型人才"的培养模式发展。

三、能力

能力培养之所以引起众多教育家的重视，原因就在于新世纪社会变革加剧、科技发展加速、知识更新加快，如果满足于培养知识型人才，就难以适应这种日新月异的社会发展。

能力是完成一项目标或者任务所体现出来的素质。人们在完成活动中表现出来的能力有所不同。能力是直接影响活动效率，并使活动顺利完成的个性心理特征。

强能力，是指培养的人才应具有较强的实际操作能力、管理能力、交流交往能力。在体育专业教育中，强能力是指掌握本专业的知识，并且理论功底扎实，专业技能和专业技术也要过硬，具有从事本专业实际工作的能力和初步的科研能力。

新世纪的重任之一是培养符合只是经济时代的要求的体育专业人才，这是高等院校的首要任务之一，高校学生的体育素质培养是当前高校的主要任务，这意味着学生不光要掌握体育知识和能力，更要具适应新时代的各种能力。

（一）信息处理能力

信息处理能力是体育专业的学生必备的能力之一，知识经济时代属于信息化时代，而关于体育方面的信息量巨大，体育竞技、体育文化、体育经济等都需要学生去分辨与处理，而学生在面对如此大的信息量的时候，如何处理以及处理的程度都是属于信息处理能力。信息处理能力的第一步就是要选择好信息，将所需信息筛选出来才能进行后续工作。第二步，综合分析，将所需信息分门别类；第三步是对信息进行加工和运用。因此，信息处理能力是当今只是经济时代高校体育专业学生的必需能力。

（二）学习能力

作为体育专业的学生，学习能力是体育专业学生所必需的另一个重要的能力。学习能力是指学生于都期刊、学术论文、学术著作等文献书籍的能力，并且在阅读的过程中能化为己用，熟练掌握在自己所认知到的新方法、新原理等的能力。在面对体育专业巨大的信息量，学生在选择所需信息后，他对信息中包含的内容的理解与掌握程度决定着学习能力的大小。因此，知识经济时代高校体育专业的学生如何提升自己的学习能力是重中之重。21世纪，全球多元化发展，文化多元化、经济多元化、科技多元化等，其中文化多元化当前的形势是互动、互容、互补。针对国家发展形式，应该主动了解并适应文化多元化发展后人才需求的情况，并且汲取各国优秀的体育文化，提升教学情报的收集和研究工作，建立体育教学的信息库，将国外具有进步意义而又符合我国实际情况的经验纳入我们的教学活动中，博采各国教学之长。

（三）科研能力

高速运转的经济时代，要求体育专业的学生，除了基础好、技术好之外，还要有一定的科学研究能力，对体育事业的发展中出现的问题和现象，要有一定的分析和理解能力，能为了体育事业的发展出谋划策。

（四）组织管理能力

现在社会的发展不提倡单打独斗，各个领域都需要协同配合，体育比赛、体育训练、体育科研等方面更是如此。这就要求体育院校在培养学生时，要注意培养学生的协作、沟通、管理等能力。（五）分析判断能力

在我们的日常生活中，每天都会面临一-些需要我们判断分析的事情。所以，在平常的训练中、生活中，要善于总结，提高自己的分析判断能力。

（六）创新的精神和能力

创新是人类特有的认识能力和实践能力，是人类主观能动性的高级表现，是推动民族进步和社会发展的不竭动力。一个民族要想走在时代前列，就一刻也不能没有创新思维，一刻也不能停止各种创新。创新在经济、技术、社会学、建筑学等各领域都十分重要。体育院校的学生也要注意培养学生的创新与创造能力，适应当今社会的发展。

体育院校的培养应适应当代发展的需求，着重培养学生创新与创造能力，在体育技能上也要着重培养学生的创新精神。社会要发展就需要创新，创新就需要有创造力，而创造力就需要人来提供。归根结底，学校要推陈出新，打破传统的教育理念，应试教育已经不适合现在社会发展的需要了。要用创新的方法进行教学，让学生喜欢学习、爱上学习，培养学生的探索精神，提高学生的思维能力、表达能力等，全方面、多角度的教学，让学生在步入社会之后，可以轻松就业，不必面临毕业就失业的尴尬。

创新教育是在素质教育的基础上的提出来的，同时也要提高学生的体育文化，有终身体育观念，要将创造力应用到社会中去，为社会发展作出贡献。不只要教学内容上的更新与变化，也是教学模式上的改变。使学生"学会学习""学会思考""学会创造""学会生存"，这即是目标也是归宿。

全面教育深化改革将创新作为教育的重点，培养出创新型人才，适应新时代对学生的要求。

社会发展呈现多元化，导致需求的人才也是"全能"化，在体育发展中也是如此，体育人才需要多元化。学校学到的是精华，老师是领路人，但毕竟时间和师资有限，还需要学生自己提升完善自己，加强自身的工作能力、解决问题能力、管理领导能力等，因为这些能力与专业技能一样都是立足社会的"本钱"。概括起来，对学生而言就是"师傅领进门，修行靠个人"，对教师而言就是"授之以鱼不如授之以渔"。

加拿大阿尔伯达大学体院在1994年确定新课程设置的原则中指出以下几点。

（1）在学校学习期间，在课程中要学会总结概况，提升自己的综合能力，学会独立判断、解决、研究问题，在毕业后可以马上适应社会。

（2）将专业技能与解决问题的能力紧密联系在一起，学习过程中必然会遇到问题，但往往这些问题的解决方法就在学习内容之中。

现在外国的一些高校，让学生根据自己的兴趣爱好，自主选课选择专业。不仅鼓励学生自主选择课业，还出台相应的措施，保障学生选择课业之后可以无顾虑的进行下去，为学生解决一些师资问题。课程的最后一般以论文研讨的形式结束，一方面考察了学生的学习情况，一方面也锻炼了学生的科研能力，在分析解决问题中提升自己。而国内的教学跟国外的教学恰恰相反，国内的应试教育，让学生机械的学习，老师教什么学生记什么，缺少了科研、自主学习等能力。而这些能力正是社会发展大时代下对人才的基本要求，所以国内教学还需要大刀阔斧的改革。

这种重知识、轻能力的现象在我国各体育院系较为普遍，导致学生以后立足社会时缺乏应变能力。学生在学校中不应该喜欢学习书本上的知识，还应该贴近社会学习使学生能够清晰地、正确地和准确地思考人类生活和经验主要因素间的相互关系。而这种体系的建立则在很大程度上有赖于学生的能力。

知识与能力是相辅相成的，两者缺一不可。学校在培养学生时，不能只注重教授知识，还要注意学生能力的培养，以满足今后教育教学的需要。

第三节　高校体育专业复合型人才培养模式的改革思路

一、指导思想及培养目标

为了实现全面建设小康社会的奋斗目标，根据我国社会经济发展的现状和体育事业发展的需要，高校体育院系应当顺应时代发展的趋势，调整体育专业人才发展战略，培养社会经济发展所需求的素质高、能力强、知识面宽的"复合型"体育专业人才。

（一）指导思想

随着社会的发展，人们物质生活水平的逐步提高、休闲时间增多，人们对精神生活、健康水平的要求也随之提高，体育正向着生活第一需要发展。体育的社会化将导致社会对体育人才需求具有多层次、多元化的特点。高校体育专业教育思想、观念的转变，应顺应时代的发展，培养适合时代的人才，满足社会对各类、各层次体育人才的需求。培养能适应知识经济时代挑战的、通用的、复合型体育人才已成为主流需要。向社会提供适应能力强、易于再培训、全面发展的高素质人才。

各大高校的体育专业，应进行一番全面的改革，在专业上、教学内容上、综合素质上等重新进行课程设置，同时也要更加完善师资力量，有目标、有计划、有措施地培养与社会接轨的复合型体育专业人才。

（二）培养目标

社会的多元化发展，导致大量复合型人才的需要，高校在培养学生时，也不能在局限于某一领域。教师也应该充实自己，掌握更多的知识以便更好的教育学生，新《专业目录》提出了"拓宽基础，淡化专业，加强素质教育和能力培养"的要求，以改变教育中专业口径过窄的问题。体育专业人才培养需要建立"大专业"培养观。

体育专业培养学生时，素质、知识、能力三方面应是相辅相成的，但是知识教育应该是基础，让学生有宽厚的知识基础，在此基础上注重学生的综合素质和能力的提升。在培养学生能力的时候，要注意动手能力，将知识与能力融合在一起，不要纸上谈兵，在实际操作过程中，提升学生的创新能力。我国目前需要的体育人才应具备，有高尚的爱国主义情怀、有良好的道德品质、有良好的沟通管理能力、有扎实的理论基础、综合素质过硬、专业技术过硬、有一定的创新能力、有一定的科研能力等。培养宽口径、厚基础、强能力、高素质、重创新、广适应、社会需要的复合型体育人才是体育专业的培养目标。

二、专业设置（一）调整专业结构

20世纪90年代以来，体育的形式变得多样化，有点脱离传统意义上的体育形式，但体育事业也变得更有经济价值。现在的体育事业正在蓬勃发展，蕴含了大量的商机，带动了经济发展。体育产业中的健身娱乐、竞赛市场、体育旅游、体育中介、体育博彩、大众体育用品等各个行业的管理、经营与运作，无疑都需要大量的体育与经济的复合型人才。随着社会的进发展，科技的进步，虽然给人们生活带来不少便利，但由此也会产生一些科技垃圾，如环境污染、生态失衡造成的人类生存条件恶化。生活水平的提高，早已告别了饥寒交迫的人们过的越来越安逸，一些疾病开始低龄化，人们的健康成为新的话题，备受关注。虽然我国现在自己步入全面健身的新时代，国家不仅大力提倡，大街随处可见的体育健身器材也表明了政府对人们健康问题的在意程度。但是这些还是远远不够了，人们还是需要专业的体育工作者进行专业的指导，如果盲目的锻炼不仅没有效果，还有可能造成肌肉损伤等问题。所以，人们急切的需要体育院校可以为社会培养出具有较高资质的社会体育指导员、体育康复保健人员、体质测星评价人员以及对各类人群进行科学健身活动指导与管理的专门人才。

随着经济不断的发展、科学技术的不断进步，体育已经不是传统意义上的体育了，从内涵到功能都被人们强烈需求，各大高校的体育教育为社会服务的范畴明显加大。为推行、实施《全民健身计划纲要》，需要大量专、兼职社会体育指导人员；为实现《奥运争光计划纲要》，需要更多的世界一流的优秀运动员、教练员，为实现"科技兴体"的战略，需要一批掌握现代高新技术的研究人员。体育事业的发展，需要各级各类管理人才等等。

体育院校的教育应有创新性，紧跟社会发展的步伐，与社会同步发展，缺乏什么领域的人才能及时供应，调整优化体育专业结构、布局，是体育专业深化改革的重要问题，将体育专业人才培养的触角伸向大众体育与健康、体育产业经营与管理、体育康复与保健、体育文化与传媒等领域。这样不仅满足了社会对人才的需求，也推动了社会的发展。

（二）拓宽专业口径

对人才的培养是要适应市场需求，培养出高质量高素质的人才，本科教育要培养"知识面宽基础扎实、能力强、素质高"的专门人才，专业口径要进步拓宽，还要加强专业的灵活性，让大学生就业时可以发挥自身优势，立足于社会。

宽口径是指不在局限于一个专业，开阔视野，选择多个专业领域的方向，交叉学习，丰富自己的知识和专业。这也是向复合型人才发展的基础，例如，一个受社会欢迎的大学生，他在宽厚的基础知识上，专业技术好，多领域不错都可以上手工作，还有科研能力，组织、沟通、管理能力也不错，真正体现出培养规格的"厚基础、宽口径"要求。

三、课程设置

体育专业课程改革在总体上坚持加强基础、拓宽口径化学科、强化课程、横向整合、纵向打通的原则。在课程内容上，要注意专业之间的联系、课程体系的个性化和综合化、人文科学与自然科学统一强化、理论与实践融合等，加强综合性教育，拓宽基础学科范围，体现学科交叉融合，从单一-化教学像多元化教学发展，不断提高教育教学质量和效益。

相对于单科体育院校，体育专业人才培养在综合性大学中具有得天独厚的优势，因此要在以上总体思路的基础上充分利用综合性大学的优势在如下八方面重点突破。

（一）课程目标、课程结构、课程内容的调整与改革要同步进行

各大高校体育专业要以"高素质高、能力强、基础知识宽厚"为目标来培养复合型体育人才。课程内容要注意专业之间的联系、课程体系的个性化和综合化、人文科学与自然科学统强化、理论与实践融合等。课程目标、课程结构、课程内容、教学方法与手段等都需要进行改革与时俱进。

（二）开发和利用体育课程资源，构建整体健康的课程体系

体育课程资源的打开就是将一切与体育有联系的，贴近的内容都纳入到体育教育内容中，人力资源、体育设施资源的开发也是如此。我国地域辽阔，体育资源丰富，综合性大学体育专业以"身心和社会适应"整体健康为目标，架构课程体系，，重视对体育课程资源开发与利用的研究，，应把开发和利用体育课程资源工作纳入体育教研工作中，落实到位。

（三）发挥综合性大学优势拓展课程的"自由度"

综合性大学是多科同进的形式，它相对于单科性院校有一定的优势，尤其是在创新型人才培养方面。

（1）具有学科交融优势。

（2）具有较显著的教育资源优势。

（3）具有全方位、立体式的校园文化氛围。

（4）良好的专业实习机会。

综合性大学学科多、基础学科强、学科之间联系多等，体育专业可以充分利用这些学科优势，拓宽学生的知识面，增大课程的"自由度"，提高了办学层次和质量。除了利用本校资源优势之外，体育专业学生还要充分利用周围其他综合性大学的课程资源。例如，北京16所大学实行教学资源共享，可跨校选课辅修。北京海淀区学院路地区高校教学共同体有16所大学，包括北京师范大学、北京航空航天大学、北京大学医学部等，实现了教学资源共享。16所大学的本科生都可以跨校选修公共课，还可以进行专业辅修，按要求考核合格后，颁发辅修专业证书。

（四）加强通识教育

通识教育有两层意义：其一是指通才教育；其二是指全人教育。通识教育作为近代开始流行的一门学科，通识教育是培养学生的思考能力、条理性和智慧，让学生学会自主思考，从通识教育中获得的众多知识和掌握的考察和分析工具将使你拥有自己的意见、态度、价值、观念，它们不是来自父母、同伴、教授的权威，不是建立在无知、异想天开、或偏见的基础上，而是根据自己可靠的理解和考察、论证和证据的评价而得来的。让学生觉得世界变得可以理解了。施行通识教育对大学的基本要求之一是大学性质必须是综合性大学。综合性大学学科门类综合，并具备深厚的文理学科基础，为通识教育创造了条件。在施行通识教育的过中要着重体现综合化、基础化的时代要求。

1. 通识课程综合化

只有将人文科学与社会科学有机的结合起来，让学生厚基础，宽知识，才能培养出高素质的满足社会需要的人才。各学科之间的相互渗透、相互联系，各种科学方法的交叉综合使用已成为当今体育科学的个重要特点。可以说，综合化是通识课程内容选择的重要趋势。

2. 通识课程基础化

科学技术一日千里，人类知识的积累呈指数增加，大学生专业对口就业率降低，人的学习时间有限。如何解决这些矛盾？只有学习那些最基础的科学知识，以增强适应能力。在全部知识体系中，基础科学是核心，最有价值的部分，是整个人才培养计划的基础。知识更新越快，就越要注意打好扎实基础。基础知识不扎实，学习掌握新知识、新理念、新技术、新工艺就很困难，自我学习、自我更新知识的能就会受到很大影响。因此，强调课程内容的基础化已成为各国高校课程改革的共同趋势，更应是通识课程所追求的永恒目标。

奠定好基础才能走的长远，基础教育是通才教育的根基，必须稳扎稳打的进行。体育专业的基础教育课程包括一般基础理论课和专业基础理论课程。一般基础理论课有外语、计算机、大学语文、教育学和新增设的学习方法导论、演讲与口才等课程；专业基础理论课包括运动解剖、生理、生化、生力、心理、医学，体育测量学、体育人才学以及新改造的体育运动学（体育概论、学校体育、群众体育、运动训练学的新组合）等。过去，，休育专业课程设置讲究专业"对口"，虽然对学生来说能够近期派上工作用场，但由于他们基础不佳、视野狭窄、峡乏后劲，对学生的长期发展十分不利。

专业课程的教学内容，应在专业基础和应用学科课程的基础上，提高一些专业学科类课程的学时，这样不仅没有降低对学生专业课的要求，还保障了学生的综合知识教育。要将教学内容中，重专业和必修课过多的跷跷板的一端摆平。在理论课程教学中，不能只是单单的传授，更要在课程中，锻炼学生的思维、提高学生的自主学习能力，这才是教学的目的。

（五）交叉重组体育课程群，设置以整合思想为指导的学科课程体系

课程整合就是把课程的理论教学与实践结合在一起，它是解决专业学科发展与教学内容陈旧、知识总量激增与高等教育学时有限两大矛盾的重要措施之--。专业组合的是指将同类型的专业或者专业的一个系列整合在一起，打破传统学科课程间的壁垒，交叉重组课程群，构建以整合思想为指导的学科课程体系，这样不仅便于专业知识间的学习，更利于学科的综合化。比如，一是实行主辅修相结合的体制；二是整合、更新、拓宽已有的学科课程内容，增设与本学科相近的学科课程；三是整合学科专门课程与教育专业课程；四是教育专业课程本身内在的整合；五是开设一定数量的交叉课程、研究性课程等。

（六）增设研究性课程，加强创新教育

江泽民同志提出"建设若干所世界一流大学"的构想。要建成世界一流大学，必须提高高等教育的整体水平。实施"教育创新""素质教育"则是高等教育的当务之急。中国的教育缺乏科研性与创新性，而这两点恰是推进社会发展的关键。美国早在1998年就已经开始注意培养学生自主学习能力和科研与创新能力，研究是创新的基础。因此，重新构建课程体系，要更加突出素质教育增设研究性课程，加强学生科研创新能力的培养。

（七）以必修课为主，扩大选修度

必修的课程必然是主要的课程，是本专业基础和核心的课程，但是选修课一定要根据学生自己的兴趣爱好就行选择。随着选修课比重的增加，出现了部分数学内容交又重复，如体育游戏、中学体育教材教法等课程。选修课学时少，有蜻蜓式教学、重术科轻学科等现象，所以，综合性大学在构建体育体系时，要注意选修课与必修课的比例关系，万一实现课程综合化为目标。各综合性大学也要有自己的特色，在必修课课程都大同小异的情况下，可以设置有自己特色的专修课，让学生的个性自由发展，充分体现时代的发展朝流与特征。以必修为主放开选修，既有利于统管理，也有利于各校办出特色。

（八）加强实践性教育，注重学生综合能力培养

加强实践是培养创新素质、进行创业教育、造就通才、提高合作能力的必要手段。在慢慢的学习和研究中，学生可以将理论与实践结合，一方面扎实了知识内容，一方面可以激发学生的求知，在困难科研难题时，还能坚定学生的意志，进而实现个人的全面发展。毕业论文能非常好的检验学生的学习成果，学生的知识储备和专业技能，。但是对于体育专业的学生，课外实践才是检验他们真才实学的方法，学生们可以在实践中发现自己的不足，才能不断的提升和完善自己。

1. 在学习中培养提高

在理论课的学习中锻炼自己的思维，在专业课的学习中提升自己的专业技术，在研究讨论中锻炼自己的科研及沟通组织能力，在课外实践找到不足，并且完善自己。

2. 在社会实些活动中锻炼

体育专业的人员在社会活动体育时，如技能表演、指导锻炼、健康咨询等，不仅可以锻炼自己的人际交往能力，还可以通过帮助别人实现自我价值。

3. 在实践中增长杆

社会实践才是检验真才实学的方法，告别纸上谈兵的尴尬，在实践中扎实了理论知识，还找不到了不足之。所以，体育专业学生在毕业前要通过实践活动，完善自己。

目前，国内许多体育院系在实践性教学环节上加大了改革的力度，进行了大胆的尝试。如扬州大学体育学院推行"三年实习制"。学生从大二就开始实习，实习期从大延长至大四。鼓则、引导学生利用课余时间到校外健身场所、体育馆等单位实习。

四、第二课堂

第二课堂要根据实际的课程安排，做合理的时间整合，在不影响正常的课程的情况下，开设一些学生感兴趣的课程。第二课堂可以多以讲座的形式进行，这样学生不会有压力感，既符合当代大学生的思维特点，又可以让学生在轻松的环境下提高知识储备星。对于第二课堂的课程内容，，学校可以设定几个模块，让学生投票选出，在大部分学生的民意中达到授课效果。积极鼓励学生参加"大学生素质拓展计划""挑战杯"等活动，不仅在活动中能提升大学生的科研能力、创新解决问题能力、还能锻炼学生的沟通组织能力，一举多得。

五、考核方式

我国教育的最大特点就是应试教育，每分都很重要。但是大学还好，每个科目的分数不全部取决于期末考试的成绩，而且加入了学生的课堂表现，有些科目还加入了论文分数，这样学生可以相对轻松一些。但也是因为这样，现在的大学生自主学习能力差，捞捞抓住及格分数，不挂科就万事大吉，没有危机感。可以改变一下传统的考试制度，虽然形式还是以考试为主，但是可以加入一些口试，测试等形式，还可以对所有学生的成绩采取比例不合格制，适当的提高要求，60分已不再是平安分，督促学生努力学习。

现在的教育体制有许多不可忽视的问题，过于专注分数，只要考试成绩好，其他的都不重要。比如，只注重学生的成绩，不在乎学生的能力；只注重考试考的知识，其他的不学也罢等，学习已经失去了原有的意义，学生压力极大。所以，重新构建教育评价系统势在必行：

第一，考试形式要多样化，不在只是传统的笔试，也不要根据考试成绩来评价一个学生，要看多方面，多样评价，提升学生的自信，增强学生的创新性。

第二，推行主辅修制、双学位制，给学生创造自由选课的条件。

第三，实行弹性学分，让学生自主选择专业，专业选修课。

第四，实行教师轮训制度，加快教师知识结构的更新，为培养创新型的体育教育人才提供保障。

体育院校的学生，大多都局限于训练，在不断的训练中提升自己的技能，而考试的标准也是这个技术的完成情况给予分数。完全忽略了学生的个性发展、创新能力，所有的学习都围绕着技术训练；学生也是这样，所有的心思都在老师教授的技能训练上，忽略了自己的综合能力。事实上，体育专业的学生精力充沛、性格开朗、身体素质过硬，有无限的可能。因而更应因势利导，引导他们积极参与各种校园文化活动，使之从中接受教育，陶冶情操，增长才干，增进知识，从而成为符合时代需要的有用人才。

六、导师制

导师制发源于14世纪的牛津、剑桥，直到今天仍是世界一流大学教学过程的核心。导师制，主要是一位老师可以同时带几名学生，从学生入学开始直到毕业，导师都一直陪着自己所带的学生。老师会要求学生至少一周见一次老师，向老师汇报学习情况、论文进展情况、学习中的困难等，老师可以在学生的汇报中，了解学生的学习状态、思想状况等，在交流中帮助学生解决问题无论是学生上还是生活上，诱导学生思索、挖掘潜能、循循善诱、德智并重。在我国的研究生、博士生的培养通常采用导师制。

体育涉及心理、生理、保健等方面，还广泛渗透到医学、管理学等学科门类，具有其他众多学科所无法比拟的专业拓展能力，而综合性大学拥有雄厚的师资力量及众多的学科门类，其中资源共享包括了师资的优势互补，开展联合办学，培养社会急需人才。学校鼓励跨学科选修、辅修双学位，同样，在提倡导师制的同时，更提倡跨学科选导师。学生在有本专业的导师之外，还可以在选择另外专业的导师一名，共同指导自己的专业方向。

为培养厚基础、强能力、高素质的复合型体育人才，必须加强通识教育、创新教育，加大实践力度，使学生提前接受科研培养。学生用前两年的时间学习公共基础课和专业基础课，课程里包括科学研究方法和文献检索等学科，可以让学生更早地接触科研，同时，增加学生的实践机会，为学生提供理论与实践相结合的平台，为其以后选专业、选导师做铺垫。后两年的时间进行专业培养，接受两名相关专业导师的指导，在结构上将文化素质教育与专业教育相结合；在途径上将课堂教学与校园文化素质教育以及专业教育相结合。实现横向拓宽、纵向理顺、加强基础、更新内容的新思路。在四年的每一学期都要举办人文讲座，纠正学生的人生取向，内化学生的学习动力，帮助学生确定人生目标，并要求学生横向辅修第二专业，学有余力的学生可以进修双学位，充分发挥综合性大学各方面的资源优势，拓宽专业口径，培养适合社会需要、服务社会的复合型人才。

七、师资队伍建设

（一）师资队伍应具备的素质、知识和能力

1. 整体素质要求

高水平的业务素质是21世纪高校体育教师工作的基础。21世纪高校体育专业教师应是"多能"型的"通才"。21世纪对人才的要求标准极高，而这些标准对于教师来说同样试用，且只能是有过之，这样才能教育出优秀的学生。现在各领域都有交叉，这也要求教师要与时俱进，不断更新自己的知识体系，有较强的再学习能力。作为体育专业教师，应保持事业发展的敏感性，充分利用教学原则和规律，根据时代的需要，创造新的教学方法。

广博的科学文化素质是高校体育专业教师的必备条件。科学技术在既综合又分化的发展中，越来越呈现出明显的综合化、整体化的发展趋势。应掌握人体科学知识、深层次的专项运动理论与技术、新颖先进的应用科学理论。

过硬的思想品德素质是高校体育专业教师献身体育事业的前提。要想教人，必先育己，只有教师品德高尚，才能教育好自己的学生，教师行以身作则，用自己高尚的品德素质，影响自己的学生。

2. 学历和知识结构要求

高校体育专业教师的文化素质包括体育专业知识、文化知识和教育科学知识三要

素。体育专业教师首先要有系统、全面的专业知识结构。钱学森曾指出："20世纪到21世纪初将是交叉学时代。"显然，我国体育教师传统的教学方法已经不能适应新时代的要求。体育专业教师要有广博的文化知识，要努力做到有专长，又有广泛的涉猎，既精通体育，又研究相邻学科。

3. 能力要求

高校体育专业教师能力是指：完成社会给予的高校体育教育工作任务所必备的生理素质和心理特点的综合表现，它包括：品德教育能力、体育教学能力、运动训练能力、体育社会活动能力、科研创新能力和掌握运用工具能力六大部分。

（二）师资现状

我国体育专业发展至今，也有了自己的教师体系，到面对社会的飞速发展，还是有些力不从心，需要新的添充和完善。体育行业投诉的比较大，优秀的教师是必要的保证，但是还要考虑师资的数量、师资精力等问题。

1. 师资的数量

按要求体育专业的师生比例应该是1∶10，但由于体校扩招，部分院系的师生比例达到了1∶15。但编制和工资等问题，不能大星聘用教师，导致教师很疲惫，没有时间精心备课。又恰逢时代变化，教育方法需要改变、课程结构需要调整等问题，都需要教师投入更多的时间去研究解决。从教师数量与总课时的比例来看，总的数星可能欠缺不多，但从授课门类及内容来看，教师稍带搭配性授课必然会影响教学质量。

2. 师资的学历

由于历史原因，造成了体育教师队伍整体的学历偏低，这种情况短时间很难改变。虽然学历不能说明一切，可能对于体育专业的学生来说，技术过硬才是最重要的。但21世纪人才，无论什么专业，都需要综合性强，知识体系宽，学历低的教师很难培养出适合社会发展的学生。现代素贡教育要求我们的教师首先是一个"教育专家"，然后才是一个"理论专家"和"技术专家"。

3. 学科带头人、肝教师

近年来，大力提倡科研的重要性，各大高校体育专业教师在科研方面取得了一些成绩，但仍存在一些问题。

第一，学科带头人、骨干教师数量不多；

第二，教师发表的高水平论文少；

第三，有科研能力的教师年龄偏大，有明显的科研断层现象；

第四，学术氛围不浓，教师参加各种学术交流活动较少；

第五，科研教师队伍仍存在不稳定因素，优秀教师外流。

4. 师资精力的投入

敬业精神是保证教学质量的关键因素。如果一名教师各方面素质都是优秀的，但不够敬业，也不是我们需要的。但是不可否认的是，教师，特别是青年教师很难倾心科研。对教师个体而言提高质量关键在于自身。为人师表，既然选择成为一名教师，就要有教师的责任。我们必须提昌敬业精神，强化敬业精神，才能保证质量。

（三）师资建设途径

1. 转变观念，坚持"以师为本"

体育专业的特殊性决定了体育师资的特殊性，更凸显了加强体育专业师资队伍建设的重要意义。所以，对于体育专业的教师，可以出一些导向性的奖励政策，激发教师的潜力，使之在教学、科研及师德建设方面有所作为。同时，还要加大经费的投入，为师资建设提供保障。

2. 抓住机遇，加大引进力度

在招聘教师时，要提高标准招聘标准，提高硕士、博士学位教师的比例。另外，还要重点培养-批学术带头人和教学骨干，提高教师整体的科研水平。

3. 突出重点，加强骨干培养

目前，国内许多体育院系在实践性教学环节上加大了改革的力度，进行了大胆的尝试。如扬州大学体育学院推行"三年实习制"。学生从大二就开始实习，实习期从大延长至大四。鼓则、引导学生利用课余时间到校外健身场所、体育馆等单位实习。

4. 强化进修培训，提高业务水平

要鼓励学历低的教师，继续进修学历。要积极拓展培养途径，提高进修培训的针对性和实效性。要坚持责任共担、效益共享原则，建立学校、学院和教师个人共同投入的激励约束机制，增强教师的紧迫感，强化体育专业教师的内功。

5. 在政策上对体育专业适度倾斜，建立完善机制

体育专业的特殊性，要求对体育专业师资队伍无论是在宏观的政策导向，如在职称评聘、薪酬分配、高层次进修培训等方面，要完善激励竞争约束机制，对确有突出贡献的体育专业中青年教师要在政策上给予倾斜。在教学设施上也要加大投入，做好硬件的保障。要给教师一个轻松、愉悦的工作环境，最大限度地发挥体育专业教师的积极性、主动性和创造性，努力建设一支相对稳定的富有活力的体育专业教师队伍。

第五章　高校体育课堂教学理论

第一节　体育实践的意义

一、实现体育院校教育目标的需要

体育院校是培养有理想、有道德、有文化、有纪律的社会主义体育事业建设新人的基地。无论是为祖国体育事业发展、为人民健康幸福而奋斗的理想信念，还是体育科学知识与体育工作技能，都只有通过实践的感悟与运用，才能够真正被学生吸收内化。脱离实践的单纯的理论灌输，难以让体育专业学生接受，更不可能得到巩固，是不利于体育院校培养目标的实现的。体育实践使体育大学生接近体育实际，获得大量直观的感性认识和许多课堂中没有讲授的知识，并且提高学生将课堂中学习的知识在实际运用中转化为认知和解决实际问题的能力。为了有效地促进人的全面发展，体育院校必须把实践教育视为整个教育体系的重要组成部分，积极引导体育专业大学生在实践活动中健康全面成长。

二、提高体育院校教学质量和培养学生实践能力的需要

实践活动是课堂教学的必然延伸和有益补充。教师不仅要使学生"知其然"，而且要使学生"知其所以然"，激发学生的能动性与创造性。实践是体育教育的重要途径，可以促使学生找到具体的体育感应对象，深化理性认识。与单纯的课堂体育理论教学相比，体育实践活动的课堂教学比较系统完整，但也相对抽象化、理想化，唯有结合实际才能更好地为学生所接受。只有通过体育实践的有机配合，才能使学生在实际锻炼中加深理解，获得对知识的巩固与提高，并及时将体育理论知识转化为体育实际工作能力。

三、促进体育院校大学生全面健康成长的需要

实践是实现人的全面健康发展的基本途径。体育院校的大学生精力旺盛、接受新事物快，但思想单纯，辨别和选择能力较弱，这必然会对他们的健康成长造成妨碍。而"生产劳动同智育和体育相结合，它不仅是提高社会生产力的一种方法，而且是造就全面发展的人的唯一方法"。当代和平稳定的社会环境和都市化生活，更需要体育教育与体育实践的结合。在体育实践中，既有活动伙伴，又有社会群众或指导老师，这种情况有助于体育大学生学会如何与同学分工合作，恰当地处理人际关系，同时实践活动也是考验体育大学生修养品行的好环境。体育实践有助于体育大学生逐渐养成坚韧、顽强的优良品行，养成务实的学习态度和生活作风，不断提高自己，完善自己，坚定理想信念，激发历史使命感、社会责任感，促使他们自觉提高学习的积极性，更严格地要求自己，从而促进自身的全面健康发展。

四、整合体育院校社会教育资源的需要

体育院校是体育大学生学习运动科学知识与体育技能的主要场所，然而在现实中仅仅掌握在学校中教师传授的运动知识与体育技能是远远不够的。体育院校的大学生要实现全面发展，不仅在接受教育种类上要多样化，在接受教育的途径上也要多样化。体育院校可以给体育专业大学生提供系统化的体育教育，但其体育教育资源是有限的。实践尤其是社会实践可以借助各种社会教育力量，如大型运动会提供的志愿者活动、基层学校提供的教育实习或顶岗实践等，对体育院校的大学生进行全方位、全方面教育，实现社会教育资源与学校教育资源的有机整合。

第二节　体育实践的内涵、形式、特征与功能

理解基础上的行动才是最有效的。体育院校大学生要做到积极主动地参与体育实践活动，首先必须对体育实践的内涵、形式、特征与功能等有明确的理解和认识，才能提高实践活动的主动性与针对性。

一、体育实践的内涵

广义上来讲，实践是人类自觉自我的一切行为，是指人类认识和改造社会与自然的有意识的一切活动。狭义而言，实践是指有目的地实际地去做某种事情。实践由主体、客体和手段构成。实践的主体是从事实践活动的人，客体则是实践活动所指向的对象，而在主体和客体之间还有一个将二者现实地连接起来的中介，这就是工具、手段。体育实践就是体育院校在人才培养过程中有目的、有计划、有措施地组织体育专业大学生参与课程、校内、校外等各类实践活动，从而对学生实施思想情操、综合素

质、专业技能等全面发展的教育过程。

理解体育院校大学生体育实践的概念，我们应把握如下几个基本层次。

（一）体育实践是一种学习性实践

学习性实践是一种以学习知识、应用知识、创造知识为主的实践活动。首先，人类知识大体可分为说明"是什么"的陈述性知识和关于"怎样做"的程序性知识两种。这两种主要通过课堂、书本等专门学习活动习得，而包含专门学习活动在内的多种体育实践活动则是引导学生从现实中学、从实验中学、从研究中学，并帮助学生了解知识的源泉与运用，它为学生提供更多的程序性知识和对陈述性知识的进一步理解，弥补课程学习和专业学习中知识的不足，真正做到有所实践，有所认识。其次，体育是一门应用性很强的学科，作为体育院校的大学生，对体育知识与技能的掌握不能只着眼于领会和会做，更重要的是学会在实践中灵活应用，完成相应的实际任务，在体育实践活动中学会发现、学会践行，达成知识应用的目标。最后，体育实践活动的开展既是体育院校大学生知识应用的过程，也是知识创新的过程。通过体育实践活动，能帮助体育院校大学生完成知识的聚合与整合，涌现新思想、新观点、新思路，从而实现从无到有的知识创新。

（二）体育实践是一种成长性实践

成长、成熟、成才是大学生实践活动的基本特征。体育实践活动有助于体育院校大学生学业的深化、精神的完善、专业的成才。首先，体育实践是体育院校大学生学习的专业化、精深化的学业深化活动，它能推动体育院校大学生完成知识与能力在更高层面的统一，夯实学业基础，充实专业知识，提升专业能力。其次，体育实践是体育院校大学生一种世界观、价值观和人生观形成和完善的活动。体育实践有助于体育院校大学生形成坚定的信仰、信心与信念，树立志存高远的追求，铸造不畏艰难的坚强品质，培养健康的人格与包容之心，学会待人接物，善于协调个人利益与集体利益的矛盾，在精神不断完善、升华的过程中实现自身全面发展和成长成才。最后，体育实践有助于体育院校大学生在学会学习的基础上注重提升综合素质，拓展各种能力，尽快成长为社会所需的优秀人才。体育大学生勇于投入成长性实践活动，就会使自身尽早成长为优秀人才。

（三）体育实践是一种社会化实践

大学阶段是大学生即将走出校门踏入社会的准备期。体育实践有助于体育院校大学生投入真实的社会环境，尽快完成社会化过程。首先，体育实践是体育院校大学生职业定位与职业选择的准备活动。在体育实践活动中，可以通过接触真实社会环境，具体了解与获取社会职业需求信息，完成职业认知，明确职业定位与选择，从而主动结合自身所学专业与专长，制定自己的职业生涯规划。其次，体育实践是一种体育院校大学生在即将踏入社会过程中学习扮演体育工作者角色的活动。通过实践活动，逐渐了解、熟悉和掌握体育工作活动的各个环节与流程，充实相关知识，提高体育技能，为即将成为体育工作者做好充分的准备，同时也能增加社会阅历，提升自身的社会认同力。最后，体育实践能增强体育院校大学生与社会的互动接受社会教化，有助于掌握现实社会生活与生产的基本知识和技能，习得并遵守社会通行的价值体系与规范，培养符合劳动者角色要求和其他社会角色标准，适应社会需要的存在方式。

（四）体育实践是培养创新精神的重要途径

创新精神不仅来源于对问题的深入钻研，也得益于深厚的体育基础知识、较强的运动感受和宽广的视野。有了丰富的体育知识才能产生联想和综合，才会有新的思想产生。体育教育实践表明，依靠单纯的课堂体育教学和专业知识学习无法完成素质教育的全部任务。创新思维和创新能力必须要有广博的知识做基础，这种基础只靠体育专业教育难以形成，必须加强体育社会实践，把体育教学活动拓展到社会层面，打破系、专业、班级对大学生的禁锢，变被动的封闭教学过程为主动的开放的教学过程，从而激发学生的学习兴趣。通过体育实践

可以使体育大学生在实践中学习如何组织体育活动，如何解决大众在锻炼和训练中出现的新问题，在实践中培养科学文化素质，增强实践能力，从而开阔视野，激发创新意识，培养创新精神。

（五）体育实践是提高实践能力的重要手段

大学生的活动范围主要是家庭和学校，接触社会有限，其实践能力和活动能力相对较低。因此，有必要利用恰当的实践机会去体验生活、了解社会，通过社会实践培养多种实践能力。体育实践正是提高体育院校大学生实践能力的重要途径。学生在体育实践中发现问题、了解情况、获取信息，从而提高自己的观察能力，培养比较灵敏的社会嗅觉；通过对实践调查的材料进行选择、加工和处理，找出解决问题的方案和实施办法，培养学生运用知识和分析解决问题的能力；在体育实践中，通过和他人的交往，同他人发生联系，逐步学会与人沟通、待人接物，增强社会适应性，学会正确处理好各种社会关系、人际关系；在具体实施并全盘把握体育实践的进展过程中，需要独立思考、随机应变，这不仅可以锻炼学生的独立思考能力、系统思维能力、独立活动和随机应变的能力，还有助于减少体育大学生的依赖性，并发展其独立性、培养开拓的勇气，使之自立于社会。

二、体育实践的基本形式

体育实践的形式多样，概括起来有如下几种基本形式：

（一）课程学习实践活动

课程学习中的实践活动是体育院校大学生体育实践的基础形式，是指以教师为主导、以学生为主体、以课程资源为依托、以基础知识和基本技能的教与学为主要载体

展开的体育实践活动。它突出了教师和学生的双主体性，强调了对丰富课程资源的开发和利用，并要求将体育实践落实到体育基础知识和基本技能的教与学的"双基"教学当中，以"双基"的教与学为载体体现体育实践的理念、呈现体育实践的方式、实现体育实践的效果，这种体育实践活动主要包括以讨论和辩论、案例教学、教学录像、现场教学、模拟教学为主的课堂实践活动；以实验与专题调查、课程设计、专业实习等为主的专业实践活动；以包括毕业实习、毕业论文（设计）和课题研究（大学生研究计划）为主的综合实践活动。

（二）校园生活实践活动

校园生活实践活动是体育院校大学生实践体系的重要组成部分，是在学校教师的指导和规范下，由学生自主设计、发起、策划、组织和开展的，以校园为舞台，以课外时间为活动时间，以学生的需求为基础，以学生的趣缘关系为纽带，在长期互动中形成的旨在促进学生社会化和全面化发展的一系列活动和过程的总和。这种实践活动具有校园化、生活化、趣缘化、有限化的主要特征。其内容主要包括大学生的道德养成教育、学术科技和创新创业、文体艺术和身心发展、社会工作和社团活动、勤工助学和志愿服务等活动。

（三）校外社会实践活动

体育院校大学生校外社会实践活动，是体育院校大学生课程学习中的体育实践活动和校园生活实践活动的有效延伸，是通过校外社会实践活动的方式与途径，达到让大学生投身现实社会中，了解社会、了解国情，与社会实际进行紧密接触，在实践中培养、锻炼才干的目的，从而提高思想觉悟，增强专业意识，树立正确的世界观、人生观、价值观的活动。这种校外社会实践活动主要包括校外参加专业对口的学校体育教学与运动实践、群众体育组织与指导实践、社区体育文化活动服务和体育科研实践、勤工助学、青年志愿者活动、"三下乡"活动等。

三、体育实践活动的基本特征

体育实践活动以体育院校大学生为实践主体，具有鲜明的阶段性、专业性、综合性、创造性和预演性特征。

（一）阶段性特征

处于人生身心成长成熟阶段的体育院校大学生体育实践活动不仅具有鲜明的年龄阶段特征，而且体育院校大学生体育实践活动也具有自身发展的不同阶段性特征。体育院校大学生进入大学后的学习活动实际包括从中学到大学的转换阶段（大学一年级）、大学学习生活相对稳定阶段（大学二、三年级）和即将毕业走向社会的转换阶段（大学四年级）。在这三个不同阶段分别承担着基础课学习、专业基础课学习、专业课与专业技能学习的不同学习任务，因而其体育实践活动也表现出不同的阶段性特征。

（二）专业性特征

体育院校大学生的实践活动主体是在校大学生，其参与体育实践活动的主要优势在体育专业服务方面。通常体育院校大学生的实践活动主要围绕体育专业技能服务和调研来开展，并在实践中发展专业技能，增强社会适应性。以体育专业为中心的实践活动，能够促进体育实践的目的性、教育性、服务性和效益性的统一。在新形势下，体育院校大学生体育实践能否以专业化为中心展开，是衡量其发展水平与深度的一个重要标准。

（三）综合性特征

体育院校大学生体育实践活动具备实践内容的全面性、实践形式的多样性和实践理念的包容性，这就赋予了体育院校大学生体育实践活动所具有的综合性特征。这种综合性不仅表现在实践活动为学生提供了综合学习、掌握、应用多种知识的理论与实践相结合，以及学生自我教育、学校教育和生活教育相结合的机会，同时也表现在实践形式的多样性和实践活动中学生素质全面锻炼提高的综合化发展方面。

（四）创造性特征

培养具有创新精神与实践能力的高素质人才，是高等教育肩负的历史使命。体育实践活动为体育院校大学生创新能力培养提供了平台和拓展空间。体育专业大学生的体育实践活动具有鲜明的发现问题、分析问题和解决问题的活学活用知识的应用性特点。这种应用性的体育实践活动，有助于体育院校大学生尽快完成所学与所用、知识与能力、理论与实践的连接，为创造性实践奠定基础。在体育实践活动中，许多具体问题需要学生在实践活动中追求新知、探求未知、探索创造，能挖掘创新潜力，激发创新活力，从而增强创新能力。

（五）预演性特征

大学阶段的教育和相应的体育实践活动必须为体育专业大学生从学校生涯步入社会生涯的转换奠定良好的基础。在体育实践活动中的所有行为，无论是在课堂内外或者校园内外，无论是求知还是践行，学生的实践活动都只能算作未来工作、学习和生活方式的提前演练。通过演练，能锻炼学生设计实践活动方案的思维能力与应对各种复杂情况的预案能力，达到模拟真实环境和情况下的思维预演效果，熟能生巧，为未来积累经验。这种演练，对于今后走上社会实践活动的学生都是有益的借鉴，有利于学生尽快融入社会，加快社会化进程，早日成才。

四、体育实践的基本功能

实践活动可以将书本知识与实践知识很好地结合起来，对实现体育院校人才培养目标具有十分重要的作用。

（一）掌握、应用和创新知识的功能

1.掌握知识的功能

学生通过课程学习获得的主要是陈述性知识，而实践活动不仅有利于学生对陈述性知识的理解和程序性知识的掌握，还强调了从现实中学、从实验中学、从研究中学的路径，突出了学生对知识的概括、提炼和领会，重视了学生的知识应用。因此，体育实践是体育院校大学生获取新知的导航器、知识巩固和知识领会的助推器、知识掌握状况的检测器。

2.应用知识的功能

体育实践是以满足需要和解决问题为核心，注重使学生在活动中学会发现、学会践行，是学以致用的平台。通过体育实践活动，学生不仅可以了解和洞悉现实社会，还可以在活动中体验感悟、创设情境、主动探究，从而使自身的知识与能力得到完美的结合和释放。

3.创新知识的功能

知识的创新源于实践。学生在体育实践中遇到新问题，只有充分调动个人潜力，才可能获得新发现，产生新思路，涌现新观点，从而在实践中发现问题、解决问题，获取新知。体育实践是体育院校培养学生的创新精神和能力、推动学生创新知识发展的重要途径。

（二）促进全面成长成才的功能

1.提升体育院校大学生的综合素质

体育院校大学生综合素质的全面提升单纯依靠课堂教育是根本无法实现的，必须借助更为广泛的途径。体育实践活动打破了传统课堂狭小的学习空间而延伸拓展到校园、校外的超大时空，由原来单向地获取知识内容转变为学生综合素质全方位的发展。

2.锻炼体育院校大学生的实践能力

体育实践可以强化体育院校大学生体育知识与运动技能的针对性应用和训练，帮助学生了解、熟悉社会各种体育职业和体育领域以及其所需的各种专项技能，并将这些要求作为锻炼与提高自己实践能力的目标。同时，体育实践还能有效锻炼体育院校大学生的分析、判断、决策、执行等能力，全面提升学生综合实践能力。

3.完善体育院校大学生的人格

体育实践能极强地促进体育院校大学生准确定位自身价值，培育学生远大的奋斗目标和强烈的道德责任感，推动学生提高自我意识和形成良好的情绪调控能力，构建良好的社会适应能力与和谐的人际关系，讲究合作、自律，具备乐观向上的生活态度和崇高的审美情趣，塑造健康的人格。

（三）推动体育院校大学生社会服务的功能

1.推动体育院校大学生与生产劳动的结合

体育实践连接着高等体育院校的专业教育与社会体育活动。通过体育实践，一方面，可以增强学生体育工作经验和社会阅历，了解用人单位的人才需求信息和趋势，认识到来自社会职业竞争的压力，调整自身的立业目标以适应社会。另一方面，积极参与体育实践，可以发现自身的不足，调整课程选择，完善知识结构，强化专业技能训练，实现知识向能力的转化、学业意识向职业意识的转化，拓宽职业选择的渠道，增强服务社会的本领。

2. 推动体育院校大学生与人民群众的结合

在体育实践中，体育院校大学生能较好地融入社会，通过为社会大众传授体育知识、开展体育健身与体育活动专业服务，达到对自身政治觉悟、精神境界的检验，也实现着对政治觉悟和精神境界的演练，使自身的知识体系和能力体系得到充实、检验和演练，能做到书本知识与实践知识相结合、能力发展与社会需求相统一。因此，体育实践能够推动体育院校大学生与人民大众的结合。

五、体育实践的保障

充实体育实践的内容，丰富实践的形式，实现实践教育的目标，必须以体育实践保障为前提。

（一）创造良好的舆论氛围和体育实践环境

在市场经济条件下，体育院校大学生的体育实践还需要社会各界的理解、支持和配合，创造良好的舆论氛围和环境，特别是与体育专业对口的中小学、运动学校、社区体育管理组织和部门，要从经济发展和人才培养的战略高度，大力支持大学生实践活动，提供适当的实践场所、技术指导和条件。高等体育院校要加强与社会各方面的联系，拓宽学生的实践渠道，为其提供必要的条件。

（二）加强体育实践制度化、规范化、科学化、基地化建设

高等体育院校要积极将体育实践制度化、规范化、科学化，将体育实践纳入学校教育管理体系中，明确实践环节的时间比例和计划安排，建立明确的科学定量指标，并以规范化的形式固定下来，以防止和纠正实践活动的随意性和不平衡性。要建立学生参与实践活动的考核、总结、激励、管理制度，在开展实践活动中要注意与社会相结合，适应社会发展的需要，注重基地化建设。学校在积极争取社会的支持和建立稳定的实践基地的过程中，要主动出击，坚持互惠互利的原则，建立相对稳定的体育实践活动基地，增强双方的责任感和义务感。

（三）有组织、有计划地开展体育实践

体育院校要积极探索体育实践的新内容、新方法，有计划、有目的地开展学生实践活动。首先，要把高等体育教育和体育实践相结合引向深层次、全方位，不仅要引导学生积极参加实践活动，包括组织学生参加专业对口的学校体育教学与训练实践、

群众体育组织与指导实践、社区体育服务和体育科研实践，还要引导学生积极走向社会，参加各种形式的社会实践，如结合专业特长到运动队开展体育科研活动、向社区体育活动提供技术服务、推广体育科技成果、参与体育科技开发和开展群众体育锻炼培训等。其次，学校还应积极引导学生走上街头，走进学校、运动队和社区，参加一些社会公益劳动，开展志愿服务、社区服务等多种社会服务性项目，增强对大众的感情和对社会的了解。

第三节　体育实践的研究对象、内容方法及学习意义

一、研究对象

所谓研究，简单地说就是一个认真地提出问题，并以系统的方法寻找问题答案的过程。体育实践研究的基本含义是指高等体育院校师生以经验的方式，对体育实践活动中学生的行为、态度、关系，以及由此所形成的各种体育实践活动现象所进行的科学的探索活动。

体育实践研究的目的是形成和产生有关体育实践活动的系统的知识，增加体育院校师生对体育实践的理解。从另一个方面来看，体育实践研究作为一种科学的探索活动，同时也是形成和产生各种有关体育实践知识的一种过程。这种过程比起常识、传统、权威、个人经验以及其他一些知识来源而言，无疑具有更高的系统性、结构性、组织性和科学性。尽管它所产生的知识不可能达到完美无缺的境地，但其存在缺陷的可能性却相对要小一些，因而这种知识也更为可靠一些。

从体育实践研究特点来看，其具有以下三个方面的基本特征。

（一）研究的主题是社会的，而非自然的

研究主题是指研究所涉及的体育实践领域或范畴。体育实践研究的对象包括体育实践主体的人及其行为以及由这些行为所构成的各种体育实践现象。它主要涉及实践主体如何行动，如何与人交往；涉及实践主体如何思考，有何感受；它也要关注由实践主体所组成的各种群体、各种组织；关注个人与个人、个人与群体、个人与社会、群体与群体之间的各种社会关系，关注实践主体如何与不断变化的社会相互适应等。

（二）研究方式是经验的，而非思辨的

所谓经验性是指体育实践研究必须依靠可感知的资料。即体育实践研究只针对那些可以看到、听到、接触到的东西。体育实践研究者所收集的大星类似的经验资料，反映了更大规模的体育实践现象的某些部分，将所有这些部分的资料合起来，我们就可以"经验地"认识体育实践现象的整体。

(三) 研究的问题是科学的，而非判断的

就像科学不可能回答一切问题一样，体育实践研究也不可能回答一切有关体育实践中遇到的所有问题。个问题能否科学地进行探讨，首先依赖于这一一问题是不是一个可以依据科学来回答的问题。体育实践研究和探讨的问题必须是可以依据科学来回答的，研究者是探讨"状况究竟如何"，或者"为什么如此"的问题。鉴于此，本书以科学地确立高等体育教育中实践教育的基本内涵为基础，研究对象主要涉及两个方面：一是教学计划内的校内实践教学；二是教学计划外的社会实践活动。

二、研究内容

体育实践是我国体育院校实施素质教育的重要形式之一，也是体育院校大学生掌握体育专业知识技能和发展综合能力的重要途径。体育实践兴盛于20世纪80年代，经过近30年的探索与实践，从小到大，由浅入深，现已蔚然成风，，充分体现出其强大的生命力和不可替代的功能，并因其独特的教学方法和教育效果受到大学生们的普遍欢迎。目前我国体育院校大学生体育实践教材的研究内容包括：教学计划内的实践环节内容，主要体现在专业设置、课程安排、教学内容、教学方法等全教学过程中，包括毕业设计（教学实习、毕业论文）、课程设计（教学实习和训练实习）、课程实验（实验课程、裁判实习）、公益劳动（参与社区体育活动）和军训等。教学计划外的社会实践活动，包括校外实践教学、社会调查与信息、社会服务、勤工助学活动、社团活动、校园文化活动、科技活动、学科竞赛，以及假期社会实践活动等。

三、研究方法

有关体育实践的研究方法是指高等体育院校师生从事体育实践研究的方法，而非理论研究方法。具体研究方法和技术是指在研究体育实践活动过程中所使用的各种资料收集方法、资料分析方法，以及各种特定的实践活动操作程序和技术。

四、学习意义

本书系统归纳了体育院校大学生体育实践的基础理论知识，科学解释与介绍了体育实践的意义、内容、各种实践活动的形式及实施要点等。因此学习与研究本书帮助体育院校大学生正确理解与认识体育实践在自身学习成长过程中的作用，全面、系统地掌握体育实践的基础知识，提高参与体育实践的技能，解决体育实践"是什么"和"怎么做"的问题，促进学生自觉地融入体育实践活动中，指导自身的体育实践活动，发挥体育实践对体育院校大学生全面健康成长、成熟、成才的积极效应。

开展体育实践知识学习与研究，能在体育院校大学生中普及体育实践知识，促进学生体育实践的参与，指导体育院校大学生的体育实践活动。在传统社会里，人们适应社会的方式很简单，在不知不觉中就已经适应了，人们在生活中积累起来的生活经

验足以帮助人们适应社会。当代社会与传统社会不同，其结构复杂，规范繁多，变化迅速，因此，适应今天的社会单纯靠个人的直接经验已经不行了，必须依靠系统的社会知识学习。只有具备了关于体育实践的系统知识，才能自觉地参与体育实践活动，自觉地适应不断变化了的社会环境，成为现代社会中一个合格的公民。本书研究的是系统性的体育实践理论科学知识，对决策、规划和实施体育实践活动具有极高的参考价值和指导作用。正因为如此，开设体育实践概论的有关课程、普及体育实践行为的知识，无疑会对促进体育院校大学生的体育实践活动参与起到非常积极的作用。

第四节　国内外大学生实践能力培养概况

了解国内外大学生实践能力培养概况，有利于加深对体育实践的认识与理解。

一、国外大学生实践教育概览

国外大学生实践教育相关理论与实践较为丰富。在理论方面，美国、英国、日本、韩国等国在高等教育哲学理念、能力培养模式、体验式就业体系等方面做了大量探索与实践，取得了突出成绩。在实践方面，这些国家在大学生实践教学、生产劳动、社会服务、社会调查、科技发明、勤工助学等方面开辟了许多重要的途径。

（一）美国大学生的实践教育

当代美国的高等教育改革尤其重视学生技术创新能力与实践能力的培养。美国的教育改革者们认为，人类文化是以掌握制造工具的技术为起源的，人类文明是随技术的发展而发展的，未来世界竞争的核心和焦点就是"技术创新能力"。

对此他们进一步提出："技术"就是应用知识、工具和技能，以解决实际问题，拓展人的能力。"技术"是通过科学发现而发展的，科学的作用在于理解，"技术"的作用在于做、制造和实施。美国的高等教育改革者们门也对各类高校课程中技术教育占极少比例的弊端提出了批评，提出"普通高等教育应以神圣的方式，使技术教育成为我们讲授历史、现状和未来的一个组成部分"，技术教育应"适合学生的年龄和经历，从描绘性材料开始，然后是原理、概念，并在不同水平上与直接经验相结合，更为重要的是，通过技术教育保留下来的一种对于不断变化的技术环境进行终身学习的兴趣。

在这一背景下，美国的高等体育教育十分重视大学生实践能力的培养。纵览美国高校改革以及体育专业教育改革成果，基本上可以将其改革内容概括为以下几个方面：摒弃学校授课内容越来越多的偏向，把教学的着眼点集中在基本的科学基础知识、基本技能和训练上。在处理有关体育教育课程教学内容时采取了两项措施：强调学科之间和运动项目之间的相互衔接，软化每门学科之间和运动项目之间的界限。②要求学生了解细节较少，把过去学生在专业术语和记忆方法上耗费的精力转移到学习概念和思维技能上，把课堂上学生专门进行运动技能的练习精力转移到指导学生学习运动技能练习方法上。

为此，美国的高等院校的体育教育改革在教学计划和教学方法上也进行了四项改革：①改变课程、减少时数，软化或排除课程中僵死的界限，着重培养体育科学的思维方法；软化或排除运动技能中复杂的高难动作，着重培养科学的运动技能学习方法。②改革体育教学方法，体育教学要根据学科的系统研究并认真验证和亲身体验的原则进行。强调体育科学知识的传授要与体育科学探索精神和体育科学的价值观融为一体。体育教学要从如何观察、提问开始，而不是灌输现成的答案，使学生积极地运用假设、搜集和应用证据，鼓励学生的好奇心和创造性，鼓励学生自主学习、自主练习。③改革必须全面，注重所有孩子的需要，包括所有年级的全部科目和教学环节。④改革必须要求体育界和全社会的协作。

（二）英国大学生的实践教育

1979 年英国皇家文学、制造和商业促进会（RSA）颁布《能力教育宣言》指出，受传统培养学术精英型人才教育思想的影响，英国高等教育长期致力于传授知识和培养智力，学校教育既没有培养也没有训练学生掌握从事实际工作的技能，学生对专业知识"知晓"有余而在校外现实社会环境中有效运用和发挥专长的"能做"能力不足。这种缺陷不仅对学生个人，而且对整个社会、经济、工业等都是有害的。《能力教育宣言》认为学生综合能力的培养依赖"能力教育文化"的培育，这种文化应有助于学生将学习与实践有机结合，鼓励学生开展自主式、创造性的学习，达到寓教于乐、寓学于做的目的。因此，"能力教育"必须立足客观实践，鼓励学生通过自主发现问题、解决问题、服务社会的实践活动培养和锻炼实际工作能力。

20 世纪 90 年代以来，英国高等学校已普遍认同"高等教育能力教育"的思想，并开展了积极的改革探索，推行了高等教育能力培养模式改革。英国高等体育教育在推进学生"能力教育"方面采取的主要措施如下：①课堂教学采取项目教学法对学生进行综合能力训练。如英国莱斯特大学体育系将体育学科领域按专业分成若干项目供学生选择，学生以小组形式自主确定一个项目。第 1 周分析项目特点和要求并进行任务分工，旨在培养学生自我组织和分析策划的能力。第 2 周集体学习和进行进度、方案设计，教师指导学生找参考书籍、资料、图片及音像资料。第 3 周至第 6 周系统学习和研究（训练），遇到问题找教师指导。第 7 周完成学习和研究报告，然后在全系公开展示，课程验收报告要进行汇报答辩，答辩会由学生轮流主持，全体学生和有关教师参加，每一个小组的成绩由全体学生按照规则和标准进行评议，最后成绩交教师评议组审议和修订，作为正式成绩。②重视实践环节。例如，英国爱丁堡大学的体育本科专业人才培养过程中，强调实践能力，并且与中、小学和其他教育机构保持伙伴关系，重视知识的转化与专业发展机会对学生成长的重要作用。以实践为基础的学习是学生教育项目的一个有机组成部分，实践在整个人才培养过程中占据着重要地位。其课堂学习形式中也十分突出讲座、小组讨论、案例研究、现场考查等实践内容，评价学生的方式除了考试外还包括学生完成工作任务、演示的实践能力等方面。学生第三年的学习方案的一个重要组成部分是为学生组织为期10周以实践为基础的实习。学生被安置在学校、社区、公司等部门中，在实践中要求学生要学习掌握一系列相关的工作技能，以提升就业能力。

（三）日本大学生的实践教育

长期以来，日本强调大学的使命是知识传承，因此，实践被排除在大学教育活动以外。但20世纪90年代中期以来，大学生就业难，迫使大学必须重视与职业世界的衔接，大学纷纷把体验式就业活动作为人才培养的重要环节，通过学生实践活动提高学习效果，培育学生的职业意识。1997年日本内阁发布的《关于经济结构改革与创新行动计划》提出：为培养适应产业结构调整所需要的人才..必须实行体验式就业的战略措施。文部省的《教育改革计划》也明确了体验式就业教育，建立以教育行政部门为主体，贯串从大学到小学的职业体验制度。

伴随高等教育体验式就业改革，日本的体育专业教育改革显现出了以下特征：①尊重学生差异和自主发展。②鼓励学生追求"轻松愉快"的高等体育教育历程。③精选内容、精简课程，教学方法和教学手段更加先进、高效。④提倡特色教育，增加体育选修课。⑤体育理论教学重在培养体育科学素养，重视观察、实验探索活动等解决问题式学习和体验式学习，让大学生在实践活动中体验、发现和创造的乐趣。⑥面对国际化发展趋势，培养大学生对本国体育文化和传统体育的理解和热爱，培养大学生对外国体育文化的尊重和应用外语交流的能力。⑦更加重视应用互联网和光缆通信网进行体育教学。⑧重视终身体育教育和社区体育教育环境设施建设。

（四）韩国大学生的实践教育

韩国高等教育入学率居世界前列，但随着生源减少、成本过高、就业困难、国际竞争力不足等诸多隐忧的出现，目前韩国高等教育已开始从量向质转变的努力，其中重要措施之一就是提高大学生的实践能力。韩国高等教育法第21条规定，"学校授课可分为全日授课、夜间授课、季度授课、广播与通信授课，以及现场实习授课等"，"为提高学生的社会实践能力，必要时，学校可根据校规实施实习学期制"。第44条规定，"教育大学、师范大学、综合教师培养大学及教育系的教育，应使在校生达到如下目标：①应具备受教育者应有的价值观和健康的教育伦理。②应领会教育理念与具体实践方法。③为具备作为一个教育者应有的资质，应打好基础，能用毕生精力努力从业"。目前，韩国的汉阳大学、同德女子大学等已将社会服务列为必修课，每学期安排约48个学时，大学生必须在孤儿院、养老院等场所从事服务工作，工作单位就献身性、诚实性、自觉性与工作态度等指标加以考评并给学分。

韩国体育大学生的实践教育主要体现在高等体育院校教育改革内容之中：①把以体育知识和单一运动技能为主的体育教育向以培养创新能力和掌握多项运动技能为重

点的体育教育转变。②精简课程，以学生为中心、以运动实践指导为中心改革教学，发展大学生的创新与实践能力。③减少必修课，增加选修课，鼓励大学生积极参加社会实践活动。④加强英语、汉语和世界文化史等教育，适应国际化发展。

二、国内大学生实践教育概览

教育与生产劳动和社会实践相结合是党的教育方针的重要内容，理论教育和实践教育相结合是大学生思想与能力教育的根本原则。为了促进高等教育中理论与实践的结合，1950年政务院《关于实施高等学校课程改革的决定》指出，"有计划地组织学生实习和参观，并将其作为教学的主要内容"，后又对文理工科学生的实习作了原则规定。1950年教育部成立了直属高等学校学生生产实习指导委员会，颁布了《学生实习指导委员会暂行组织规程》。1954年高教部颁布了《高等学校与中等技术学校学生实习暂行规程》，对实习的方针、任务、要求、原则和具体办法作了详细规定。随后实习成为高等学校培养大学生必不可少的环节。

1957年，刘少奇为《中国青年报》撰写了《提倡勤工俭学，开展课余劳动》的社论。1958年，教育部召开第四次全国教育行政会议，进一步肯定了勤工俭学的意义与作用，同年，《中共中央、国务院关于教育工作的指示》中又规定"高等学校必须把生产劳动列入教学计划"，"在一切学校中，必须把劳动列为正式课程"，组织学生参加生产劳动。从此，勤工俭学在高等学校中广泛开展起来。关于军训，我国《兵役法》规定"高等学校的学生应当在学校内接受军事训练"。1955年，北京体育学院、北京钢铁学院等进行了军训试点。1956年，国务院批准了国防部、教育部关于扩大到14所高校进行军训试点的报告。1961年，高校陆续建立了武装部，配备了专职武装干部负责组织高等学校学生的军训。1978年邓小平在全国教育工作会议上指出，"各级各类学校对学生参加什么样的劳动，怎样下厂下乡、花多少时间，怎样同教学密切结合都要有恰当的安排"。此后教育部规定大学生在4年中都必须参加两周的生产劳动。1980年国务院在批转吉林省《关于开展勤工俭学情况的报告》中肯定了勤工俭学是全面贯彻党的教育方针的重要举措，此后各学校开展了多种形式的勤工俭学活动。1983年团中央、全国学联发出《纪念"一二九"运动48周年开展"社会实践活动周"的通知》，决定开展以引导大学生利用假期搞社会调查、勤工助学、挂职锻炼，用知识和智力为社会服务的大学生社会实践活动周，对新时期如何组织好大学生社会实践活动提出了具体的指导意见。1984年5月，时任团中央书记处书记的胡锦涛提出大学生在实践中"受教育、长才干、做贡献"的口号，这一原则被确立为大学生社会实践活动的指导方针。

1999年《中共中央国务院关于深化教育改革，全面推进素质教育的决定》和教育部下发的深入开展素质教育的有关文件，再次成为大学生社会实践活动进入深化发展新阶段的重要推动力。随后，团中央、教育部等单位在全国高校组织开展了两年一届的"挑战杯"大学生课外学术科技作品竞赛、创业计划大赛,大学生支教、"三下乡"服务、青年志愿者服务等生活实践活动也开展得如火如荼。至今,大学生实践活动已被纳入高校教学计划,每年均有数十万大学生参加社会实践活动,大学生社会实践活动也逐步走向制度化、规范化阶段。

伴随着高等学校大学生社会实践活动的广泛开展,高等体育院校大学生实践教育也同样得到了长足发展。近30多年来,高等院校在培养体育专业学生创新与实践能力等方面发生了很大变化,其主要特征体现在以下几个方面:①更加重视实践在体育专业人才培养模式中的作用。体育院校在人才培养理念上更加突出以知识为基础,以能力为重点,突出学生实践能力的培养。②实践教育的内容更加宽泛。课程学习实践中突出了做中学、体验中学,积极开展探究式、研讨式学习;校园实践中各种俱乐部、文体活动、科技创新等如火如荼;校园外体育科技开发、社区体育指导、赛事志愿者服务等形式多样。③实践教育的制度与保障更加完善。各所高等体育院校的人才培养方案中都有明确的实践教学内容,不仅军训、毕业论文、教育实习等固定学时与学分,许多院校还纷纷将学生获取各种证书、竞赛获奖、社会实践、参与志愿者活动等作为拓展学分纳入学分管理。④更加强调实践活动中学生的主体性。尊重学生的主体地位和主动精神在实践中的作用,学生自己策划、组织、实施实践活动,注重开发学生的创新意识和实践能力,促进学生的个性发展。

第六章 高校体育课堂实践教学

第一节 课堂实践教学的概念分类及作用

学习课堂实践教学，有必要了解课堂实践教学的概念及其历史由来，了解其主要分为哪几类，并熟悉课堂实践教学的作用及意义。

一、课堂实践教学的概念、分类

课程内实践教学改革是教学改革的重要组成部分，对人才综合素质的培养有着特殊的功能和不可替代的作用。改革需要根据课程培养目标，按照知识、能力、素质协调发展的要求，注重教学内容的整合与更新，合理构建课堂实践教学体系，突出和加强学生创新精神和实践能力的培养。

（一）课堂实践教学的概念

在我国的教育理论和实践中，"实践教学"是一个出现比较迟的概念，1998年出版的《教育大辞典》第一次出现"实践性教学"的概念。实践教学也称实践性环节教学、综合实践环节教学或实践课，是相对于传统的理论教学而言的。理论教学重视教师讲解理论知识，强调教师的主导作用，而实践教学则重视理论联系实际，强调学生的主体性和积极性，激励学生主动参与、主动思考、主动研究，着重培养学生分析问题和解决问题的能力，加强专业训练和锻炼学生实践能力而设置的，是整个教学的重要组成部分。根据不同阶段体育教学大纲和教学计划以及培养目标和要求，体育实践教学的最终目的是对学生实践技能、创新性和创造能力进行系统培养。

在实践教学体系中，课堂实践教学成为其他实践教学的基础，没有课堂实践教学做基础，其他实践教学就无从谈起。另外，课堂实践教学是连接理论教学与其他实践教学的重要桥梁，因此在实践教学改革中，必须重视这个基础部分。目前，在我国高等教育教学改革中，有一种倾向，即过于重视实验室建设、实验课建设和教学基地建设，却忽视了最基本的课堂实践教学部分。这是教育改革中的严重误区。

课堂实践教学具有一定的优越性。首先它不需要花费巨额的投资，购买昂贵的仪器，购置固定的办公空间，只需要教师具有正确的教书育人理念，负责任的心态，时常关注社会现实问题，随时结合讲授的内容，进行学术探讨。其目的，一方面，培养学生对社会重大问题的关注度；另一方面，培养他们对新的焦点、难点问题进行多元思考和独立判断能力。让他们不出教室，一样了解社会；没有走上工作岗位，对工作以后发生的事情也不陌生；并具有一定的处理问题的能力。

（二）课堂实践教学的分类

当前体育教学中的实践教学主要包括集中实践、课堂实践和课外实践三个部分。

集中实践是指社会实践（入学教育、军训、劳动教育、社会调查、毕业教育、就业指导）、教育实践、科研实践（毕业论文、学术活动）等进行实战学习，培养实际工作能力，了解学生专业知识掌握的程度，运用专业技能解决实际问题的集中实践性教学。

课堂实践一是指马克思主义哲学原理、毛泽东思想概论、邓小平理论、大学生思想修养、法律基础、体育游戏、体育教学论、运动解剖学、运动生理学、学校体育学、体育测量学等基础理论中的作业、实验、实习（设计）、专题讨论、辩论会和调研等；二是指体育专业课的教学设计、训练计划设计、教学与训练的组织等，着重培养学生对专业知识和其他学科知识的综合应用、创造与创新能力。课堂实践教学主要是在课堂内进行的实践教学环节，具有较大的可操作性。

课外实践是指课外体育竞赛、业余运动训练等主要用于帮助学生提高教学技能和教学方法、培养学生运动竞赛的组织、裁判、训练、业余辅导以及提高学生观察问题和解决问题能力的课外专业技能性实践教学。课外实践教学则是在课堂之外进行的实践教学活动，是课堂实践教学的延伸和拓展。

二、课堂实践教学的重要作用

（一）课堂实践教学对人才培养质量的影响

1. 实践教学安排得不合理导致学生不能安心毕业实习

实践性教学大致可分为两个阶段，第一阶段是课程类实践性教学，包括课程教学实习、课程设计等环节；第二阶段是毕业实习。就一般专业而言，这两个阶段都非常重要，尤其是体育类的专业这两个阶段更是必不可少。而现阶段贯穿于教学过程中的教学实习、课程设计大多安排的是附属J理论课教学的单纯性验证，这非但不利于培养学生包括科研能力在内的多种实践能力，而且会使这一阶段的实践性教学失去原有的意义。虽然毕业实习在一定程度上可以弥补教学实习存在的"功能性"缺陷，但由于沿袭多年的毕业实习时间安排，已经不能适应高等教育改革与发展的要求，以致影响到毕业实习的实际效果。

2.实践教学保障不到位导致实习质量得不到有效保证

实习基地、实习经费、指导教师、实习管理等都是完成实践性教学必要的条件保障，但是随着招生规模的不断扩大，本来就相对不足的实习基地、实习经费更加"捉襟见肘"，难以满足实践教学的实际需要。虽然不同专业因课程实习的具体内容和要求不同，对实践教学条件的要求不等，但实习保障条件得不到保证却是共同的问题。

3.实践教学指导不得力导致毕业论文的质量出现滑坡

由于对实践性教学管理缺乏有效的监控措施，导致学生毕业论文（设计）的质量出现滑坡。一是对学生选题缺少科学指导，有的选题过大，超出了一个本科生的能力和所学专业知识的范围，有的则选题过窄，使学生难以发挥或施展能力；有的是题目几年一贯制，缺乏创新，有的题目则过于超前与现实脱节。二是部分指导教师由于没有科研课题或者出于以备后用的目的而利用学生查阅资料，完成文献综述类的论文；还有的教师让学生整理资料，分析数据，写出数据分析报告式论文，这或许对提高学生某一方面的能力有所帮助，但显然有悖于毕业论文（设计）的初衷，尤其是无法培养学生综合运用所学知识及独立分析问题、解决问题的能力。三是管理过松，缺少指导。或是少数指导教师业务水平低，实践能力差，，没有能力指导，或是一部分教师精力、时间投入不足，指导不力。学生则因就业等因素的影响，没有投入足够的时间和精力，对毕业论文（设计）只是应付了事，东拼西凑者有之，网上下载者有之，花钱雇枪手者有之。尽管明文规定论文答辩不合格者不能授予学士学位，但顾及学生就业问题，教师大凡都会手下留情、笔下超生，无形之中助长了学生的侥幸心理。一般来说，只要在答辩前完成论文，通过导师审阅并做适当修改即可，评价也只是检查论文是否归档，而在毕业论文质星保障方面的机制则不够完善。

（二）重新认识实践教学环节在提高人才培养质星上的地位

1.实践教学是学生将理论应用于实践的试验场

通过实践教学这一环节使学生将课堂所学的理论运用到实践中去，在掌握实验方法、操作规范和技能的基础上，反复进行各种练习和操作，以培养学生发现问题、分析问题和解决问题的实践能力，进一步激发学生学习专业知识的兴趣与学习的动力。学生经过一段时间的理论学习，在掌握课堂所学基础理论与专业理论的基础上，再到科研与生产实践中去运用和验证，可以增加感性认识、提高动手能力、锻炼培养学生的科研能力以及独立工作和实际操作的本领，并且有助于他们掌握社会服务和科学研究以及管理方面的知识，从而达到拓展丰富知识、增长提升能力和启迪创新思维的目的。

2.实践教学是培养学生综合素质与能力的课堂

随着科学技术的迅猛发展，在实践教学环节中，目前学生所遇见的诸多实际问题，有些问题不是单靠本专业所学知识就能够解决的，而是需要运用多学科的知识进行交叉和综合才能有望解决。这就迫使学生要通过查阅书刊资料、进行网上查询以及人际沟通、信息交流等多种途径，借助于多学科的知识来寻求解决问题的方法，这其中还包括自然科学与人文社会科学知识之间的交叉、渗透，从而使学生的综合素质得到培养，解决复杂问题的能力得到锻炼和提高。毕业实习与设计则是专业课学习的最后一个环节，是学生将之前学习的各种理论综合运用于实践阶段，也是全面发展学生能力的重要环节，所以说毕业实习与设计不仅仅是专业教育的延续，更重要的意义在于通过这一环节的学习，有利于学生综合素质与能力的提高。

3.实践教学是嫁接在学生与社会之间联系的桥梁

学生在课堂上学到的理论知识，需要通过实践教学环节到实际工作中去接受检验和进行验证，而社会上又存在着大量的身体肥胖、健身塑体、休闲娱乐等方面的问题急需解决，其中有一部分是属于理论探讨、健身咨询、新技术推广、老技术改造、方法革新和市场营销等方面的问题，这些问题学生在教师的帮助指导下完全可以去解决。所以，高校通过实践教学尤其是毕业实习与设计可以架起学生与社会之间联系的桥梁，以面向社会需求、提供健身指导为宗旨，结合实践教学让学生参与体育教学和指导，不仅可以使学生在实践中得到磨炼，而且可以解决实习经费不足的问题，并能为社会经济的发展做出一一定的贡献。毕业实习与设计作为学生走向社会的过渡期，在人才培养上更具有重要地位，从这个意义上说，毕业实习与设计是大学生社会实践的又一个重要环节和途径。

（三）课堂实践教学是"以能力为中心"人才培养模式的关键

本科学生实践与动手能力弱，主要原因在于高校人才培养与市场发展需求不匹配。导致目前教学普遍存在理论知识结构单，教学内容陈旧，实践、综合素质教育不足等较为严重的缺陷。校外的实践教学需要大星的时间、大量的经费做保障，高校扩招以后，很多学校由于课时冲突、经费不够、管理复杂和安全保障机制不健全及大学生的自我约束能力和认知能力相对较低等实际困难而很难广泛实施实践教学。而课堂实践教学的实践场所是教室，没有时空条件的局限；参与对象是所授课的全体学生，不受学生大量外出、组织管理复杂的影响；操作便捷，占有教学资源相对较少，不受财力、人力和安全因素的制约。以上这些优势也让这种实践方式能够贯穿到教学活动过程的始终，具有深入持久的效果。全体学生实践教学的广泛持久参与，使其实践能力都得到全面培养，无论是语言表达能力、理论运用能力还是社会了解能力和社会适应能力都能够得到很好的锻炼，这必将为其更好地走入社会打下坚实基础。课堂实践教学有利于充分发挥教学中教师的主导作用和学生在实践教学中的主体作用，激发学生的主动性和探索创新精神，变封闭、被动的实践模式为启发、自主的开放型新模式，以提高实践教学的总体效果。

第二节　课堂实践教学的方法与模式

在理解了课堂实践教学的基础上，要掌握实践教学的以下五种方法：框架式教学方法、设问式教学方法、案例讨论式教学方法、情景模拟式教学方法和学生主导式教学方法。还需要了解课堂实践教学的三种教学模式。

一、课堂实践教学的方法

（一）框架式教学方法

框架教学法应用广泛，它注重结构，把握整体，是最常用的课堂教学方法。它注重知识结构和历史阶段的特征、特点与知识的内在联系，便于学生形成知识体系和知识网络。这一方法适用于学期教学的起始阶段、章节教学的开端与结束、复习课程，也适用于具体的单节课题和专题教学。框架结构的建立必须根据具体的教学内容来建立，必须以简洁明了、科学规范为原则，反之就可能把本来简单的知识复杂化。

（二）设问式教学方法

设问教学是问题教学的重要方式，它巧妙设问，引入入胜，是许多教师习惯采用的课堂教学方法。设问教学的关键是问题的设置与处理，这取决于教师对教材把握的程度，对学生水平、层次的了解。我们观摩过许多教师的公开课，问题不断，如同审判囚犯一样。其实过多的问题等于没有问题，过多的问题说明教师没有把握住教材的中心，不清楚重点与难点，说明教师不信任学生，不了解学生的层次与水平。首先，设问在于引起学生的注意，激发学生的兴趣，并不要求学生立即回答，何况更多的设问往往在教师的叙述中由教师自己解决了。其次，设问并要求学生回答的问题：一要简洁明了，二要科学准确，三要紧扣重点和难点。最后，回答问题要提前做好训练，做好要求，针对没有回答问题习惯的学生提问。当然，学生回答问题的习惯一般来说是早已养成了的。我们的要求很简单即"请用自己的语言和教材专业术语回答问题"。

（三）案例讨论式教学方法

案例讨论教学法主要目的是让学生掌握管理的基本原理，同时锻炼学生运用已掌握的知识处理实际问题的能力。此方法的好处是成本小，学生不需要亲身体验更可总结经验，但课堂案例的运用效果不好，究其原因，一是案例的针对性不强，结合内容紧密的案例一般很难寻找，需要大量时间和精力去挖掘；二是受限于学生所具备的知识，案例讨论必须要有一定知识储备，学生的知识掌握程度不一；三是案例的组织准备，一般而言，可提前让学生看案例，准备自己需要的其他资料，这可使课堂讨论效果更好。还包括分组讨论，设置某种竞争因素，让各组之间进行碰撞，产生好的想法，激发大家共同思考。

案例讨论教学法定要有一个明确的主题，不能过于松散。所以，通过案例讨论，学生的收获如下：锻炼了自己公开陈述观点的能力；在讨论中锻炼了思辨能力；通过案例锻炼了归纳能力，获取二手经验；案例讨论实际上是一种实践的补充，虽然学生没有经历真实的场景，但根据案例的描述，锻炼了解决真实问题的能力。

（四）情景模拟式教学方法

课堂模拟是课外实践的一种有效补充，它有投入时间、精力少等优点，还具有很强的可控性，同时，也补充学生课外实践中无法接触到的内容。此种方法不仅把书本知识点融入模拟中，还调动了学生的兴趣。模拟过程结束后，可组织讨论，让学生自己总结模拟的知识点，加深印象。这种方式不仅可让学生体会实践中的艺术，还可通过讨论环节提升分析问题的能力，也可共享经验。课堂模拟关键要注意学生间的分工，还得让学生做好充分准备，尽量贴近真实场景。

（五）学生主导式教学方法

学生课堂是在以学生为主导，以教师为辅导的学生主体学习的教学观念和"把课堂还给学生"的课堂理念的指导下逐步形成的课堂教学形式。学生课堂以学生自主学习为主，重在培养学生自主学习的能力，即在教师的辅导与帮助之下，学生自主地学习相关的知识，其目的一方面是学习和掌握一定的书本知识；另一方面是学会学习，即学会独立自主的学习、学会思考和解决问题。当然这是一种初步的方法，甚至于仅仅是一种学习的意识和思想。此课堂的操作包括两大类型。第一，学生讲课。教师提供相关的教学资料和参考资料，指导学生学习，找寻重点知识和难点内容，并协助学生写出相应的教案来，最后再让学生模仿教师登台讲授。这样就将学生置于教师的地位，转换了教学的角色，学生一方面在教师指导下组织备课的过程中明确地知道了本课知识的重点和难点，熟悉了本节知识的基本体系，然后又动手整理出了自己的教案，最后还登台进行了知识的传授，这就进一步地熟悉了知识，加深了对相关内容的了解与把握。当我们在一堂课后没有能够让学生明确地知道这一课的重点知识和难点内容，我们的课就是不成功的。一句话，教师知道了不等于学生知道，教师的知识垄断和教学权威意识恰好是教学相长的巨大障碍，也是目前教学改革的核心内容。第二，学生自主学习，教师重点点拨。这是学生课堂的最主要方式。课堂的处理因人因事而异，，但我们所喜欢的操作过程是教师在课前对章节内容进行整理，提出自学目标。首先揭示本课之重点难点和知识体系（结构），然后提出与教材相关的一些问题（主要针对重点与难点）。教师整理的内容要印发给学生，或投影到屏幕上，或板书在黑板上。在课堂教学中，第一步，学生根据教师提示阅读教材，熟悉知识，回答问题；第二步，学生提出疑难问题，教师整理加工；第三步，教师在学生提问的基础上重点点拨，对个别问题则采用个别解决的办法。这种课堂教学重在学生有目标的自主学习，我们一定要把握"有目标"这个环节，反之，学生的自主学习会陷于盲目，久而久之，学生就失去了自主学习的兴趣。

二、课堂实践教学模式

（一）问题与案例驱动的课堂实践教学模式

问题与案例驱动的课堂实践教学模式具体包括两个层次。

根据能力目标将课堂实践内容分为基本实验与综合设计性实验两大类，即从基本实验到综合设计性实验的第一层次分级。其中，基本实验由相应的问题与案例驱动，主要用于培养学生掌握某个或某些工程技能，并初步培养学生分析问题与解决问题能力、设计与实施能力、主动学习能力与团队协作能力。综合设计性实验是以课程所涉及的多个或全部技能点的综合应用为目标，进一步培养与提高学生设计与实施等工程能力和素质。

其次，根据实践教学要求与形式，通过对每个基本实验进行难度分解，在每个基本实验内部形成"基本技能—进阶技能—创新活动"的第二层分级。其中，基本技能用于培养学生的基本技能，为进阶技能提供所需的相关技能，教学内容与方法上以传统的验证或操作式的为主，需要为学生提供较详细的实验规划参数以及实验步骤。进阶技能用于初步培养学生的主动学习、设计与实施及团队协作等能力。进阶技能通过给出具有一定难度或复杂度的实验任务，要求学生结合所掌握的基本技能以及所给出任务的要点与难点提示，自行设计完成。创新活动用于初步培养学生的综合技能。要求学生自主完成，创新活动中通常还包含一些不能应用现有知识或技能所解决的技术难题，以培养学生的分析与解决问题能力，并借此引申出下一个基本实验，起到承上启下的作用。

完成了相应的模式设计之后，为了提高课内分级教学模式的效率，有效地培养学生的工程能力与相关素质。在实施中还必须注意以下三点。

一是基于项目组的实践教学形式在实施分级教学模式时，根据教学需要及学生意愿将其分为若干个实验项目小组，每个项目小组由一名项目组长和若干项目成员组成。项目成员人数根据实验环境确定。在进行每次实践教学时，项目小组的组长与项目组成员会共同协调确定每个人在本次实践中的项目角色或职责，以共同完成实践教学内容。客观上培养了学生相互之间的沟通能力、团队合作能力以及提升学生项目实施能力等专业素质。

二是辅以高效的实践教学过程管理分级教学模式必须采用高效的教学过程管理才能在有限的教学时间里完成每次实验的教学内容。

三是考核评价方式的改革实施分级教学模式，还需要有与之对应的考核评价形式。为此我们设计了能体现理论与实践相结合、知识与能力并重、过程与结果兼顾的课程考核体系。

该考核体系分为过程考核与能力（结果）考核两部分。其中，过程考核主要考核学生在实践过程中的综合表现，涉及个人学习态度与能力、学习完成情况、对团队的参与和贡献度，具体由课内表现、考勤与预习、实验报告、工程日志等组成；能力（结果）考核以综合设计性实验为载体，给出工程中的典型问题或需求，，要求学生从需求分析、方案设计与方案实施三方面出发，考核学生综合应用知识与技能进行规划、设计、实施与测试的综合技术实践和技术应用能力。在综合设计性实践考核中，还通过口试、书面设计报告等形式考核学生在专业问题上的口头与文字表达能力。

（二）微格教学的课堂实践教学模式

微格教学是20世纪60年代由美国斯坦福大学首先提出并加以运用的。它类似于体育中分解动作的训练和戏曲中一招一式的演习，把一堂课分解成几个部分，若干个小步骤，如导入新课、讲授新课中某一概念、课堂小结等，抽取其中一环节来进行局部研究，然后通过各个局部再统贯全局。因此，体育院校运用它来加强学生的课堂实践教学，能对学生的基本教学技巧和技能，进行更为精细的雕镂。

"教师的劳动是一种科学的又是艺术的创造。"教师在课堂教学中，除了要充分挖掘教学内容外，还必须合理运用语言、板书、教态、情感等多种艺术手段来提高教学效果。譬如，语言要简明准确，具有逻辑性和感染力；讲课速度需快慢适当，具有节奏感；板书设计应简洁美观；教态要自如大方等。但所有这些，只有经过针对性强化培训，才可能会有较明显的提高，最后达到运用自如的境地。

但我们过去对这些教师必备的教学基本功训练不够重视。学生在进行不多的课堂实践教学时，往往要求他们完成整节课的教学任务，这种培训方法，由于指导教师听课时间长、注意力不易集中，教学评估只能凭经验和直觉来进行判断，很难对试教者的教学技巧和技能进行具体分析，并加以指导改正。

而微格教学则不同，它像培训医生、技工那样对体育教学与指导的各种技巧和技能，都要进行专[ ]强化训练。它在培训学生时，先抽取一堂课中的某一环节来进行试教，教学要求单一，用时也只有三五分钟或七八分钟，并且对受训者进行录像。这种培训方法，初学者易于领会和掌握，指导教师除了能现场指导外，还可通过逼真的录像，针对他们局部试教情况进行深入细致的分析，对一些不能正确运用课堂教学的方式、方法，做到逐一指导，及时纠正。

不仅如此，由于微格教学对受训者进行了录像，使学生能够通过录像，互相分析，找出差距。他们能在重放的录像中，得到自己试教时那清晰的声像具备的全过程，在这些栩栩如生的录像面前，可以细细品味思考，自己的一招一式、一词一句是否恰当；教学目标是否较理想地完成，还有哪些方面需要完善改正等。这样的反馈比起光凭几个老师和同学课后寥寥的评语，显然要更加全面。

微格教学重视教学环节的量化评估，能够更好地实现教学方法、教学过程的最优化。微格教学要求听课者在评课时，应按照预先制定的比较科学的"成绩定量测定表"，对试教者的教学情况做出较为科学的量化评估。依据教学论基本原理，课堂教学有它各个特有的环节，因而，课堂教学的量化测定指标所包含的内容也十分丰富，它包括教学目的、教学内容、教学方法和教师基本素质等。因此，我们应根据微格教学实施时，侧重于哪一环节的培训这一实际情况，制定"成绩定量测定表"。当然，我们还可根据具体需要，制定出更为精细的量化指标来。

运用微格教学，对学生课堂实践教学情况实行量化分析，不仅仅是给他们一个成绩的评定，其主要目的还在于通过这些量化指标，使他们了解自己在课堂教学中的长处和不足，鞭策他们取长补短，努力完善教学技巧和技能，为最终实现教学过程的最优化创造必要的条件。

巴班斯基认为："当代学校教育教学过程的最优化，就是指所选择的教学教育过程的方法，可以使师生耗费最少的必要时间和精力而收到最佳效果。"由此看来，单从教学方面来说，教师在设计教学过程中，要在教学目的、教学内容、教学方法、组织形式等方面，从许多可供选择的方案中，选出一种方案付诸实施，使教与学取得最佳效果。因此，要实现教学过程的最优化，教师首先必须熟练掌握各种可供选择的教学方法，实现教学方法的最优化。微格教学在这方面具有独特的优势。它通过各种量化标准，对教学方法和教学过程进行有效的控制，不断调整教与学的关系，实现各个教学环节的教学最优化。同时，学生通过微格教学的培训，对自己的教学技能有了充分的了解，有利于他们在今后的教学中，按照自己的特点，扬长避短，选择采用最佳的教学方法。

（三）互动式课堂实践教学模式

教师在教学过程中不仅要传授给学生新的知识和新的理论，同时更重要的是要传授给学生更深层次的东西—学习方法和认识方法，锻炼和培养学生的认知能力、思维能力和主观能动性，提高学生的综合素质。作为教师应该明确教育再也不能只限于传授知识，更重要的是培养学生良好的学习习惯、思维方式、获取知识的能力和分辨知识真伪的水平。著名的物理学家劳厄说过，教育重要的不是获取知识，而是发展思维能力。素质就是把所学的知识忘光后剩下的东西。日本一位数学家这样说过，学生毕业后很多知识会被遗忘，唯有深深地铭刻于头脑中的学习精神、思想、方法在随时发生作用，使他们受益终身。孟子的名句"讼其诗，读其书。不知其人可乎？是以论其世也"也说明了这个道理。教与学本身就是一种思维活动，学习过程绝不只是简单地接受知识的过程，而是一种思维过程。通过教学，应该使学生的思维习惯得到培养，思维能力得到相应的提高。许多教育家都认为科学探究不是仅仅属于科学家的方法和技能，也是学生学习科学的有效方式之一。更是学生们用以获取知识、领悟科学的思想观念，领悟科学家们研究自然界所用的方法而进行的各种活动。学习科学应该是一种积极主动的过程，教师的职能不仅在于满足"学会"了什么，"掌握"了什么，而在于激发、激活学生的创新思维以及开发学生善于学习和勤于思考的内在潜力，使学生的知识、能力、素质三者协调发展。我们认为这是教育所存在的一个根本性问题，这就是我们要具有的课堂教学之理念和要达到的课堂教学之目的。

通过"互动式"教学，有意识、有目的地训练和提高学生的思维能力、认知能力，培养学生发现问题、分析问题和解决问题的能力是更为重要的。

通过认识过程实施教学理念和目的。懂得认识事物既可以通过分析事物的内部因素去推断事物所能表现出的现象，也可以通过事物的表观现象去了解事物的内在因素。对提高他们的认识水平和认知能力有一定的帮助，使学生在接受知识的过程，学会一种认识方法和学习方法。

通过逻辑推理的过程实施教学理念和目的。我们有意识地逐个提出有关问题，将这一概念由浅到深，有层次地延伸和展开，在探讨的过程中充分调动学生的想象空间，其目的就是培养和提高学生的思维能力和主观能动性，使学生懂得应该怎样去分析问题，怎样透过事物的表象看到事物的本质，从而达到解决问题的目的。

通过实事求是的过程实施教学理念和目的。通过简单事例使学生明白，任何一个从事自然科学的人都要树立唯物主义的世界观和认识观，即使是专家权威的主观论断与事实结果不一致时，也要坚持真理，尊重客观事实。理论是主观的、是人为的，而事实是客观的、是唯一的。这就是实事求是。实践是检验真理的唯一标准。

实施"互动式"教学的过程中，同样的教学内容，如果注入正确的教学理念和教学目的，则教学效果大不一样。教师在传授知识的过程中，不再拘泥于教学内容的范畴，而上升到哲学的层次，培养和训练学生用哲学的高度、哲学的眼光去看待所学的内容、所学的专业，所从事的自然科学。使学生的注意力不是仅仅局限在所学内容上，而是放在帮助和引导他们扩展想象空间和提高思维能力，培养分析问题和解决问题的能力上，这必将有助于学生综合素质的提高。这就是我们一贯倡导"哲学第一，科学第二"的教学理念。正如孔子所倡导的"君子不器"的教学思想（君子，有学问的人；不器，不要做器皿），也就是说，不要一成不变，只有一种用处，而没有第二种用处；只能做一件事情，而不能做其他的事情。教学不仅仅要让学生掌握理论知识，还要用所学的知识做载体，有意识、有目的地去训练和培养学生的认知能力和思维能力。

第三节　课堂实践教学的实施方案和具体措施

课堂实践教学以实践为主，所谓实践，就需要一系列具体的实施方案来支撑实施。

一、课堂实践教学的实施方案

（一）确立明确的实践教学目标，完善教学计划和教学大纲

首先，要在深入市场调查的基础上，制订能够体现实践教学特色的行之有效的教学计划。传统的理论和实务课程必须在计划中明确规定实践教学的课时数或课时比

重，并根据实际实施的情况适当调整；同时，尝试采用"应用性项目教学法"，个别开设新的实践课，即以实际应用为目的，通过围绕某一实际项目实施教学，项目一般对应着就业岗位的某一类或一系列实际问题。此类课程比较灵活，课时弹性较大，根据实际情况有一定伸缩，而且内容往往需要跨课程甚至跨学科，需要综合运用各方面的知识和能力解决实际问题。课程内容选择上对教师来说也是个挑战，需要利用对企业考察和学生实习反馈等各种机会，了解收集外贸企业在实战中可能遇到的一系列难题。

其次，根据教学计划编写内容翔实的高水平教学大纲，尤其要避免以往实践教学课时内容安排含糊的情况。对专业的主干课程，在教改中要以长期进行该课程教学的教师为主体组成编写大纲小组，整合集体力星编写专业主干课教学大纲和实践环节教学大纲，并定期讨论，以对大纲进行更新和完善。大纲的制定，要恰当地定位该门课程的目的、任务与要求，较好地处理它与相关课程的关系，做到原则性与灵活性相结合，详略得当。这里重点指出的是，各门专业主干课都在正常课时中规定了实践课时星，在教学大纲中必须把实践课时的授课内容和授课方式做出详细规定，并在实际授课时贯彻执行，否则，正常教学进度中很容易忽略实践课时。这一点要在新一轮大纲编写中切实执行。

（二）形成灵活多样的课堂实践教学模式

1. 结合实际，查阅资料

分组讨论，或者撰写报告。这种形式比较适合理论性较强的课程。经过这样的训练，理论已经转化为生动的实践教学，学生不仅印象深刻，而且学习了如何用理论分析解决实际问题。

2. 模拟操作

部分课程可设计一些连贯的模拟实践操作，培养学生的操作能力、团队精神和创新精神。这种模式实现了以学生为主体，极大地锻炼了学生分析、解决问题的能力；较好地培养了学生的总结写作能力、面对公众的口头表达能力以及团队合作的精神；又能有效培养学生的团队意识和创新精神。

3. 技能实训

在体育技能的学习上，不能只关注学生技能水平的提高，更重要的是让学生掌握是高技能的方法。这就需要在平时的技能教学中提高学生的教学指导能力和纠正错误动作的能力。课后应该鼓励并指导学生努力考取指导员、教练员、裁判员等相应的职业资格证书，既巩固了知识和技能，又为日后找工作增加了筹码。

4. 案例教学

查阅资料和实地考察收集大量的教学案例，是保证部分课程收到良好教学效果的必要条件。生动的案例能将生涩的理论形象化，便于学生理解，达到举一反三的效果。并为学生的讨论提供了很好的背景资料。尤其是一些耳熟能详的案例，会使学生有亲切感，得到很大启发，还会对将来的工作有直接帮助。

5. 把课堂扩展到校外

若能进工作现场，，增加感性认识，加深与社会的接触，不仅可以对学生进行专业教育，更可以让学生学到书本上没有的宝贵知识。此外，还要充分利用签有协议的校外实训基地，经常组织学生去参观学习，把课堂上的难题带到企业解决，把在企业发现的问题拿回课堂讨论。通过让学生走向社会，使教学更具有现实意义。

6. 把专业人士请进课堂

采用各种方式请学生就业岗位集中的行业领导、业内专家及管理人员来校作报告或讲课，向学生介绍国内及世界发展的状况，以及中青年优秀员工的成长过程等，使学生在步入社会之前，更好地了解社会，懂得竞争之激烈，创业之艰辛，从而进一步提高学习的自觉性，培养学生的创业精神和创新能力。对于一些实践性较强的课程，直接聘请行业有经验的专业人士进行授课。这样，使学生在学习中与社会同步发展，对行业了解非常及时。

为了把上述实践教学模式切实地应用到各门课程，编写各门专业主干课程的课堂实践教学指导，其中详细规定了各门课程在课堂教学中进行实践的教学内容、适用方式以及需要课时量，使主干课程的课堂实践教学任务安排更加明确、具体、系统、规范，这也是切实保证课堂实践学时不被虚设的有效方法。

（三）建立完备的实践教学辅助资料库

教学辅助资料的收集对于开展课程教学，尤其是完成实践教学环节不可或缺的。而在以前基本是老师各自分散收集，造成重复劳动和部分好的资料不能共享。因此，应组织教师根据课程的特点，收集、整理有关课程涉及的单、证、表、案例、工具书、参考书等实物资料和数据资料以及教学软件、教学光盘、录像带、录音带等，积累一定的教学资料以便共享，争取建立一个完备的实践教学辅助资料库，为课程教学提供基础保障。

（四）编写特色教材

根据实践教学模式的要求编写一些有鲜明实践性特色的教材。在编写时，要打破传统的教材都是以理论的发展为序进行详细论述的常规写法，在内容编排、习题设置上，一定要强调学生技能水平的训练及解决实际问题的创新能力的培养，并尽量增加实用性案例的编排。

二、加强课堂实践教学的措施

（一）科学安排实践性教学时间，加大全过程管理的力度

就课程类实践教学而言，时间的安排应当根据理论教学的进度来确定，而且各门不同的课程对实践教学的安排也有着各自内在的关联，因此，不能只满足对理论教学的单纯性验证，而应当根据将理论知识运用于实践进一步深化理解的要求，科学合理地安排实践性教学，从而有利于提高学生综合应用知识解决实际问题的能力。毕业实习的安排则应当充分考虑到学生的就业问题，要适当压缩理论课的教学学时，将毕业实习与毕业生论文（设计）安排适当提前，可以考虑从第三学年起就进行，利用学生的课余时间和假期，有计划、有步骤地实施，将教学与科研真正结合起来，在较长的教学活动中逐步地、系统地培养学生的科研意识，训练他们独立工作的能力，让学生带着指定的课题，检索文献、查阅资料、实地观测、分析综合。如果前期工作做得比较充分，在最后一个学期内，只需对论文撰写再做一些必要的补充、修改、润色，最后参加毕业论文（设计）答辩，从而比较好地解决毕业生谋职与论文（设计）撰写间的冲突，保证毕业实习及论文的完成。此外，毕业实习是整个教学活动中非常重要的一部分，目前毕业实习与毕业论文质量难以保证，其主要原因之一就是毕业实习的过程管理没有跟上。因此，必须规范对实践性教学的管理，对指导教师和学生提出明确的教学与实践要求，加大管理力度，实行全过程管理，把整个实践性教学过程纳入论文答辩，并在论文成绩中占有一定的比例，一方面促使学生重视实践性教学，在毕业实习及论文写作中投入足够的时间和精力；另一方面促进教师的责任心和指导能力的提高，从而不断提升本科生的毕业实习及论文质量。

（二）修订实践教学大纲，构建科学合理的时间教学体系

科学的教学管理，是提高教学质量、确保人才培养规格的必要条件，而科学合理的实践教学大纲与实践教学体系对提高实践教学质量则具有特别重要的意义，所以高校要围绕经济建设和社会发展对人才培养的要求，及时修订实践教学大纲，构建包括基础实践、专业实践和综合实践等在内的科学合理的实践能力培养体系，制定全面而具有可操作性的实践教学质量标准，对实践教学的各环节实施质量控制。修订实践教学大纲要充分体现现代教育思想和教育理念，体现改革意识和素质教育的基本要求，强调采用现代管理技术，突出对实践教学过程的管理和监控，以提高学生的创新能力、实践能力。在修订实践教学大纲时主要贯彻以下几个方面的要求：一是将课程体系中的所有实践内容纳入教学计划，明确规定固定学时和隐性学时；二是坚持英语、计算机和现代教育技术的学习与应用不间断；三是强化实践教学改革，始终将学生创新能力和实践能力培养放在第一位。在具体修订过程中，对课程类实践教学要突出综合性、设计性实验要求和实验教学改革、实验室开放措施；对毕业实习要强调包括实习目的、任务、内容、安排、指导教师职责、实习要求、成绩评定标准等方面的内容。使实践性教学三个部分既相对独立，又密切相关，互为补充，相互促进，贯穿于大学生在校学习的全过程，实现让学生的知识、能力、素质等方面协调发展的培养目标。在此基础上，制订合理的实践教学方案，拓宽实践教学的范畴，积极整合实践教学资源，充分保证实践教学的实施时间，并根据不同学科专业的特点和条件，建立起有效的实践教学质量监控机制，从而构建和完善科学合理的实践教学体系。

（三）加大实践基地建设力度，做好实践教学的服务保障

根据实践性教学大纲的要求，尽可能建立保证完成各类实习和社会实践任务的、相对稳定的校内外实践基地。一方面，要下大力气巩固现有的校内外各类实习基地；另一方面，要不断扩大和发展新的实习基地。积极倡导产学研相结合，拓展校企之间、校际之间、高校与科研单位之间的合作，建立稳定的实践性教学合作关系。各级教育行政部门也应创造条件，为高校建设大学生教学实习和社会实践基地提供有力支持。高校要加大校内实习基地、实验室建设，充分发挥校内资源优势，为学生实习提供保障。实习经费不足的问题往往在理、工、农类专业最为突出，而这些专业领域的教师大都主持或参加一些科研课题，可以从中遴选一些责任心强、教学经验丰富、研究水平高、项目经费较充足者，指导毕业生实习与论文写作。对于没有科研项目也无其他途径解决毕业生实习经费的教师可以让他少带或不带实习生，这样一方面可以确保毕业实习，另一方面也可以提高教师特别是青年教师争取科研课题、参加科学研究的积极性和主动性。如此，既可以充分利用学校的人力、经费资源，解决毕业实习经费不足的问题，又可以让毕业生在实际科研工作中运用、升华所学知识，充分激发他们潜在的创造力。

三、课堂实践教学的基本形式

（一）案例教学

案例教学是在学生掌握了相关基本知识和分析技术的基础上，在教师的精心策划和指导下，根据教学目的和教学内容的要求，运用典型案例，将学生带入特定场景进行分析，通过学生的独立思考或集体协作，进步提高其识别、分析和解决某一具体问题的能力，同时培养正确的工作理念、工作作风、沟通能力和协作精神的教学方式。具体做法如下。

1.阅读案例，个人分析

由教师根据教学内容选好案例，提出思考题，推荐参考文献或指定相关知识材料，让学生在课后认真阅读案例，独立思考，进行分析，提出决策。

2.分组讨论

在这个过程中，互相启发，相互补充，同学之间对于复杂的观点能够充分展开，逐渐找出问题的症结所在，谋求最佳的解决对策。这一阶段工作主要是由学生自主完成，教师只需适当维持课堂秩序，控制讨论节奏即可。

3.全班交流

这一阶段是案列教学的核心阶段，教师主要是创造良好的、自由讨论的气氛及环境，启发学生积极参与，同时还要进行必要的引导，使案例讨论紧紧围绕中心问题展开，但是教师不发表所谓权威性意见和正确答案。

4.总结归纳，消化提升

在讨论结束后，教师对学生的讨论情况进行总结，既充分肯定学生讨论中的科学分析和独到见解，也要指出在发言的热烈程度、论题的集中程度以及问题分析透彻程度等方面存在的问题。在此基础上，要求学生写出案例分析书面报告。案例教学是师生互动的教学活动，它不仅能激活课堂气氛，而且有利于理论知识转化为实践，是培养学生了解专业知识、实践人力资源管理实务的有效途径。

（二）讨论与辩论式教学

讨论式教学强调在教师的精心准备和指导下，为实现一定的教学目标，通过预先的设计与组织，启发学生就特定问题发表自己的见解，以培养学生独立思考能力和创新精神。其环节包括：设计问题、提供资料、启发思路、得出结论。通过讨论式教学，可以为学生梳理出解答问题的不同路径，引导他们自主思考，帮助其得出正确结论。

辩论的本质源于博学、智慧、涵养、推理与口才，大凡人群聚集之地总少不了"辩"。"辩"是为了认识和掌握真理；"论"是为了诠释和捍卫观点。辩论式教学通过针对问题的正反面的强烈交锋，促进学生更加熟悉课程内容，有利于拓宽知识，培养思维能力，提高行为辨别能力，培养时代意识。辩题的设计与选取是辩论式教学的重中之重，它直接关系到一堂课的成败。辩题的选取应遵循以下原则。

一是选择教学的重点和难点。

二是选择学生感兴趣的思想实际、社会热点问题。

三是选题难度不宜过高。难度过大的辩题，学生辩不起来。

四是总结陈词在课堂辩论中起着全局性的导向作用，占有举足轻重的地位，一堂辩论课"收"得怎样，很大程度上取决于总结陈词的效果。所以最后的总结陈词一定要由教师担当。

（三）团队作业

团队作业是指由多个学生组成一个项目小组，共同完成一项工作的作业方式。相互协助的团队作业，最大的优点是尊重人、信任人，鼓励更多的人参与到工作中来，出谋划策，自主管理。团队作业不仅可以充分发挥每一个参与者的特长及能力，而且可以培养团队合作的习惯，增强团队合作意识。

（四）职业证书培训内容的嵌入

职业证书培训内容的嵌入主要是指教学内容的实践性。学生在学习过程中希望能通过专业课程学习获得考证所需要的知识和能力。我们在实践教学中把职业证书培训内容嵌入课程教学中，聘请兼职教师参与授课，以保证教学的针对性和有效性。

（五）影像观摩与教学软件的应用

影像观摩与教学软件的应用主要指教学手段的实践性。影像观摩是利用多媒体进行教学的方法。多媒体教学的优点是图文并茂、形象生动。针对教学内容，选择播放具有代表性的、经过剪辑的、短小精悍的视频，学生感觉既形象又生动，深受启发。此方式最受学生欢迎，教学效果最好。教师则摆脱传统的教学方法，把枯燥的知识同实践相结合，还可以通过学生的操作对学生的知识运用能力进行考评。

第四节　课堂实践教学的管理与注意事项

课堂实践教学是教学内容的一部分，课堂实践教学的管理是授课得以实施的前提条件。

一、课堂实践教学的管理

课堂教学管理是教学工作的重要环节，是课堂最基本、最重要的保障，是传及知识、习得技能、发展智力、形成品质的主渠道，是教学目标、任务、内容和方法具体实现的关键环节，其中渗透着多维相关知识和管理艺术。教学改革，如火如荼，课堂教学管理应结合现代教育理念不断进行创新和实践。出发点来思考教学的组织艺术，都应当把学生的发展需要作为教学的目标贯穿始终。

（二）以学生实际需要为着力点，营造和谐的课堂教学氛围

有效的教学组织，主要是协调影响教学的各种因素，使之形成一个和谐的教学整体，以保证"教"与"学"活动的顺利进行。

1. 和谐的教学氛围首先应有和谐的师生关系

和谐的师生关系应体现尊重、民主和发展精神。教师要通过这种和谐的师生关系的建立，使教学过程变成师生双方相互交流、相互沟通、相互补充的过程，从而实现教学相长、师生合作协同发展。

2. 和谐氛围的营造还要讲究课堂教学的组织艺术

一堂富有艺术性的课，能充分激发学生的求知欲，引发学生浓厚的学习兴趣，把知识信息轻松、愉快而有效地输入学生的头脑中，从而实现课堂教学的目标。

一要讲究开课的艺术。在正式上课前，教师要提前进入教室，或组织静息，或检查学生课前预习情况，引导学生及时进入学习状态，为保证正式上课准备个良好的开端。接下来就是导课。精彩的导课可以先声夺人，激发起学生的认识兴趣和情感，启发和引导他们展开积极的思维活动，从而在最短的时间内进入课堂教学最佳状态中去，为整堂课的顺利进行奠定成功的基础。导课的方式很多，如温故导入、设疑导入、情景导入、实验导入、激趣导入等，教师可以根据课的内容选取适当方式导课。

二要讲究调控的艺术学生的注意力直接关系到教学的最终效果，让每个学生积极参与到教学活动中来，这是集中学生注意力的有效方法。调控学生注意力的方式比较多，通常采用的方法：声音调控（教师通过变化讲话的语调、音量、节奏、速度来引起和控制学生的注意）、提问调控（教师通过提问引起学生注意，特别是针对己分心

的学生)、表情变化调控(教师通过变化表情,给学生以暗示或激励或批评)、改变活动方式调控等。

三要讲究语言的艺术。教师课堂语言,应做到严谨性与艺术性的结合,即教学语言必须精练准确、条理清楚、通俗易懂、生动活泼;讲课语速、语调必须适度,当慢则慢、当快则快,讲课声调当高则高、当低则低,做到"声""情""形"的有机结合,巧妙运用,而且恰到好处。简洁、富有艺术感染力的语言既能吸引学生的注意力,激发学生的思维活动,又能丰富学生的想象,使学生受到熏陶,得到美的享受。另外,教师的语言艺术还应体现在具有明确的指令性,让学生听后明确该做什么。比如,请大家注意听老师提的问题,思考后举手发言,还有什么疑问请提出来等。

四要讲究节奏的艺术。教学任务的完成是有时间限制的,所以教学节奏的把握既要关注学生的实际又要考虑教学的重、难点,使学生学有所得。教学节奏的安排可以根据学生注意力的变化规律来进行。一堂课开始的头几分钟,学生注意力不容易集中;前段注意力比较集中;中段开始出现疲劳,注意力较分散;后段注意力又可集中;最后几分钟,疲劳,又等着下课,注意力分散。根据以上变化规律,在开头的几分钟内,教学的节奏可以松弛一些,把学生的注意力集中起来;前段就要充分利用加强紧张度,让学生学习新的知识;中段是疲劳区,可放慢节奏,减轻学生的负担;后段是一节课里的黄金时刻,学生的注意力有可能高度集中,教学节奏应该加强、加快;最后5分钟,节奏自然放慢,让教学任务在张弛有度的节奏中完成。总之,教学节奏的安排要根据学生学习的实际情况来定。

(三) 以实现师生的共同发展为落脚点,培养教学机智

在教学中随时会有预料之外的事情发生,这就要求教师必须具备一定的教学机智。教学机智指的是教师成功处理教学中意外事件的特殊能力。"它是理论与实际、原则性与灵活性、深思与果断相结合在教学中的表现,是教师热爱学生、深入了解学生的个性和心理、不断研究教学方法和积累教学经验的结果。"教学机智不仅是教师的综合素质的体现,而且还能体现出教师的情感、态度和价值观。

教师的教学机智集中表现在以下几方面。

一是处理教学疑难的机智。在教学中我们会碰到学生的认知超越教师备课的情况,这时教师要机敏地修改原定的教学设计,使教学产生更好的效果。

二是处理偶发事件的机智。这里所说的偶发事件,主要指课堂教学过程中突然出现的学生不良的问题行为。当有学生在课堂上表现出小的问题行为时,教师可以用暗示法提醒学生终止问题行为;当课堂出现气氛沉闷、学生注意力分散的问题时,教师可以用轻松幽默的语言来调节气氛,吸引学生注意力;对较为严重的问题行为,教师可通过重申纪律或直接点名批评的方式来维持正常的教学秩序,这其间要注意态度的严肃与温和,因势利导教育学生朝正确的方向发展。对于学生的问题行为,教师不能不闻不问,也不能急躁武断,而是要及时对问题行为发生的原因及影响作出较准确的

判断，选择恰当的方法进行处理。

三是处理自身失误的机智。教师即使准备再充分，偶尔也可能出现失误，如遇到意想不到的备课"空白点"，要沉着、机智地应对，特别是遇到学生提出的指正，教师更要以诚恳的态度对待，及时给予纠正。苏联著名的教育家乌申斯基说过："一位教育者如果没有教育机制，就不可能成为良好的教育实践者。"然而一个优秀的教师，必须养成教学反思的习惯，在成功中总结良好的教学状态，在遗憾中反思失误和疏漏的环节，教学机智就能在不断的反思中提升，教学艺术也就能日趋成熟。

良好教学效果的获得，必须以良好的课堂教学秩序为前提。教学实习中，我们除了在课前进行精心的准备，还必须要重现课堂教学的组织与管理，使教师的"教"与学生的"学"始终保持一种动态的平衡，课程的目标才可能得以实现。

二、课堂实践教学注意事项

（一）课堂实践教学的制约因素

1.教学理论和教学实践之间的矛盾

教学理论和教学实践这对矛盾影响着课堂实践教学过程的变化与发展。教学理论是课堂教学及其改革实践的向导，没有正确的教学理论就没有成功的教学实践。同时，正确的教学理论也不一定产生成功的教学实践。理论与实践之间存在着冲突和矛盾。其冲突的主要原因在于：教育教学理论各有不同的价值取向。新的教育教学理论的产生往往以批判传统教育教学理论和批判现实为出发点。新的教育教学理论往往对传统教育教学理论和教学现实持否定、批判态度，对未来的新课堂教学的构想充满着理想主义与乐观主义。这种新教学改革的理论往往独树一帜、追求理论创新，而实际往往是偏激的。而课堂改革实践的理想是追求改革的成功和完善。课堂改革实践需要尊重传统、重视改革背景，平衡社会要求，遵循自身发展规律等。另外，不少教育教学理论关注课堂教学改革实践，但研究者却远离了课堂实践教学，因而其理论对实践缺乏可行性、实用性和指导性，进而产生教学理论与教学实践的冲突；也有不少教育教学改革理论是西方的舶来品，研究者和实践者缺乏对这些理论进行本土适应性的改造，在指导课堂教学改革实践中缺少参照本土的实际情况，因而会引发课堂教学改革实践中产生新的弊端和问题。

2.受到社会、文化、经济、管理等因素的影响和制约

与课堂教学改革相关的学科理论也都在以本学科的价值取向影响着课堂教学改革实践。这些学科理论与教育学的理论从价值取向上存在差异和认识的不一致，因而在指导改革实践的过程中相互之间就会产生冲突。比如说，经济学的价值取向会引导课堂实践教学追求经济学意义上的效率，而教育学的价值取向则弓导课堂教学改革实践追求公平。效率与公平的争斗也就成了课堂教学改革实践中一对冲突激烈的矛盾。

3.课堂教学改革实践中还经常出现左右为难的"两难问题"

"两难问题"的出现是课堂教学改革实践的内在必然。在课堂教学改革的过程中，几乎每当一种新的教育范式的出台，新范式在克服原有范式不足的同时又带来了新的不足。由此引发了"陈规"与"新习"之间的新旧范式之争。范式的利弊之争使课堂教学改革改来改去又回到了问题的原点。

改革的很多具体的"两难问题"深深地困扰着课堂教学改革实践者。教育的两难问题是教育社会不同主体利益与观念矛盾的反映。教育教学两难问题实质上是两种教育价值观的对立与冲突。比如说，就教学目标来说，课堂教学的目标是为了大众教育还是为了精英教育；从教育内容来看，教育内容是强调人文教育还是科学教育；是强调教育内容的实用性、时代性，还是强调教育内容的素质性、传统性；从教育的形式来看，课堂教学是按能力编班，还是按常态编班；从评价手段上来看，课堂教学是采取定性评价，还是采取定量评价等。这些教育"两难问题"也就产生了课堂教学改革实践的左右为难。"两难问题"中的每一个范式都有其合理性，但也有所不足。世界上没有绝对完善的教育范式。因此，课堂教学改革中并不是以绝对好的范式代替另一种绝对不好的范式。在很多情况下，改革是以牺牲原有范式中一些好的东西，来换取新范式中另一些好的东西。课堂教学的改革实践应走和谐发展的道路。

4. 教育者的个人认识

每一个教育者都是在一定的教育理论指导下开展教学活动的。教学改革实践的新理论需要通过教师的观念转换才能变成课堂教学改革实践的实际行为。教师在学习新理论的过程中，也就产生了新的观念与原有观念的碰撞，。实践者的观念的冲突是课堂教学改革实践最基本的冲突。在观念冲突的基础上如何处理这种冲突，其基本态度大致有四种。

（1）全盘接受新理论，彻底否定过去的认识和观念。

（2）全盘否定新理论、新观念，坚持传统教学方式。

（3）对新理论缺乏正确认识和理解，在课堂教学改革实践中有表面化、形式化、绝对化的倾向。

（4）吸取新理论的合理成分，更新自我教育观念，改造传统教学。

最后一种方式是处理和把握课堂教学改革实践中的矛盾冲突的正确方式，而前三种方式则都是片面理解和把握这种矛盾的冲突性，偏执地采取某一种极端的做法，容易造成教学改革中的认识误区和行为偏差，在课堂实践教学中形成了很多教学弊端。

教师观念更新以后，不少教师还有三种不良的态度。

（1）不敢改革。害怕承担失败的风险。

（2）不会改革。教师缺乏实施、推进改革的方法和措施，不知如何改革。

（3）不愿改革。教师存在着改革的惰性。

这些不良的态度阻碍了教学改革的顺利进行。教师要成功实施课堂教学改革，就必须战胜自己陈旧的经验、不良的态度和行为习惯。

（二）处理好几个关系

1. 实践教学与理论教学的关系

实践教学并不排斥理论教学实践教学和理论教学是相辅相成的，要把实践活动和理论教学结合起来。实践教学和理论教学为共同的教学目标服务。两者的区别在于，理论教学更强调教师的作用，主要由教师讲授、讲解理论知识；而实践教学更强调学生的主体作用，强调学生运用理论分析和解决现实问题的能力。因此可以说，实践教学是理论教学的延伸、运用和验证。实践教学和理论教学相辅相成、相互促进，共同构成了完整的课程教育体系。

2. 课堂实践教学与课外实践教学的关系

有人对实践教学的认识存在误区，把实践教学仅仅定位在课外或校外的社会实践上，这就大大限制了实践教学的内涵和外延。课外实践教学是让学生走出校门，主要有参观访问和社会调查等方式，在时空上具有灵活性，确实是学生们接触社会、了解社会的直接而有效的方式。但是由于课外实践教学需要大量经费和较集中的时间等限制性因素，不可能让全体学生都参加。而课堂实践教学在课堂内进行，学生们可以广泛参与，故具有可操作性和普遍性。其实，实践教学的本质是"以学生为主体、以实践为中心"，因此，课堂实践教学和课外实践教学是实践教学的两种形式，各具优势，互补相成。

3. 课堂实践教学与内部各内容之间的关系

课堂实践教学内部各个内容和主题既相互区别，又相互联系。每个课堂实践教学内容是相互区别的，都有各自明确的教学目的和独立的教学过程。同时，由于每门思想政治理论课程本身就是一个相互联系的完整体系，因此，作为课程组成部分的课堂实践教学内容，必然也是相互衔接的体系。在设计和安排课堂实践教学时都要统筹整个课程和教材，注意前后的衔接和联系，而不是仅仅着眼于某个章节。

（三）健全的保障机制

1. 政策保障机制

要探索实践育人的长效机制，提供制度、条件和环境保障。

2. 经费保障机制

课堂实践教学虽然是在学校里进行，但仍然需要经费的投入和支持。课堂实践教学的场地建设、课堂实践教学资料库的建立、实践教学课题的开展等都需要经费的保障和支持。经费的最主要来源是学校的拨款。学校要高度重视课堂实践教学并尽力给予经费和政策上的支持和保证。

3. 人员保障机制

教师是实践教学方案的策划者，又是实践教学的组织者和参与者，实践教学的成功与否在很大程度上取决于教师。因此，对教师进行培训是势在必行的。培训的重点有以下几个内容：一是实践教学的重要性和必要性，端正对实践教学的态度；二是实践教学"教师为主导，学生为主体"的特点；三是课堂实践教学的具体操作方法和技巧。通过培训，务必让教师们熟练掌握根据教学目标和教学内容提出实践教学方案和专题，组织安排学生，主持活动和总结分析等。同时，可以通过集体备课的方式，集思广益，互相学习和启发，每门课先确定几个主题和方案，以供参考。

第七章　高校体育教学与现代教育技术

第一节　高校体育教学中现代教育技术的发展轨迹分析

高校体育教学的发展离不开历史的积淀。追寻高校体育教学的发展轨迹，探索国内外教育技术的发展历史，从而深层分析现代体育教学技术的艰难流变，推动高校体育教学中现代教育技术的进一步发展。

高校体育教学的发展简史：

一、储育教育的产生

体育伴随着人类的生活、生产、劳动的不断进步而日趋成熟，这在世界各民族的发展进程中都可以看到。体育是文化的组成部分，人类文化的发展对体育的发展产生着巨大的影响。作为文明古国，我国的历史源远流长、博大精深，具有丰富的优秀文化内涵。作为人类运动文化最辉煌的成就——体育，很早就在我国产生，并成为我国最优秀的文化遗产之一。作为一种社会文化，体育的产生标志着社会的文明与进步，其产生之处，通常也只有封闭的、区域性的且多数为不完善的地方文化。从不同的文化价值观和规范方面来看，不同区域诞生的区域体育文化往往差异极大。

（一）古代中国的体育文明

在我国的社会发展史中，曾孕育过原始的古代体育教育，但在后期的历史发展中夭折了。作为世界文明古国之一的中国，已成为现代体育纯粹的受益国，而非贡献国。这与我国漫长的农耕社会和非工业化社会有着直接的关系。

古老的教育体系中出现过体育教育内容。据史料记载，我国在夏代已有称为"校""序""庠"等不同名称的学校。商代又出现了"大学"和"庠"两级施教的学校教育。西周时，学校又有了发展，分为"国学"和"乡学"两种，这些学校均为奴隶主贵族子弟设立，是培育统治者和官吏的学校。在当时的社会中，文化知识和书籍文献都为官府所垄断，所以说是"学在官府"。奴隶主贵族子弟学校的教育内容是礼、乐、射、御、书、数，称为"六艺"。而"六艺"中的"射、御"两艺和"乐"的一部分，均可视为现代体育的范畴。当时，贵族子弟学习射箭、驾驭战车和祭祀舞蹈成为其实现自身社会角色的重要步骤之一。

从我国军事体育史的角度来看，在以往的冷兵器时代，我国古代军队教习的一些训练项目常常既属于军事内容，又属于体育手段。例如，我国古代的甲士训练即是其中的典范。此外，在军事活动中，体育还常常是军事训练的有效方法，西汉边疆军队为了御寒和保持士兵的战斗力，同时也为了打发空闲时间和娱乐的需要，军队中盛行胡人擅长的摔跤，汉代的蹴鞠和唐代的马球都曾作为军事训练的主要内容和手段。

（二）古代欧洲的体育文明

在古代欧洲的体育文明中，城邦教育体系也是以体育教育为主。古希腊是近现代欧洲体育的源头，古希腊人曾有着丰富多彩的体育生活。大量的文献中仍有关于古希腊人体育竞技活动的描述，产生了一些有关体育活动的术语，athletics（竞技）、training（训练）、gymnastics（体操）等。其中gymnastics（体操）在古希腊被当作一切健身运动及其方法的总称，如柏拉图在《对话篇》中曾把体操称为"身体训练的理论和方法体系"。而当时在所谓"体操馆"即为设有跑、跳、投掷、拳击、角力等场地设施的运动场所。可见，在古希腊，"体操"一词近似于现代"体育"。在古希腊的斯巴达教育体系中，把体育列为主要内容；在雅典的教育体系中，亦有学习"五项竞技"的要求。欧洲中世纪受封建专制势力的影响，人的思想受到禁锢，骑士制度是欧洲体育史上唯一的亮点。公元800年，法兰西王国的查理大帝一统西欧，12名跟随查理大帝南征北战的勇士就成了"神的侍卫"，也称"圣骑士"，这被视为骑士的起源。骑士在中世纪曾是备受崇拜和尊敬的阶层，而把农夫培养成风流倜傥、风度翩翩的骑士需要借助一些体育手段，经过严格的身体训练。进行骑士教育的核心是"骑士七技"：骑马、游泳、投矛、刺剑、狩猎、弈棋、吟诗。骑士们骑着能征善战的骏马，身披盔甲，手持盾牌、长矛和利剑，来捍卫自己的荣誉和俘虏敌人。

两种古代体育文明的产生，均与教育有着直接的关系。西周时期的"六艺"出自当时的贵族子弟教育，目的是培养未来的统治者。而古希腊的城邦教育体系也出现了相对完备的体育技能教育与训练。其不同之处在于，我国西周时期的"六艺"教育只针对贵族子弟，而古希腊城邦教育则面向城邦内所有的男性国民。

从二者的教育目的上看，其涉及体育教育的内容均与军事有着密切的联系。在当时，教育首先要服从军事和社会安全的需要，这是二者的共同之处。因此，体育教育的最初内容就是为让人们学习和从事军事训练。当然，不同的地域、不同的历史时代，体育教育的内容、形式均有差异。

（三）体育教育发展的历史时期

1. 古希腊的体育教育

古希腊的教育体系主要有两种类型：一是斯巴达教育，二是雅典教育。

斯巴达教育的特征是追求军事效力为最终目标，从而决定了斯巴达教育中含有相当多的军事体育的内容。但就教育思想而言，斯巴达人几乎没有给后人留下什么。雅典是奴隶主民主国家，因此它的教育与斯巴达的教育存在差距。两种教育体系的共同点是都注重实践，目的都是直接以成人的活动训练孩子成为国家的成员。然而，斯巴达是为造就士兵而教育孩子，而雅典教育的目的是把统治阶级的子弟培养为身心和谐发展的能履行公民职责的人，不仅要把他们训练成为身强力壮的军人，更要求把他们培养成为具有文化修养和多种才能的政治家和商人。因此，雅典产生了许多著名的教师，给后人留下了丰富的教育思想，其中也包含体育教育思想。

苏格拉底是第一个作为公众教师的雅典人，他强调做任何事情都离不开强健的身体和精神，应坚韧不拔地锻炼自己的身体，使自己的身体做好精神的奴仆。

柏拉图是苏格拉底的学生，他继承了老师的思想，提出儿童和青年属于初级教育训练阶段，斯巴达教育体系可称为这一时期的最好楷模，当进入成年后则采用雅典式教育体系。柏拉图在《法律篇》中写道，教育有两件事：一是体育，是为身体；另一件是音乐，是求心灵美善的。体育又分舞蹈与角斗两部分。

亚里士多德师从柏拉图，是伟大的希腊教育家中的最后一个继承人，在基本问题上与其先师是一致的，所不同的是将其老师的原理推进了一步。对待教育，亚里士多德认为，人的理性和理智是本性力求达到的目的。因此，公民的出生和道德的训练都应依据这一性质来安排。身体和灵魂是两种不同的东西，灵魂是由理性部分和非理性部分组成，与此相对应有理智与欲望两种状态。亚氏指出青少年时期要学4门课程：阅读、书写；体育锻炼；音乐；绘画。在体育锻炼方面主张"实践必须先于理论，身体的训练须在智力训练之先"。

2. 文艺复兴时期的体育锻炼

随着社会的进步，封建社会开始解体，新兴资产阶级开始对封建社会进行反抗。这种反抗表现为两股热潮。首先是意大利的一些思想家站在反封建的前列，高呼："回到古代去""回到希腊去"。他们从古希腊的文化中重新发现了"人"，他们要求人们把目光从神转向人，从天堂转向尘世，他们高喊："我是凡人，我只求凡人的幸福。"与此同时，德国受北欧文艺复兴运动的影响，在马丁·路德的带领下掀起了宗教改革的热潮，否定了罗马天主教会和教皇至高无上的权力，提出在上帝面前人人平等，没有贵贱之别。这两股资产阶级革命思潮推动了体育教育的发展。这反映在一方面各种体育活动开始在民间广泛流传开来，另一方面出现了一批有开拓勇气的体育教育先驱，如皮埃尔·保罗·维尔杰里奥（卡拉拉公爵的家庭教师）、格瓦里奥德维罗纳、麦尔库里亚里斯等，他们身先士卒、勇于实践，但留给后人的理论著作却不多。

尽管彼此的主张采用的方法各不相同，但表现在以下几个方面却是基本相同的。

（1）抛弃了把身体视为灵魂监狱的观点。

（2）教育理论既注重跑、击剑、骑术等实用性技能，也肯定棒球、地滚球、舞蹈等游戏项目，力求使孩子养成动作优美的习惯和自然从容的举止。

（3）恢复并传播古代体育教学经验。

（4）在他们的影响下，全面发展人的美学思想和作为保护身体手段的体育作用重新得到承认。

（5）认识到身体训练时利用大自然的力量和条件，不仅增加了锻炼身体的效果，并使人心情愉快。

（6）承认脑力活动与体力活动之间的相互联系。

3. 法国资产阶级革命时期的体育教育

18世纪资产阶级革命前的法国是一个典型的封建专制国家。法国资本主义革命后，资产阶级在国家的经济生活中成为一支重要的社会力量，发起了"启蒙运动"，在这场轰轰烈烈的运动中出现了一些著名的教育家、思想家。

让·雅克·卢梭是那个时代最杰出的思想家和教育理论家。他提出要对新生的一代施行自然教育，他在《爱弥尔》一书中设想了一种全新的教育，即将爱弥尔从小置身在大自然中自然的发育成长，尽管爱弥尔缺少所谓的教育，然而他仍然成为一个全面发展、尚有武力、勇敢能干的人。这种教育思想卢梭本人却从未有机会亲自实施过，但他给后人的影响是深刻和久远的。

卢梭的身体教育思想主要有：

（1）任何社会问题之所以产生都在于人性恶而恶首先产生于人的体弱，所以只有通过培养刚强的青年才能改变社会的丑恶。

（2）孩子学会同自然界斗争的本领越多也就越灵巧，因此必须训练青少年的感觉器官。

卢梭提出的训练方案是克服各种自然障碍，如爬树、翻越石墙等。同时，他沿用了洛克的劳动教育思想，采用各种手工劳动训练孩子。赞同洛克关于积极休息的论点，提出智育和体育相结合的方案。他写道："教育的最大秘密在于身体活动和精神活动彼此都互为休息手段。"

卢梭的教育思想深受人文主义教育家的赞赏，在德国等地开办了以卢梭思想为指导的泛爱学校，如贝纳特·巴塞多在德绍的一位公爵资助下办了一所泛爱学校，在推广泛爱主义教育中，古茨穆斯的影响为最大。他制定了泛爱教育中身体教育的体系，主要含有三方面活动。

（1）利用户外游戏发展儿童的个性和意志品质（如培养灵巧和谨慎的作风，增强注意力、记忆力，培养想象力等）。

（2）用各种手工劳动增强手部技巧和能力。

（3）对身体本身的练习，即利用跑、跳、投、摔跤、平衡、举重等练习方法增加力量和耐力，培养能够借以解决生活中出现的问题的能力和品质。

二、体育教育思想的演

(一) 对体育教育思想的辩证认识

教育思想管理观念的转变，是教育改革的先导。多年来，我国学校体育理论和教学实际工作者，对学校体育的任务、目标和教学内容、方法等问题进行了广泛、深入的研究，推动了学校体育的改革与发展，对构建具有中国特色的现代学校体育教学体系做出了贡献。在讨论、研究中，必然涉及对新中国成立以来各个时期特别是新中国成立至"文化大革命"十七年间学校体育的认识和评价问题。我们应该历史地、全面地认识和评价以往的学校体育，给它一定的历史地位，以便借鉴、继承以往学校体育思想与实践的合理成分和经验，推动学校体育改革的深入发展。

1. 以历史的观点认识以往的学校体育

我国学校体育的发展历程表明，每个学期的学校体育思想与实践，都是受当时的政治、经济、教育、文化诸多方面制约的，都是那个时代的产物。我们应以历史的观点，分析它与当时社会的发展是否相适应，是否对那个时期的学校体育发展做出了积极贡献。

中华人民共和国成立至"文化大革命"前十七年的学校体育思想与教学体系，是在苏联学校体育教育体系的基础上形成和发展起来的，课程标准和统一的体育教学大纲都体现了苏联体育教学的理论特色，即人们所说的"全盘照搬苏联学校体育的模式"。当时，把增强学生体质，培养全面发展的社会主义建设者作为学校体育的指导思想，体育教育强调技能的学习和掌握，突出教师在教学中的主导地位，实行班级授课制，强调课堂组织纪律，在青少年中推行"劳卫制"制度。

中华人民共和国建立之初，我国社会主义制度的性质决定了我国在政治、经济、教育、文化等方面全面学习苏联是唯一的选择。我们说，当时确立的学校体育思想和教学体系，相对于旧中国军国主义、国粹主义和欧美自然主义、实用主义的学校体育教育，具有划时代的革命意义，基本适应和满足了当时社会发展和建设的需要，对中国学校体育的发展做出过重要贡献，它甚至深刻影响到今天学校体育的各个方面。当然，以今天对学校体育的认识审视，它存在不少弊端，如对学校体育功能的认识过于单一，教学目标与教学效果背离，过于强调教师的主导地位而忽视了学生的主体作用，课题教学灌输过多，过于强调学生的发展服从社会需要，带有浓厚的政治色彩，排斥借鉴他国经验，考虑国情不够，确有"全盘吸收"的教条主义之嫌。

20世纪50年代后期，在学校体育实践中逐渐暴露了学习苏联学校体育教育脱离我国实际的教条主义弊端，不断总结经验教训，提出更为明确的体育教学任务，教学内容有所拓展，但尚未取得明显的教学效果，"文化大革命"骤然爆发，学校体育教育新的探索便夭折了。

2. 在继承中扬弃，在扬弃中继承

教育的继承性是教育的基本属性之一。有人将新中国成立以后学校体育分为四个或三个发展时期，而每个时期的学校体育教育，虽然指导思想、教学体系具有差异，发展程度不同，但是他们都具有继承接续的关系，不能截然割裂。

中华人民共和国成立以来，特别是"文化大革命"以后，对学校体育的指导思想和构建教学体系一直进行着广泛深入的讨论和探索，推动着学校体育改革和发展。20世纪50年代，确立了通过身体活动和锻炼，达到增进学生健康、增强学生体质的学校体育指导思想。"文化大革命"结束后，针对十年浩劫中学生体质普遍下降的状况，进一步明确了以增强学生体质为主要目标的指导思想，这种指导思想是在对前17年学校体育思想与实践扬弃的基础上发展起来的。20世纪80年代关于体育功能的讨论逐渐深入，有些学者认为学校体育增强学生体质的目标过于单一，只体现了体育的生物功能而忽视了心理、社会功能的开展，从而提出了以提高运动技术技能为中心的思想，借鉴日本学校体育的经验，提出了"快乐体育"的思想；借鉴国内外终身体育思想，并取得共识。之后，不少学者又提出了学校体育多功能、综合性、整体性效益思想。人们对学校体育指导思想和教学理论的认识越来越丰富。但是学校体育目标的多元化是否符合学校体育教育的客观规律和教学实际，是否有目标泛化之嫌，也受到不少质疑。不少学者提出，根据学校体育教育的学科特点，学校体育目标应确立一个主要目标，一条主线。曲宗湖先生认为："根据中国的国情，现阶段中国学校体育的主要目标仍然应是增强全体学生的体质，提高身心的健康水平。"这一主张得到一些学者的认同。

我国学校体育教育是在继承中扬弃、在扬弃中继承发展起来的，永恒、完善的教育是不存在的。20世纪50年代和80年代的体育教育都取得了很大的成绩，我们应该具体地分析，科学地、合理地继承，不断深化和升华，以构建符合教育规律、适应当代社会发展需要的学校体育教育新体系。

（二）近代体育教育思想的形成

1. 自然主义体育教育思想

自然体育教育思想源于欧洲文艺复兴运动时期的人本主义教育思想，到21世纪初，已发展成为一套完整的理论和方法体系。其基本原则是：体育教育应以"自然教育"为中心。按自然原则利用自然手段对儿童进行合乎自然的体育教育，体育教育的内容要顺应儿童的兴趣和需要。

现代教育技术革新下的高校体育教学研究

同时还认为，体育是德育和智育的物质基础，要想使儿童成为一个全面发展的人，就必须将儿童置身于大自然，利用自然条件让儿童自然发展，大自然完全可以承担起教育的使命和责任。上述这种自然体育观，在历史上延续数百年，影响极为深远。它充分肯定了体育在人生过程中的重要意义和作用，并提出了一套自然主义的体育方法，注意到了兴趣和需要（即人的心理）

在体育学习和教育中的作用。但这一思想也有缺陷：

第一，它以"本能论"为立论基础，甚至认为人的兴趣和需要也都是源于人的本能；

第二，把体育混同为教育，突出强调了文化教育功能而忽视了增强体质这一体育的本质功能和主要目的。

由于其对体育本质和目的的错误认识，在实际的体育教育实践活动过程中不可避免地会导致体育教学中出现"放任自流"的现象，这种"顺应自然"的思想在一定程度上否认了体育教育是有目的、有意识、有计划的身体教育这一本质，容易导致人们对体育的教育性和科学性产生怀疑和误解，使他们对体育本质的认识模糊不清。

2. 体质教育思想

这一思想强调体质的增强，基本的观点是：体育教育的目的就是增强学生的体质，增进学生的健康，促进学生的身体形态、机能、体质和基本活动能力等实质性要素的全面发展。体育教育的展开必须紧扣强身健体这一主题，体育的真义就在于增强人的体质、完善人的身体，这也是体育区别于德育、智育和美育的地方。体育教育是体育成为教育组成部分的前提，这种观点充分认识到了体育教育的特殊功能——增强体质、完善身体，客观上也起到了发展学生体质、增进学生健康的作用，在很大程度上纠正了片面的"技术观"。但这种思想，教学目标过于狭窄，由其衍生而来的教学模式也过于刻板，它过分强调了体育教育的生物属性，过分强调了体育教育的身体发展性，而忽视了体育教育的教养性和教育性，脱离教育性和教养性，单纯追求体能的发展和体质水平的提高是不可取的。

3. 折中主义体育教育思想

折中主义体育教育思想的基本特点是目标多元化，其基本思想是：在体育教育过程中，一方面要坚持"技术观"，另一方面要坚持"体质观"，试图克服上述两种体育教育模式的不足而各取所长。这貌似有理，实则不然。它在一定程度上导致了体育教育思想的混乱，使人有无所适从之感，且不论大多数人是否需要掌握高水平运动技术，仅就实践来看，既要实现技术水平的提高，又要实现体质的增强，二者确难兼顾。

国外教育技术的发展历史分析：

社会的不断发展和科学技术的不断进步，促使传统的教育形式和教学手段不断地发生变化。纵观国外教育技术发展的整个历程，主要是由视听教育、个别化教学、教学系统方法三个领域的发展整合而成。这三个领域虽然起源、发展时期、发展状态都不尽相同，并且其发展过程中都有各自的发展轨迹，总体趋势却是逐渐交叉、逐渐融合，而最终在20世纪70年代形成了一个独特的整体一教育技术。以下将对国外教育技术发展中的视听教育、个别化教学、教学系统方法做详细阐述。

一、视听教育的发展

"视听教育"一词起源于美国，早在19世纪末20世纪初，也就是随着第二次产业革命的推动，美国已从劳动力密集型的农业国家逐渐演变为以机械化农业和城市工业为基础的资本主义国家。为适应工业化大生产，资产阶级急需大批有知识、有技能的劳动者。以语言文字、书籍为主要手段的传统教学越来越不能适应社会的需求。与此同时，由于工业革命的推动和科学技术的迅猛发展，一些新的科技成果，如照相机、幻灯机、无声电影等纷纷被引入到教学领域。为了扩大教育规模，提高教学质量，满足社会对人才素质和数量上的需求，美国的一些学校开始提倡和使用这些现代媒体作为直观教具，于是相继产生了"视觉教学"和"视听教育"。"视听教育"强调人的视觉和听觉在教学中的作用，它不仅是指幻灯、电影、录音、无线电广播、计算机等现代媒体的使用，还包括照片、图标、模型、标本等直观教具的运用，以及参观、旅行、展览等形式的教学活动。也就是说，凡是传授观察经验的教育活动，都属于"视听教育"的范围。

视听教育的发展大致可以分为直观教学阶段、视觉教学阶段、视听教学阶段和视听传播阶段。我们也可以划分为：萌芽阶段、播音教学和视觉教育并行的发展阶段、视听教学的形成阶段、视听教学继续发展阶段。

（一）直观教学（视听教学萌芽阶段）

17世纪捷克教育家夸美纽斯在《大教学论》里首次提出了班级授课制和直观教学的理论，奠定了将现代教育技术运用于教育教学中的理论基础，推动了教育的发展。直观教学即利用真实事物的标本、模型、图片等教具作为感官传递物，通过一定的方式向学生传递信息，达到提高学习效率或效果的一种教学活动。直观教学的实质是一种传授观察经验的直观技术。夸美纽斯按照直观教学的原则编写出第一本带有150副插图的教科书《世界图解》（1675年），被认为是教育技术发展史上最重要的成就之一。

1822年法国人尼克福、尼普扬发明了照相技术；1876年贝尔发明了电话；1878年爱迪生发明了电影放映机；19世纪末德国的一位传教士发明了幻灯，1900年无线电传播人声试验成功。于是有人结合夸美纽斯的直观教学法，开始使用幻灯进行教学，幻灯成为最早的现代科学技术运用于教学的电教工具，从此揭开了现代教育技术的重要阶段——视听教学发展的帷幕。1920年无声电影开始在美国应用于教学，先是一些影片公司向学校提供现成的电影短片拷贝，经选择后供教学放映，随后有一批高等院校开始了以教学为目的的自拍专题影片；与此同时，在芝加哥、洛杉矶、纽约等城市相继成立了影片馆来收藏影片，并采取轮流放映或预约放映的形式向学校提供影片。从此，美国政府就按计划把一些"非戏院影片"分配到全国13所大学、师范学校及其他著名的教育机关。当时共有75个推广应用部门收藏并提供无声教学影片。同年，英国坦普特地方的地理教师正式把无声电影作为教学工具，这项工作得到英国政府的肯定和推广。

（二）视觉教学（播音教学和视觉教学并行发展阶段）

视听教学发展的早期是广播媒体和电影、幻灯一类的视觉媒体各自独立发展，分别成立各种学术团体、组织机构来研究发展播音教学和视觉教学。播音教学发展最早、最有特色的是英国。早在1923年，其以地方学校代表、各大学代表成立了"播音教育咨询委员会"。1924年夏季，开始进行有计划有组织的播音教学实验。这时期英国的播音教学分为两类：一类是以离开学校的成人为对象的成人播音教学；另一类是以在校学习的学生为对象的学校播音教学。学校播音教学是从1925年开始实行的，开始只对100多所学校实施有组织的播音，在每日授课时间表内抽出一定时间接收播音教学节目。随后，收听学校数目逐渐增加，据1930年统计，接受学校播音教学的学校已达90所之多。1927年肯特（Kent）当局曾向80所学校发出问卷，调查播音教学的价值，得到的回答是"深受欢迎，不能废止"1929年"学校播音中央评议会"正式成立，承担每年审评播音教学节目1～4次的工作，使英国的播音教学具有了较为完善的组织机构。同年美国的俄亥俄州广播学校正式成立，1930年哥伦比亚广播系统建立了美国广播学校，1935年在波士顿附近成立了盛名于世界的"世界广播大学"，播放文学、音乐、经济、语言、航空、电子学等一系列广播课程，后来达到用24种语言向30多个国家播放教育节目的规模。在美国跨入播音教学领军行列的同时，日本、德国、苏联等国家也表现得十分活跃，由此播音教学在世界各国纷纷兴起。

视觉教学源于20世纪20年代初期的无声电影。第一次世界大战爆发，德国先摄制了"法国兵是魔鬼，德国军人是英雄"的电影进行宣传。英国参战前就先摄制德军的潜艇暴行可恶，美国开始参战后，即用"美国的答复""战争的检阅"等影片教育军民。战后美国教育总署曾向一些大学赠送了数百部军事教育影片；同时一些影片公司也提供一些现成的电影短片和幻灯片。这一时期的视觉教学开展最活跃的是美国。在教育界中，为了研究视觉教学的作用，还陆续成立了许多学术团体，出版刊物、出版专著，教育技术这门新兴的教育理论初见端倪。当时，先后成立的一些学术团体有：1920年在俄亥俄州成立的"视觉教育全国研究会"，1922年在麻省波士顿成立"美国视觉教育协会"，1923年在加利福尼亚成立"全国教育学会视觉教育部"等。部分高等院校利用寒暑假或周末开设美工、摄影、制图、幻灯片制作、教学影片运用、放映机维修和操作等讲座。也有的学校将视觉教学课程列为正式课程，如明尼苏达大学、堪萨斯大学、南加利福尼亚大学开设视觉教学的基础理论、资料编目（包括图片、标本、模型、实物等）、行政管理（包括登记、借用、归还、巡回演出的组织工作等）、教学法和放映机的维修等课程，并计算学分。同时，此期间还出版发行了一批视觉教学的专门书刊。例如，全国教育学会视听教学编辑部编印的《教育银幕》，登载有关视听教学的调查、报告、论文等。其中1928年出版的《学校中的视觉教育》，详细介绍了在学校各门课程的视觉教材，教学方法及放映器材的维修等内容，是一本论述较为翔实的视觉教学理论的书籍。

（三）视听教学（视听教学的形成阶段）

20世纪30年代前后，有声电影问世并很快被应用于教育，电影教育的作用开始发生变化。同时随着无线电技术的发展，无线电播音、有声幻灯片也相继在学校得到应用。播音教学和视觉教学逐渐走到一起，视听教学逐渐形成。20世纪40年代，磁性录音（磁带）、电视技术（黑白电视）开始在教育教学中应用，并建立了语言实验室。这一切不仅加快了教学手段的改革，同时也促进了播音教学和视觉教学的进一步融合，使视听教学得到了发展。从此，单纯的视觉教学或播音教学逐渐被视听教学所代替。在视听教学发展阶段，出版了一批论述视听教学的著作，其中以美国的爱德加·戴尔的"经验之塔"理论最具代表性，"经验之塔"理论被认为是视听教学的主要理论基础。戴尔认为，人们学习知识，一是通过亲身经历获得，二是通过间接经验获得，两者不可偏废。"经验之塔"把人类学习的经验依照抽象程度的不同分为三大类十个层次。

戴尔的"经验之塔"是一种形象化的比拟，用来说明学习经验从直接参与到观察经验替代，再到用抽象符号表示的逐步发展的过程。依照心理学的概念，"塔"的底部（做的经验）可称为实物直观，"塔尖"（抽象的经验）可称为语言直观，"塔"的中部（观察的经验）可称为模象直观。"经验之塔"的理论要点是：

（1）最底层的经验最具体，越往上越抽象，各种教学活动可以依其经验的具体一抽象程度，排成一个序列。

（2）教学活动应从具体经验入手，逐步进入抽象经验。

（3）在学校教学中使用各种媒体可以使教学活动更具体，也能为抽象概括创造条件。

（4）位于"塔"的中间部位的那些视听教材和视听经验，比上层的言语和视觉符号具体、形象，又能突破时间和空间的限制，弥补下层各种直接经验方式的不足。

（四）视听传播（视听教学继续发展阶段）

1960年，美国的视听教学协会组成特别委员会，研讨什么是视听教学。1963年2月，该委员会提出报告，建议将视听教学的名称改为视听传播，并对此作了详细的说明。另外，许多研讨视听教学的文章和著作也都趋向于采用传播学作为视听教学的理论基础。

就"视听教学,,与"视听传播"两个概念来说，一般认为，"视听教学"强调的是其教育的目的性，而"视听传播"强调的是其受众性。随着现代科学技术的发展，信号编码、传输、译码过程越来越先进，但就教育本身而言，其教育性是不能改变的。所以，依然沿用视听教学。同时，随着科技的进步，视听教学也已不能将教育技术学的全部都表述清晰。由于媒体技术的发展和理论观念的更新，国际教育界深感原有视听教学的名称不能代表该领域的实践和研究范畴，1970年6月25日，美国视听教育协会改名为教育传播和技术协会。1972年，该协会将其实践和研究的领域正式定名为教育技术。

二、个别化教学的发展

（一）个别化教学的基本含义

个别化教学指的是以学习者为中心，适合于满足个别学生需要的教学。为了满足学习者的需要，允许学习者自定学习步调，允许学习者根据自身特点选择学习方法、媒体和学习材料，允许学习者选择适合自己需要的学习目标等。也就是说，个别化教学模式中，学习内容、学习步调、教学顺序、教学媒体和方法等由学习者的学习需要、能力和态度来决定。

作为一个单独的研究领域，个别化教学的内涵较大，其研究内容包括基本原理、个别化教学的基本结构和形式以及个别化教学所采用的媒体等。从学习者的角度来看，个别化教学比较强调学习者的自主性，即学习者可以对自己的学习活动做出决策，受教师等条件的限制较少，而从教师的角度来看，教师需要针对学习者的具体需求，进行有针对性的教学设计、媒体设计、教学管理等，从而使教学活动更能适应学习者的个别化学习需求。

（二）个别化教学的理论基础

个别化教学的研究理论基础源于教育理论、传播理论、学习理论。首先，个别化教学首先面对的是教学活动、教学过程，因此教育学的一些理论、原理、方法对个别化教学具有普遍的指导作用。同时，教学活动、教学过程也是一种教学信息的传播活动。更重要的是，个别化教学活动与教学过程的设计要依据学习者的学习内部机制和规律而制定，因此，在很大程度上个别化教学的研究也要以三大理论为基础。

（三）个别化教学的历程

由于教育技术学理论主要发源于美国，美国的教育技术学理论比较完善，且具有一定的系统性和代表性，所以在回顾个别化教学的发展历程时，这里主要以美国在相关领域的研究为主线来进行阐述。

1. 早期的个别化教学

1800年以前，美国的学校教学主要以个别化的方式进行，但19世纪中叶发展起来的集体教学方式逐渐占据主导地位，并一直延续至今。尽管如此，关于个别化教学的研究却没有中断。在美国真正意义上的个别化教学系统始于伯克。1912年至1913年，在旧金山师范学校试验的个别学习制，其主要特点是允许学生按照自己的速度来学习由老师编写的教材。

1919年，沃什伯恩在伊利诺伊州温内卡特镇的中小学创立适应个性化教学的形式，其中包括温内特卡制，它是教学的一种组织形式和方法。温内特卡制，其目的是充分发展儿童的个性和才能，培养儿童的社会意识。1920年，帕克赫斯特在马萨诸塞州道尔顿中学建立道尔顿实验室计划（Daltonplan），旨在废除年级和班级教学，学生在教师的指导下，各自主动地在实验室内使用不同的教材、自定学习时间和步调，以适应其能力、兴趣和需要，达到发展个性的目的。1990年，斯特勒对早期的个别化教学方面的研究进行了总结，包括伯克（1912）、瓦什伯恩（1919）、帕克赫斯特（1919）和莫里森（1925）所进行的相关研究。他指出，这些研究强调了学习中不同学习者的不同之处，并且表明：第一，个别化教学使学习者能够以自己的步调进行学习，但要求其在学习新的内容之前要达到一定的标准；第二，个别化教学强调了认真组织教学任务的重要性。

从这些早期的研究我们可以看出，个别化教学中关注学习者的个别情况，并且在早期的个别化教学实践中已经开始关注学习步调、课程内容的个别化。早期的个别化教育研究成果对教育理论和实践产生了深刻的影响，但真正在教育技术中有着广泛深远影响的个别化教学活动，应该是20世纪50年代兴起的程序教学运动。

2. 程序教学的发展

程序教学，简言之是指按照一定的程序进行教学。美国心理学家普莱西是理论界公认的程序教学创始人。1925年，普莱西设计了世上第一台自动教学机，主要用于实现对学生测试的自动化，同时该自动教学机也包含允许学生自定步调、考核学生积极反应和即时反馈等方面的运用。然而由于教学机设计上的问题以及应用于教学上的客观条件不够成熟，普莱西的自动教学机对教育技术的发展影响很小。

1954年哈佛大学教授斯金纳发表题为"学习的科学和教学的艺术"文章，他指出了传统教学方法的缺点，提出使用教学机器能解决许多教学问题，推动了当时的程序教学运动的发展。斯金纳根据他的操作条件反射和积极强化的理论设计了教学机器和程序教学。他的关于学习材料程序化的想法，后来发展成为可以不用教学机器只用程序课本的"程序教学"。受斯金纳理论指导的早期程序教学主要有如下特点：小的步子、积极反应、即时反馈、自定步调，以及低错误率。

20世纪50年代末到60年代初是程序教学迅速发展的时期，这一时期的程序教学运动具有以下两个方面的特点：一是各种教学机器纷纷问世；二是程序设计广泛开展，并取得了值得肯定的效果。在这一时期，教育界有关人士开发出大批程序教材供学校教学、军队和工商企业的培训使用，一些出版商纷纷投资于程序教材的制作。但同时，程序教学也受到一些心理学家和教育学家们的指责，主要是批评程序教学的机械性和不灵活性。此外，由于技术上的原因，拥有模式功能的教学机器的设计已有穷尽之感，并且对于复杂的教学内容也难以处理。60年代后期，人们从实践中认识到，开发真正有效的程序教材需要进行系统的设计和实验，而这样做的代价颇高，所以程序教学运动自此开始衰退。

程序教学是个别化教学的一种大胆尝试，它使得个别化学习的优点得以发扬（可以适应各种不同水平的、不同需要的、自定步调的学习），又解决效益低下的问题。但它也有不足，受当时历史条件的限制，教学机器并不能完成比较复杂的教学任务，而且无论是在交互性上，还是在教学方法的呈现上，都过于简单。所能实现的功能有限，所体现的理论只能是基于行为主义的程序教学理论。尽管如此，程序教学总结出一套开发程序教材的方法，开发过程中综合了许多重要概念并得到具体应用，这一切都对系统设计教学方法的发展具有深刻的影响。

3. 其他个别化教学形式的发展

20世纪60年代后期，由于程序教学运动的衰落，一些教育研究者开始重视对其他形式的个别化教学的研究。如凯勒的个别化教学系统（psi）、掌握学习法、导听法（亦称录音指导法，ATS）等都体现出个别化教学的思想。同时，受行为主义心理学的影响，人们对如何适应学习者的个别化特征进行了一系列的研究。这个时期的研究标志是，将教学过程的重点放在学习的过程和个别学习者的身上。研究人员也开始更加关注学习者学习的个别化特征。

凯勒制是1963年由哥伦比亚大学心理学家凯勒首创，又称个人学习系统。是一项管理教学的技术，目的在于在教学过程中贯穿强化理论的应用。与传统教学相比，凯勒制有5个特点，即：学生自定学习步调、采用掌握学习法的原理、启用"学监"（通过课程考试的学生称"学监"）、依靠书面指导、减少教师讲授。

掌握学习法由布卢姆和他的学生在芝加哥大学创立，其核心是根据实际情况变动教学时间和教材，使所有学生都能掌握每一项学习内容，故称掌握学习法。这是布卢姆1968年提出的一种教学系统。此法强调学生对每一单元教学内容的掌握，学生必须完全达到每单元的教学要求才能进入下一单元的学习，但教学进度由教师制定，教师不断地对学生进行评价，了解学生对学习内容的掌握程度。

录音指导法亦称导听教学，是普渡大学植物学教授波斯尔思韦特于1961年设计的一种个别化教学系统，也是一项管理教学的技术。该方法的主要特征是，学生在学习室里进行个别化学习，教师用预先录制的录音带指导学生从事各项学习活动。录音带也为学生提供有关练习的答案，作为对学习的反馈。教师则在学习室现场进行个别指导或答疑。

进入20世纪70年代，美国公立学校还推行过个别化规定教学（IPI）、根据需要的学习程序（PLAN）、个别指导教育（IGE）等个别化教学系统。尽管这三种系统没有得到推广应用，但通过这些系统的使用促进了教学改革，如根据教学目标的层次关系来排列教学顺序；标准参照测试用于诊断目的；教师的作用由信息提供者变为教学的计划者、管理者和辅导者；使用计算机管理教学，打破分年级的教学组织体制等。从适合个别学习者的角度来看，这些研究比早期的研究有了更加全面的考虑，即学习者自定步调进行学习、信息的及时反馈、确定学习者的学习起点、可以采取不同的学习方法达到同一学习目标。

对于这一时期围绕行为主义展开的个别化教学的研究，也有学者表达了不同的意见，如布鲁纳（Berliner）认为，自定步调的学习虽然满足了学习者的需求，但同时也花费了学习者更多的时间和精力，并且这样有时会导致学习者中途放弃。也有人指出，对于教学材料的过分关注会导致教学成本过高和使教学缺乏人性化。由于个别化教学的研究和实践与当时的社会、政治和经济改革没有配套进行，以及学校未将个别化教学的成果正式应用于其常规教学等原因，个别化教学的研究热潮在20世纪70年代中期开始转向衰落。

4.计算机辅助教学的发展

计算机是人类最伟大的发明创造之一。计算机辅助个别化学习就是指利用计算机进行自定步调的学习。自从1946年第一台数字计算机问世以来，许多专家就开始了计算机教育应用的探索。计算机用于教学和训练始于20世纪50年代末。最早用于学校的计算机辅助教学程序的是美国IBM公司沃斯顿研究所于1958年研制出来的。开始的计算机辅助教学（CAI）主要用于答疑、练习、个别化指导、模拟教学测验、评价等方面，以后逐渐用于系统的学科教学。

20世纪60年代早期的CAI系统主要用于模仿传统的课堂教学，代替教师的部分重复性劳动，未能充分发挥计算机的潜在能力。70年代初，计算机技术的发展使学生可以根据学习情况选择合适的教学资源，变被动听课为积极介入教学过程，标志着CAI系统实现个别化教学的一个新阶段。

20世纪70年代微机的发展又推动了CAI运动。到了80年代，学校里微机的使用迅速增长，许多学校把微机用于教学。但CAI在学校中的开展仍不能说明个别化教学已成为学校教学的主要形式。

进入90年代，多媒体技术飞速发展，计算机辅助个别化学习也得到了前所未有的发展。多媒体计算机不仅在学校中基本普及，而且开始进入千家万户。它们不仅界面友好、内容丰富活泼且形式多样（包括文本、图形、图像、动画、音频、视频、超文本以及超媒体等），同时能表现出多种学习策略，极大地提高了学习者的学习质量和效果。随着网络技术的飞速发展，人们的生活和学习方式发生了极大的改变，同样也动摇了计算机辅助个别化学习的主体地位。可以预见，在未来网络个别化学习将成为个别化学习的新形式，并将占据主要地位。

综上所述，程序教学、个别化教学系统、掌握学习法、计算机辅助教学以及网络个别化教学成为个别化教学研究的主要阶段标志。几十年的个别化教学实践表明，个别化教学比传统教学方法更有效。尽管仍不能说个别化教学已成为学校主要的教学形式，但个别化教学所形成的"以学习者为中心"，强调学习者的学习效果是教学目的和衡量标准的指导思想，已经对教学理论发展起到了推动作用，同时为现代教育技术理论的研究与发展奠定了基础。

三、教学系统方法的发展

从20世纪60年代中期开始，教育技术领域更加关注的是用系统方法分析、解决教育问题，同时提出了教育系统方法的概念。教学系统方法的理论依据是系统科学。所谓系统科学，是系统论、信息论、控制论的统称，又称"老三论"。系统论、信息论、控制论几乎同时产生于20世纪40年代末。"老三论"是信息时代新科学技术发展下的认识世界和改造世界的方法论，已迅速被应用于各个领域与各个学科。系统科学自产生以来，对哲学、自然科学、社会科学、思维科学产生了极大的影响，并促进了这些学科的交叉和渗透。系统论、信息论、控制论应用于教育领域催生了教育传播学、教育控制学、教育系统学和教育技术学的产生与发展。

系统科学主张把事物、对象看作一个系统进行整体的研究，研究它的要素、结构、功能及其相互联系，通过信息的传递与反馈来实现系统之间的联系，达到有目的地控制系统的发展，获得最优化的效果。

第二次世界大战期间，美国从关于学习过程、学习理论和人类行为理论方面的研究成果中总结出一系列教学原则，并用于指导军事训练研究和教材开发。其结果不仅提高了军事训练的效率和效果，也使教学设计的一些重要原理，如任务分析、行为目标、标准参照测试、形成性评价和总结性评价等得到了进一步完善和发展。20世纪60年代末至70年代初，教学系统方法日益受到重视。人们在实践中建立了许多系统设计教学的理论模型，使系统方法成为利用教育技术解决教育教学问题的根本性方法。

考夫曼（R. A. Kaufman）是最早将系统方法运用于教育的学者之一。他在1972年出版的《教育系统计划》一书中，把系统方法定义为依据逻辑下解决问题的过程，来鉴定和解决教育上的重要问题。按照考夫曼的模式，对教育问题的系统分析主要由确定问题和解决问题两个阶段组成。在明确了面临的问题是什么之后，进一步明确解决问题的条件和解决方案，进而逐步进行使命分析、职能分析、任务分析、方法和手段的分析。

美国教育技术学者科里根等在1969年出版的《教育的系统方法》中提出，系统方法在教育中的运用涉及以下三个步骤。

第一，使用准确的术语来确定系统的目标，确定为实现系统的目标而必须执行的功能；

第二，决定如何以最优的方式来执行这些功能，把各类资源组织成一个有机的、协调运行的系统；

第三，对运行的系统的效率进行检验，根据存在的缺陷以及外界变化的需要对系统做出必要的调整和修正。

我国教育技术的发展历史分析：

一、从电化教育到教育技术

（一）电化教育的定义及其发展历程

20世纪30年代，我国教育研究者针对当时出现的利用幻灯、电影和广播进行教育传播的方式，并根据国外的"视听教学"，首次提出"电化教育"一词，并沿用至20世纪90年代。电化教育是我国独创的名词，至今已有80多年的历史。目前所使用最多的"电化教育"的定义是：运用现代教育媒体，与传统教育媒体恰当结合，传递教育信息，以实现教育效果最优化。

我国电化教育的发展是曲折的，直到1978年，电化教育才又重获新生。在其之后的近20年间，我国的电化教育得到了较大的发展，并可大致分成三个方面。

1. 现代教育媒体的大力开发和运用为电化教育的发展奠定了物质基础

在20世纪70年代末期，我国为了加速发展和普及已经落后的电化教育，花费数千万美元的外汇购进了一大批电教设备用于各级各类教学。同时，积极开展现代教育媒体的研制开发工作。仅用几年的时间，不仅相继开发出各种类型电教设备进入市场，同时也制作出许多优秀的电教教材应用于教学，丰富了教学内容，改革了教学方法，优化了教学过程。随着计算机技术蓬勃发展和迅速普及，电化教育的研究与开展也得到了积极的促进。

2. 远程教育为电化教育的发展带来两次重大契机

电视大学的创办为电化教育的发展带来了第一次重大契机。1979年2月，我国创办了中央电视大学，截至20世纪末，这所以远程教育为主要教育形式的电视大学已经具有了42所省级电大，540所地市级分校，1000多所县级工作站和2000多个基层教学班的全国性远程高等教育体系。

中国教育电视台的建立为电化教育的发展带来了第二次重大契机。1987年，我国建立了中国教育电视台，通过卫星向全国播放教育节目。到1992年已建立地方教育电视台948个，地面接收站6191个，放像点54039处，形成了中国卫星教育网络。

3. 学科专业的创办及学科理论体系的建立为电化教育的发展奠定了人才和理论基础

在大力运用现代教育媒体、发展远程教育的同时，我国在20世纪80年初便紧抓电化教育专门人才的培养工作，先后有若干所师范院校建立了电化教育系，有30多所院校开设了电化教育专业课程，有的院校还招收电教专业的硕士研究生和博士研究生，并在全国先后出版了一批电化教育的专著和教科书，如《电化教育学》《电化教育概论》《教育传播学》《多媒体组合教学设计》等，初步形成了学科理论体系。近20年，国内教育技术学专业发展迅速，目前全国共有200多所院校开办教育技术学本科专业，80多个教育技术硕士点，9个教育技术博士点，3个博士后流动站，2个国家级重点学科。

（二）教育技术与电化教育的联系与区别

伴随高新科技的迅猛发展，"教育技术"概念的出现对电化教育产生了冲击。"电化教育"和"教育技术"不仅在国外，在我国也一直是争论的焦点。有人认为，电化教育实际上就是教育技术的同义语；有人认为电化教育和教育技术有着本质的不同。从本书前面针对两个概念的定义分析，无论是"电化教育"，还是"教育技术"，其目的都是增强学习效率，提高教育质量，扩大教育规模，达到教育教学效果最优化的目的。同时两者都是利用新的科学技术成果去开发学习资源，并采用新的教学理论与教学方法去控制教育过程，这是"电化教育"与"教育技术"之间的共性。但是，"电化教育"和"教育技术"两者无论从研究范畴还是概念称谓的适应性上都有所差异。

首先，从历史的角度看两者的研究，电化教育侧重于研究教育媒体，具体称为电教媒体研究，包括电教设备（硬件）研究和电教教材（软件）研究两个方面。而目前在研究领域已经达成共识的教育技术，则强调以现代教育、教学理论和教育、教学方法为基础，应用现代信息技术手段达到学习效果最大化。因此无论从理论研究，还是技术运用，教育技术的范畴远比电化教育的范畴大，电化教育只是包含在教育技术的这个大范畴之中一个具体组成部分。

其次，从两个概念的适应性而言，电化教育是我国自创概念，而教育技术是国际范围的概念，在科技高速发展的今天，网络为全球搭建了一个无障碍相互融合的桥梁，为保证在研究和应用中无缝链接与沟通，以及有的放矢的借鉴，教育技术从概念名称本身更具有国际性和亲和力。

二、我国教育技市发展困惑

随着科技的进步、媒体技术的发展和先进教育思想的应用，我国的教育技术在不断走向成熟。近20年虽然我国教育技术得到长足的发展和进步，但是在发展过程中我们也有很多困惑。

（1）中国的教育技术的定位和逻辑起点究竟在哪里？

（2）教育技术研究目标究竟是什么？

（3）教育技术学科培养的究竟是什么样的人？

（4）教育技术研究究竟走什么样的道路才适合中国？

回答了上述困惑，也就明确了我国的"教育技术"。如前所述，我国的教育技术开端于20世纪20年代的电化教育。在电化教育初期发展阶段，国外留学人员不仅带回了美国教育理念，更多的是应用电化教育的先进技术，并将引进的设备应用于教育实践。而由于当时的社会政治原因，早期的基于媒体应用的教学理论研究却没有被引起重视。20世纪50年代中华人民共和国成立初期，电化教育工作仍然缺少统筹和统一领导，处于自发自流状态，电教人员从事的也主要是设备管理和设备使用，很少亲历媒体制作过程；20世纪60年代末我国的政治原因导致电教工作基本停滞；进入20

世纪80年代，我国教育技术实践迅速发展而成为独立的教育技术学专业。由于在此之前忽视了教育技术理论基础的建立，造成了人们认为教育技术是通过媒体的应用来改进教师教学水平的观念上的偏颇，导致了我国教育技术实践特色的研究成果不足，相关理论的研究成果缺失。实践性研究成果不足制约了理论的发展，而理论成果的缺失又限制了更进一步的实践性研究成果的诞生。

重实践，轻理论，使我国教育技术发展过程中理论研究薄弱，后劲不足。正因为此，学术界从20世纪90年代开始，不断地引进国外的尤其是美国的教育技术理论指导我国的应用研究。而在21世纪初，学者们开展的中国教育技术界是否存在着西方"教育依附理论"的大讨论，反映了学者们的反思与批判精神。批判与反思是一种满怀希望的活动，它正在帮助我们走出困惑，它使人们复苏了建立中国特色教育技术的愿望，有了建设一条中国特色道路的追求。当然在这个过程中，我们既要借鉴更要超越。

三、我国教育技术发展趋势

纵观国内外教育技术发展的历史，科学技术的发展始终是影响教育变革与发展的重要因素。20世纪90年代以来，多媒体技术的出现使视音频技术、计算机技术、通信技术这三大信息处理技术融为一体，教育技术由此进入了一个多媒体化、网络化、信息化的时代。教育技术不仅引起了教学模式、教学形态和教学环境的变化，而且促使教学体制和教学管理发生了一系列根本性的变革。我国教育技术发展趋势具有如下特点。

（一）与教育教学改革的结合日益紧密

现代教育技术能为教育教学的改革提供有力的技术和工具支持，教育技术的发展趋势是紧密结合教育教学改革，促进教育教学改革不断深化。教育技术的发展将使教育突破传统模式的局限。诸如计算机辅助教学、远程教学、网络教育、人工智能、虚拟仿真等给教育教学带来新的气象和新的格局，使教学活动可以突破课堂、校园，不再拘泥于传统的主要以语言文字为手段的课堂教学模式，促进传统的课堂教学模式的变革。

（二）系统集成技术的应用占据重要地位

随着现代信息技术的飞速发展，许多新的技术被应用到教育领域，如数字化音像技术、广播与卫星通信技术、虚拟仿真技术等，从而使教育技术的内容和形式发生了深刻变化。由此，系统集成技术将在教育技术领域的技术支持中起到更大的作用。各种各样的系统集成媒体，如多媒体教学系统、网络学习系统、校园信息传输系统、微格训练学习系统、虚拟学习系统、现代远程教学系统等，将成为未来教育的重要形式。

（三）新的学习理论将催生新的学习形式变化

21世纪第二个十年（2010—2020年），我国教育技术的发展将进入一个深入发展的时期。新时期的基本特征将会使普适计算兴起，混合学习将处于主导地位，而热点将主要集中在泛在学习、非正式学习的探索上。

普适计算：是指一种新的学习环境'由无线网络、移动无线设备、因特网、社会性软件工具（博客、wiki、播客、社会书签）以及图片、视频共享网站等组成。学生置身其中，可以随时随地使用多样的数字设备，包括使用电脑上网和移动设备进行学习。

混合学习理论：是指把传统学习方式的优势和数字化学习的优势结合起来，使两者优势互补，获得最佳的学习效果。

泛在学习：是指主要依托移动学习终端（如智能手机等）随时随地学习的一种新的学习方式。

非正式学习：是指在课堂之外的，通过博客、虚拟社区、CSCL、移动学习网站、电子图书馆、电子博物馆，以及教育游戏等获得知识、技能的学习。

毋庸置疑，在21世纪中国教育全面走向现代化的进程中，教育技术将担负起更加重要的使命。教育传播媒体技术越是先进，教育思想的科学化、现代化就显得越为重要。因此，对于日新月异的各种现代教育教学媒体，我们应该在现代教育教学思想的指导下，以积极、审慎、科学的态度采取相应的对策，真正实现技术的现代化和教育思想现代化的最佳结合，使现代教育技术全面推进和发展。

第二节 现代体育教学技术的发展历史分析

体育教育技术的发展其实和教育技术发展历史极其相似，远古时代体育教育技术已经诞生，只是当时人们还不知道这个名称而已。我们根据媒体发展阶段将体育教育技术划分为：直观媒体阶段、视觉媒体阶段、视听媒体阶段、超媒体阶段。

一、直观媒储阶段

直观媒体就是真实事物的标本、模型和图片等。在这期间对应的是直观教学，直观教学是由捷克教育学家夸美纽斯提出的。也就是这个时期，在体育教学和运动训练中，利用标本、模型和图片辅助教学或训练，以达到较好的学习效果。

《导引图》是1974年湖南长沙马王堆三号汉墓出土，现存最早的一卷保健运动的工笔彩色帛画，为西汉早期作品。所谓"导引"，是呼吸运动和躯体运动相结合的一种医疗体育方法。早在原始时代，先民们为了表示欢乐、祝福和庆功，往往学着动物的跳跃姿势和飞翔姿势舞蹈，后来便逐步发展成为锻炼身体的医疗方法。我国古代的"导引"就是指"导气会和""引体会柔"，是呼吸运动和躯体运动相结合的一种体育疗法。用现代汉语来表达，"导引"就是保健医疗体操。早在春秋战国时期，以呼吸运动为主的"导引"方法的运用已相当普遍。

《导引图》内容非常丰富，导引有呼吸运动、肢体运动、器械运动和导引与治病关系，现在我国第五套广播体操中的八个动作基本概括了《导引图》的精华部分。

二、视觉存储阶段

20世纪初，照相技术、幻灯机和无声电影被应用到了教育和体育领域。在1930首届世界杯足球比赛上，就用了摄影和摄像技术记录比赛现场。20世纪50年代，我国运动技术图像的观察和分析已经广泛在学校体育教学中应用。当时苏联学者把短跑冠军选手的比赛视频绘制成短跑技术图片和人体运动简图，应用于体育教学和运动训练之中。这个时期在学校体育教学中，幻灯投影得到了广泛应用，教师可以把预先制作好的幻灯投影到屏幕上，方便学生观看和教师讲解。

三、视听媒体阶段

20世纪中后期，体育工作者开始利用摄像机拍摄运动员比赛视频应用于教学训练之中。随着摄像技术的发展，国内体育院校都购置了摄像设备，录制了一批运动及竞赛视频和电视教材，供教师、教练员和学生使用。电视教材是根据课程教学大纲的培养目标要求，用电视图像和声音呈现教学内容，并且用电视录像技术进行记录、存储与重放的一种视听教材。电视教材以活动图像为主，视听结合，多维度传递信息内容，存储再现，可以克服时空局限性，其传递方式多样化，适宜多种教学方式。正是电视教材的这些优点，用它来表现体育运动教学内容可以达到事半功倍的效果。目前，体育运动的各个项目电视教材都可以从市场上购买到，部分电视教材供教学训练免费使用。

四、超媒体阶段

随着计算机技术、网络技术和多媒体技术的迅速发展，超媒体系统逐步进入教学领域，以实现跨平台处理多媒体数据。

（一）体育教学领域

随着现代教育技术的发展，电子课件、网络课程、立体化教材等事物的出现，为体育教学改革提供了新思路。20世纪90年代末，体育高等院校开始大量开发CAI课件用于辅助教学，取得了较好的教学效果。同时，体育高校还出现了大量精品课程和网络课程，为教师的教学和学生的学习提供了新的平台。

（二）竞技体育领域

随着全球对竞技体育的重视，竞技体育已经发展到了一个相当高的水平，进一步提高运动成绩越来越依赖于先进的科学技术。国内外的体育专家经过长期实践与研究一致认为：在运动训练中引入数字视频技术，对运动技术提供基于视频的分析，可以帮助运动员在训练过程中尽快掌握动作的技术要领，减少盲目的重复，极大地提高训练效率、降低运动员受伤害的可能性，从而达到最佳的训练效果。目前在国外出现了几款运动技术视频分析软件，如瑞士Dart Fish公司的Dart Trainer软件，SIMI公司的系列软件。此类软件已经在竞技体育运动训练中发挥了重要作用。在备战雅典奥运会训练时，美国奥委会为各个运动项目的美国国家队都装备了Dan Trainer软件。

运动视频分析是指对视频呈现的全局运动信息以及局部运动信息进行分析、描述和利用。它涉及图像处理、计算机视觉、模式识别等相关技术。运动视频分析关键技术有全局运动估计技术、运动视频全景图合成技术、视频运动对象提取技术、视频运动目标跟踪技术、视频内容标注技术等。

全局运动是指在视频序列中占有较大比例的像素运动。全局运动估计的目的就是要从视频序列中找出造成全局运动的摄像机运动的规律。通常运动视频一般都存在显著的摄像机运动，因此获得准确的全局运动参数是进行运动技术视频分析的基础。

全景图合成是指由描述连续场景的一系列局部图像，得到一个单一的、展现整个场景全貌的图像。在传统的应用中，全景图获取的是场景中静态的没有移动的背景。近年来，围绕辅助与指导运动训练，对全景图合成又提出了新的要求。运动视频全景图不仅要完整地构建出运动场景的全局背景，更要求在背景上展现出一系列的前景，即运动员图像，从而完整展现出运动的轨迹和动作的细节。相对于运动视频本身，全景图提供的信息更直观、更全面，可以帮助教练员和运动员对动作的完成情况静态地进行分析，从全局上掌握动作的要领。

视频运动对象提取的目的就是要把场景中的运动对象同背景分割开来，是实现基于对象的运动分析功能的基础，现有的视频运动对象提取方法可简单地分为两类：一类以时序属性为分割依据，根据视频的时序属性来分割运动对象；另一类方法以空间属性为分割依据，主要根据图像的区域或者边缘信息来分割运动对象。

视频运动目标跟踪技术是指基于位置、运动、形状、纹理和颜色等特征，在连续的图像间建立起图像结构的对应性，可用于在视频中锁定运动目标，自动获取其运动轨迹。运动目标跟踪是计算机视觉领域的一个重要研究内容。

对运动视频进行内容标注的目的是实现对大量的运动视频数据进行有效的内容管理，便于用户快速找到所需的视频内容。体育运动视频是海量数据，在运动训练与教学中，用户真正关心并有可能反复观看的却只是其中的小部分。用户需要一种方便快捷的手段来访问运动视频的内容。对于运动视频，其内容标注主要是指通过对运动视频中各种特征的提取和处理来分析语义信息。常用的特征包括视觉的、听觉的以及文本的。视觉特征主要有颜色、形状、纹理和运动等。听觉的特征主要通过对与比赛相关声音，如击球声、观众的欢呼声以及解说员的语音进行处理来提取。文本的特征则来自于两个方面：一个是视频画面上出现的文字，另一个是电视信号中的隐藏字幕。

体育视频分析经过10多年的发展，在研究内容、算法、系统和应用等方面都有很大扩展与进步。从研究的广度来说，从单一的足球节目到多项球类运动（足球、篮球、网球、排球、乒乓球、橄榄球、棒球等），田径运动以及游泳等运动。在算法方面，由单一模态特征到多模态特征融合，从启发式推理到自动机器学习，算法在性能和速度上都有了很大进步。

第三节　多媒体网络教育平台与体育教学

现代互联网的发展已经覆盖全球，通过互联网人们可以将世界各国的教学资源进行整合，实现全球资源的共享，与世界领先的教学同步，真正的实现全球教育一体化。通过掌握多媒体网络教学的内涵与特点、发展优势、构成要素等基础内容，进一步推进多媒体网络教学平台在高校体育教学中的有效运用。

多媒体网络教学的内涵与产生：

一、多媒储网络教学的内涵

所谓多媒体网络教学，就是充分将当今最先进的计算机网络技术和多媒体技术有机组合进行教学的一种全新的教学方式；是多媒体技术在互联网络技术支撑下的实施，将枯燥、乏味的课堂知识形象地体现在声音、图像、影视、动画中，通过计算机网络技术的运用，是真正基于交流、讨论的一种教学方法。

二、多媒体网络教学的产生

多媒体网络教学是远程教学的一种，根据主要媒体与信息技术的发展归类，多媒体网络教学属于第三代远程教学。多媒体网络教学是现代计算机网络技术与多媒体技术发展到一定程度而诞生的产物。我国著名学者丁兴富对应用于教学的三代信息技术和三代远程教育的分期做了详细的归纳与总结。可以看出自20世纪90年代至今，伴随着计算机网络技术与计算机多媒体技术的产生与发展，双向交互的电子信息通信技术得以实现，从而使得教学的过程更为开放灵活。因此，伴随着新技术的产生与发展使得多媒体网络教学应运而生。

多媒体网络教学的优势与特点：

一、多媒体网络教学的优势

多媒体网络教学的出现为人们提供了一种全新的教学模式，多媒体网络教学平台的建立为学习者搭建了一个资源丰富的知识平台，提供了更多的学习机会以及更为全面的信息资源。多媒体网络教学的出现使得教学活动发生了新的转变，由原本单纯的知识"传授"转向为更加重视培养学生创造精神和实践能力，同时为终身学习的体制奠定了良好的基础。多媒体网络教学的出现打破了传统教学模式中时间与空间的限制，具有很强大的时空优势，可以令学生不仅在上课时间，在教室或不与教师面对面的情况下进行对知识的学习与探索。多媒体网络教学的出现让教育资源的共享变为可能，通过多媒体网络教学平台可以将信息与设备的共享实现最优化，从而使得整个教学过程得以顺利进行，可以更好地完成教学目的。

现代互联网的发展已经覆盖了全球，通过互联网人们可以将世界各国的教学资源进行整合，实现全球资源的共享，与世界领先的教学同步，真正的实现全球教育一体化。这样一来即使身处于教育相对落后、师资力量不足、教学资源匮乏的经济欠发达地区的人们，也可以通过多媒体网络教学平台来进行最新最全面的学习，掌握最新的教学资源。但凡有网络与电脑的地方，就可以随时随地的进行自主学习、获取最新最全面的知识。

多媒体网络教学的出现为学习者提供了个性化的学习空间，传统教学的主体总是围绕着教师、书本以及课堂三方面来进行，这样一来便阻碍了学生学习的自主能动性，使得学生的个性化学习成了空谈。多媒体网络平台的推广为现代化教学带来了全新的途径，整合了世界各地知名的高校、研究机构、图书馆来自多个权威机构的信息资料，为学习者提供了一个十分庞大的资料库，使得学习者能够更好地掌握最新数据以及最新的学习材料，与此同时学习者还可以通过多媒体网络的交互技术实现双向交流，在线得到相关教育专家所提供的具有针对性的"个性化"学习指导。

多媒体网络教学中最为核心的方面还有多媒体技术在教学中的应用，多媒体网络教学其实就是多媒体技术通过网络形式的传递与应用的一种教学技术。多媒体网络教学平台将文字、图像、影音、动画和其他多媒体教学软件进行有机地整合与优化，通过多媒体网络教学平台可以实现对现实教学环境的模拟，这样便更有利于学生直观的进行学习，有利于学习者的理解与记忆。通过多媒体网络通信技术的交互技术，如网络直播讲座、电子邮件、电子公告板、即时通讯软件等计算机信息技术来完成教学活动。多媒体网络的实时通信技术可以让师生之间的及时进行交流，及时地进行答疑解惑，这样既保证了学生的听课质量达到了更好的教学目标，又使得学生不仅在固定的时间与教室而是任意时间与地点都可登录进行学习，多媒体网络教学平台打破了传统课堂的束缚。

二、多媒体网络教学的特点

（一）多媒体网络教学具有更为灵活的教学时间

多媒体网络教学借助现代化互联网络技术与多媒体技术打破了传统教学授课时间与场地的限制，学习者只需要用计算机设备通过互联网络的连接与对多媒体网络教学平台的访问就可以随时随地的进行自主化学习，这样一来学习者就可以更好地合理安排自己的学习时间。

（二）多媒体网络教学的教育资源丰富

多媒体网络教学通过现代互联网络技术可以很好地实现全球化的资源共享，互联网中拥有大量而全面的教学资料，学习者可以从中选择适合自己的课程来学习，可以轻松地获取最新最全面的资料。这样便使得学习不再受到书本的限制，可以更好地开拓学生的思维。网络资源具有很强的时效性，网络教育资源信息更新及时，学生也可以实时的获取最新的教育资讯与最先进的前沿知识。

（三）多媒体网络教学具有强大的多媒体性

多媒体网络技术拥有强大的多媒体性，在教学过程中，多媒体网络教学可以应用多媒体技术与互联网络技术提供友好的平台界面，可以将教学内容通过多媒体（影像、声音、动画）方式来进行全面的展示与分析，有利于学生对教学内容的直观理解，从而加强对知识学习的掌握，使得学生能在生动形象的多媒体教学中获取知识。

（四）多媒体网络教学具有很强的交互性

在多媒体网络的实时通信技术下，学生无须与老师见面就可以实时在线与老师进行联系沟通，及时发现学习中所存在的疑问，并得以指导和解答。

（五）多媒体网络教学扩大了学术交流的范围

在多媒体网络交互技术下学生不仅仅可以与老师进行实时交流与在线指导解答，同样也可以通过多种网络途径，譬如网络实时通讯软件、电子邮件、电子论坛等方式甚至还可以通过网络摄像头与相关领域的专家学者进行"面对面"的交流探讨。这样可以更好的扩充学生的眼界、拓宽学生的思维，教师也可用最新、最专业的知识交流对学生进行教育培养。

高校体育网络教学的构成要素：

体育教学本身与其他学科存在着不同的地方，主要体现在体育实践教学是以师生思维活动为基础，以身体活动为主要手段来传授掌握知识、技术、技能。利用这一特点，可以借助多媒体计算机网络具备的强大的多媒体教学信息资源优势，使体育教学活动由传统的教学模式向网络教学模式不断发展，逐步构建成一个功能完善的多媒体网络教学平台。网络体育教学模式由以下几个角色组成。

一、体育教学目标

教学目标是任何教学活动都离不开的，在网络上实施教学活动必须要追求预期的教学结果，它是多媒体网络教学模式运行的风向标。根据现阶段我国的教育方针和学校体育的总目标，我国现阶段的体育教学目标是向学生传授体育、卫生保健知识和体育技术、技能，促进健康，增强体质，发展学生身体素质，培养学生运动能力和良好的思想品德。这一目标在多媒体网络教学中也同样具有广泛的应用价值。

二、网络技术基础环境

网络技术基础环境是实施多媒体网络教学所必须具备的前提、必要条件，因特网、广域网、局域网、高校校园网络以及各种硬件设备的性能，信息传输的条件等都制约着多媒体网络体育教学模式的展开。与传统体育教学模式相比，良好的技术环境可以使体育教学活动形式得到全方位地开展，它本身也体现了网络教学所独有的特点。

三、"人"与"机"角色之间的关系

"人"与"机"角色之间的关系是多媒体网络体育教学模式的重要构成因素，"人"即教育者和学习者，"机"指多媒体设备、网络设备等技术环境，人机角色关系包括师生关系和师生与计算机网络之间的关系。在体育教学过程中，教师—计算机—学生形成了一个特殊的教学关系，在这样的教学环境中，教师、学生以计算机网络为媒介形成了新的教学模式和师生关系。与以往的教学模式—教师和学生面对面地进行教和学不同的是，教师和学生不是面对面的直接接触，教师网络把自己所需要讲授的知识通过网络传递给学生，而学生则通过网络学习教师发布于网上的知识。同时，由于不同地区、不同学校、不同体育教师对同一知识有各自的理解和感受，并将这些理解和感受发布于网上，这样学生在学习时可有多种选择，有利于学生对知识的理解和掌握。

多媒体网络教学平台在高校体育教学中的推广：

一、多媒体网络教学采用的主要学习方式

（一）实时远程教学

目前，较多的普通高校网络教育学院采用实时远程教学。它通过提供一个虚拟教室，师生之间通过语音和图像进行实时交流，就如同在一个教室中一样。

（二）按需点播的远程教学系统解决方案

以视频课程为主要学习资源，学生可以通过互联网，借助浏览器，按需检索、观看视频教学资料。教学资料存储在视频服务器上，能支持多种压缩编码格式的视频文件，不同接人带宽的用户可根据实际能力选择相应的编解码格式来进行视频文件处理，该模式还可进行学习中的答疑、作业、测试、交流等教学过程。

（三）以Web课件作为学生的主要学习资源

Web课件提供包括文字、图片、动画等多种媒体的教学资料，导航清晰、方便个性化学习方式。此模式主要为窄带、非实时的应用系统，对学生的终端要求很低，学生可以自由选择时间、地点上网，通过浏览器连接到Web服务器上进行各项教学活动。

该模式非常适合于普及型、自学型的远程教学应用。

（四）Think-Quest网络学习模式

随着网络在教学过程中的使用日益频繁，基于网络的学习模式也是层出不穷。Think-Quest就是近几年迅速发展起来的基于网络的、任务驱动式的学习模式；并且在国外已经得到了广泛的应用。这种学习模式给参与者提供了建立一个关于某个主题的教育网站的任务，参与者必须利用网络的和非网络的资源来充实网站的内容，并且还要运用各种网站建设工具来完成网站的构架，美化网页的形式，这本身就是一个学习的过程；另一方面，设计者们建立的网页又可以被其他的学习者所利用，作为他们学习的资源。

二、多媒储网络教学平台在高校体育教学中的推广

（一）高校体育多媒体网络教学平台的支撑环境结构

多媒体网络教学平台在高校体育教学中的推广，离不开平台环境的建设。根据《现代远程教育资源建设技术规范》中关于现代远程教育教学支撑系统，我们提出了高校体育多媒体网络教学平台的支撑环境结构图。

（二）高校体育多媒体网络教学平台各模块的应用

高校体育多媒体网络教学平台是基于互联网络开发的一种用于高校体育教学的系统集合，它既是高校在校学生进行自主化、个性化学习与交流体育知识的平台，同时也是日常高校体育教学的有效辅助功能的载体。

根据高校体育特点设计的高校体育多媒体网络教学平台，在推广过程中应当至少具备以下模块。

1. 体育资源信息模块

该模块主要作用是互联网络中最新体育信息资源的整合。通过"Computer Robot"（机器蜘蛛程序）将互联网中各大体育资讯网站的最新体育资讯及信息资源进行检索并发布于该模块内，供学生与教师获取最新体育资讯与资源信息。高校学生及教师可以通过该模块了解相关最新的体育资讯，同时可以在线观看各种大型体育赛事的视频。学校也可利用此模块发布有关学校最新的相关体育资讯。

2. 体育教学模块

体育教学模块是高校体育多媒体网络教学平台的核心模块，该模块所承担的主要职能是高校体育教学过程的展示与辅助。其中该模块包含课程的简介、电子教材、授课教案、多媒体网、高校体育多媒体网络教学平台的支撑环境结构图络课件、直播教学、授课录像（包含精品课程展示）、课程资源收集等子模块。通过体育教学模块，教师将授课的信息资源进行编辑上传，学生可以通过此模块进行体育课程的了解，进行自主化的体育学习。借助多媒体网络课件还可以对体育授课过程中所出现的难度较

高的技术动作进行直观化的多媒体动画展示，以便于学生更好的理解与掌握动作要领。通过实施授课可以远程在线观看体育教学过程，其他体育教学资源相对滞后的院校也可以通过该子模块进行体育课程学习。授课录像有利于学生课后的复习与加强记忆。

3. 即时通信模块

即时通讯模块是实现教学过程中的教学信息即时沟通的主要系统，其可实现教师与学生间的即时信息沟通，及时为学生答疑解惑与在线指导，同时也是专家与体育爱好者进行指导交流的主要平台。

4. 交流平台模块

该模块主要作用是通过电子公告板、论坛中心、Email以及在线交流软件实现对于体育运动知识的交流与探讨。

5. 功能设计模块

该模块是用于高校教师与学生上传与下载体育相关资源信息的地方。

三、多媒饰网络教学平台在饰育教学中推广的优势

（一）多媒体网络教学平台有利于体育教学中教学内容的直观化展示

在传统的高校体育教学过程中，体育教师对于技术动作的传授主要还是以通过动作分析讲解和亲身示范来完成，但在这一过程中，许多具有难度的技术动作是在一瞬间内所完成的，教师在此方面的教学就会受到传统教学方式的制约，学生无法形象的领悟该技术动作的要领，多媒体网络教学技术在体育教学中的应用将很好地解决这一问题，通过多媒体技术进行影像的定格与慢放以及FLASH技术的应用，可以很好地呈现所要讲述的技术动作，使学生很快就能直观理解与掌握。在体育理论教学中，同样可以利用多媒体网络教学技术将一些文字化的内容通过多媒体进行展示，这样不仅使空洞的文字教学富有了新的生命，同时也提高了学生的学习兴趣。多媒体网络教学还可以很好地运用微格教学法，从而更好地进行教学指导。教师通过摄影摄像器材对学生上课的技术动作环节作为影像记录，然后通过上传到计算机设备上，运用多媒体技术制作成可以分解与慢放的影像在学生学习过程中播放，指导学生进行自我评价与集体评价，起到良好的教学反馈作用。

（二）多媒体网络教学平台有利于体育教学过程中教师与学生间的双向交流

多媒体网络教学的特点之一便是实时交通信技术。多媒体网络教学平台拥有很强大的信息资源共享功能，教师与学生间的及时沟通有利于体育教学的顺利进行。传统高校体育教学中，由于授课以班级为单位，学生人数较多，师生间交流受到一定程度的制约，而通过多媒体网络教学平台学生可以实现与老师在线交流互动。多媒体网络教学技术的支持可以让学生与教师实现远程的"面对面"交流，这样便可更好地提高教学双方的互动，提高教学水平与教学效率。

（三）多媒体网络教学平台有利于给学生提供个性化学习空间

传统高校体育教学的教学主体通常是围绕着教师、课堂与教材进行，由于受到学生数量以及教学时间的限制，高校体育教师的教学很难进行有针对性的个性化教学与教学指导，从而导致学生的自主化与个性化学习难以实现。通过多媒体网络教学在体育教学中的应用，学生可以通过多媒体网络教学平台强大的教学资源信息库来进行自主化的学习与个性化的选择学习，这样一来便突破传统高校体育教学对于时间与空间的限制，真正做到以学生为主体的个性化教学。学生可以通过个人的 PC 设备与网络连接，登陆高校的多媒体网络教学平台，打破传统的束缚，全面地进行体育相关知识的学习。

（四）多媒体网络教学平台有利于实现高校体育教学信息资源的共享与优化

多媒体网络教学在高校体育教学中的应用为高校体育教学信息资源的共享与优化带来了全新的改革创新。多媒体网络教学平台为高校体育教学提供了一个汇集世界各地先进学校、研究所、图书馆等各种信息资源的庞大的资料库。由于网上体育教育资源库的种类有很多种，包含体育教育新闻信息、各类体育教育统计数据、体育教研论文库等各个方面。在网上，教学内容、教材、教学手段和辅助教学手段、如何进行网络体育教育环境建设（如参观、实验）以及考试等都可以因人、因需而异，自主选择性强，实现资源共享。

（五）多媒体网络教学平台有利于提高体育教师的教学效率

在众多高校中，高校体育课程对体育教师的要求是比较低的，而在实际情况当中，很难存在某一位教师能对所有运动项目都有全面的理解、对技术动作的展示做到完美示范。体育教学的开展受到来自教师年龄、教师性别以及教师个人能力的诸多因素的阻碍。而多媒体网络教学平台的使用可以进行规范化的示范教学，从而保证学生接收信息的完整性和正确性。

（六）多媒体网络教学平台有利于打破体育教学地域性差异

由于我国经济发展的区域性不平衡，导致各地区体育教学的开展受到来自各方的限制。多媒体网络教学的应用可以很好地改善这一问题。通过多媒体网络教学平台间的资源共享，可以实现高校间的有效互动。借助多媒体网络平台的即时通讯，可以实现千里之外专家的"面对面"指导。通过远程摄像头的使用，可以更好地实现体育课程的远程教学。同样，各地区间的高校学生间也可以实现及时的沟通与探讨性学习。

第四节　VR 技术与 GIS 技术的应用

跟随时代的步伐，VR 技术与 GIS 技术走入了高校体育教学领域。通过了解 VR 技术以及 GIS 技术的基本信息，进一步推进虚拟现实技术、GIS 技术与高校体育教学的有效融合。

VR技术常用基本知识简介：

VR技术在20世纪80年代以前主要应用在航空航天领域的训练领域，20世纪90年代才开始向其他领域拓展并且有产品问世。1992年，世界上第一个虚拟现实开发工具问世；1993年，众多虚拟现实应用系统出现，如美国海军的训练计划（VETT）就是基于虚拟现实（VR）技术和虚拟环境（VE）的航海训练系统。1996年，NPS公司使用惯性传感器和全方位踏车将人的运动姿态集成进入虚拟环境中。2000年前后，在许多领域里面都可以发现VR技术的身影。例如，在航空航天领域、军事领域、医学领域、电玩娱乐领域和教育领域以及交通运输领域等。

一、VR技术常用的基本知识

从本质上讲，VR是人们利用计算机和相关的媒体设备所创建的一个类似真实的虚构的环境或氛围。人自身既可以成为这种虚构环境中的一部分，也可以置身于其外，与虚构的环境互动交流。显然，这与传统的人机界面以及流行的视窗操作相比，VR在技术思想上有了质的飞跃。VR中的"现实"是泛指在物理意义上或功能意义上存在于世界上的任何事物或环境，它即可以是实际上可实现的，也可以是实际上难以实现的或根本无法实现的；而"虚拟"是用计算机生成之意。因此，虚拟环境是用计算机生成的一种特殊环境；人们可以使用各种特殊的装置将自己"投射"到这个环境中，并操作、控制环境，实现特殊的目的，即人是这种环境的主宰。还有人说，VR就是一种先进的计算机用户接口，它通过给用户同时提供诸如视觉、听觉、触觉等各种直观而又自然的实时感知交互手段，最大限度地方便用户的操作。

（一）VR技术常用的基本 念和主要研究内容

根据VR技术所应用的对象不同，其作用可表现为不同的形式。例如，将某种概念设计或构思可视化或可操作化，实现逼真的模拟现场效果，任意复杂环境下的廉价模拟训练等。该技术的主要特征有以下几个方面。

1. 常用的基本概念

（1）多感知性。所谓多感知性，是指除了一般计算机所具有的视觉感知之外，还有听觉感知、力觉感知、触觉感知、运动感知，甚至还包括味觉感知、嗅觉感知等。理想的VR技术应该具有一切人所具有的感知功能。由于相关技术，特别是传感技术的限制，目前的VR技术所具有的感知功能仅限于视觉、听觉、力觉、触觉、运动等。

（2）浸没感。浸没感又称为临场感，是指用户感到作为主角存在于模拟环境中的真实程度。理想的模拟环境应该使用户难以分辨真假，使用户全身心地投入计算机创建的三维虚拟环境中，该环境中的一切看上去是真的，听上去是真的，动起来是真的，甚至闻起来、尝起来等一切感觉都是真实的，如同在现实世界中的感觉一样。

（3）交互性。交互性指用户对模拟环境内物体的可操作程度和从环境得到反馈的自然程度（包括实时性）。例如，用户可以用手直接抓取模拟环境中虚拟的物体，这时手有握着东西的感觉，并可以感觉物体的重量，视野中被抓的物体也能立刻随着手的移动而移动。

（4）构想性。构想性强调VR技术应具有广阔的可想象空间，可拓宽人类的认知范围，不仅可以再现真实存在的环境，还可以随意构想客观不存在的甚至是不可能产生的环境。

2.常规研究内容

一个完整的VR系统由虚拟环境、以高性能计算机为核心的虚拟环境处理器、以头盔显示器为核心的视觉系统、以语音识别、声音合成与声音定位为核心的听觉系统、以方位跟踪器、数据手套和数据衣为主体的身体方位姿态跟踪设备，以及味觉、嗅觉、触觉与力觉反馈系统等功能单元构成。其中，虚拟环境处理器是VR系统的心脏，完成虚拟世界的产生和处理功能。输入设备给VR系统传输来自用户的输入，并允许用户在虚拟环境中改变自己的位置、视线方向和视野，也允许改变虚拟环境中虚拟物体的位置和方向；而输出设备是由VR系统把虚拟环境综合产生的各种感官信息输出给用户，使用户产生一种身临其境的逼真感。VR技术的主要研究内容包括以下几个方面。

（1）动态环境建模。虚拟环境是VR系统的核心，动态环境建模技术的目的就是获取实际环境的三维数据，并根据应用的需要建立相应的虚拟环境模型。三维数据的获取可以借助CAD技术，更多的情况则需采用非接触式的视觉技术，二者有机结合可以有效地提高数据获取的效率。

（2）实时三维图形生成技术。三维图形的生成技术已经较为成熟，这里的关键是如何实现"实时"。为了达到实时的目的，至少要保证图形的刷新频率不低于15帧/秒，最好高于30帧/秒。在不降低图形的质量和不增加复杂程度的前提下，提高刷新频率是该技术的主要研究内容。

（3）立体显示和传感器技术。VR的交互能力依赖于立体显示和传感技术的发展，现有的设备远远不能满足需要。比如，头盔式三维立体显示器有以下缺点：过重（1.5～2kg）、分辨率低（图像质量差）、延迟大（刷新频率低）、行动不便（有线）、跟踪精度低、视场不够宽、眼睛容易疲劳等，因此有必要开发新的三维显示技术。同样，数据手套、数据衣服等都有延迟大、分辨率低、作用范围小、使用不方便等缺点。另外，力觉和触觉传感装置的研究也有待进一步深入，VR设备的跟踪精度和范围也有待提高、扩大。

（4）应用系统开发工具。VR应用的关键是寻找合适的场合和对象，即如何发挥想象力和创造性。选择适当的应用对象可以大幅度提高生产效率、减轻劳动强度、提高产品质量，为此，必须研究VR的开发工具。例如，VR系统开发平台、分布式VR技术等。

（5）系统集成技术。由于VR系统包括大量的感知信息和模型，因此系统集成技术起着至关重要的作用。集成技术包括信息同步技术、模型标定技术、数据转换技术、数据管理模型、识别与合成技术等。

（二）VR技术常用的关键性基本技术

VR技术是多种技术的综合，包括实时三维计算机图形技术，广角（宽视野）立体显示技术，对观察者的头、眼和手的跟踪技术以及触觉、力觉反馈技术，立体声或语音输入/输出技术等。下面对这些技术分别予以说明。

1.实时三维计算机图形技术

相比较而言，利用计算机模型产生图形、图像并不是太难的事情。只要有足够准确的模型，又有足够的时间，就可以生成不同光照条件下各种物体的精确图像。但是，这里的关键是"实时"。例如，在飞行模拟系统中，图像的刷新率相当重要，并对图像质量的要求也很高，再加上复杂的虚拟环境，问题的解决就变得相当困难。

2.广角（宽视野）的立体显示

人看周围的世界时，由于其两只眼睛的位置不同，所以得到的图像略有不同；这些图像在脑子里融合起来，就形成了一个周围世界的整体景象。该景象包括了距离信息。当然，距离信息也可以通过其他方法获得，如眼睛焦距的远近、物体大小的比较等。在VR系统中，双眼立体视觉起了很大作用。用户的两只眼睛看到的不同图像是分别产生、分别显示的。虽然有些系统采用单个显示器，但当用户带上特殊的眼镜后，一只眼睛只能看到奇数帧的图像，另一只眼睛只能看到偶数帧的图像，奇、偶帧之间的不同也就是视差就使人产生了立体感。

3.用户（头、眼）的跟踪

人造环境中，每个物体在系统坐标系中都有一个位置与姿态，用户也是如此。用户看到的景象是由用户的位置和（头、眼）方向来确定的。跟踪头部运动的VR头套：在传统的计算机图形技术中，视野的改变是通过操作鼠标或键盘来实现的，用户的视觉系统和运动感知系统是分离的，利用对头部的跟踪来改变图像的视角，使用户的视觉系统和运动感知系统联系起来，感觉更加逼真。该设备的另一个优点是，用户不仅可以通过双眼立体视觉去认识环境，而且还可以通过头部的运动扩大观察视野。

4.3space数字化仪和SpacebaU空间球

在用户与计算机的交互过程中，键盘和鼠标是目前最常用的工具，但对于三维空间来说，它们都不太适合。因为三维空间有六个自由度，我们很难找出比较直观的办法把鼠标的平面运动映射成三维空间内的任意运动。现在，已经有一些设备可以提供六个自由度，如3Space数字化仪器和SpacebaU空间球等，以及一些性能比较优异的设备，如数据手套和数据衣等。

5.立体声

以使人能够很好地判定声源的方向。在水平方向上，我们靠声音的相位差及强度差来确定声音的方向；因为声音到达两只耳朵的时间，即距离不同。常见的立体声效果就是靠左、右耳听到在不同位置录制的不同声音而产生的一种方向感来实现的。现实生活中，当头部转动时，人听到的声音的方向就会改变；但目前的VR系统中，声音的方向与用户头部的运动无关。

6.触觉与力觉反馈

例如，在一个VR系统中，当用户看到一个虚拟的杯子时，他可以设法去抓住它，但是他的手并没有真正接触杯子的感觉，并有可能穿透虚拟杯子的"表面"，而这在现实生活中是不可能的。解决该问题的常用方法是在数据手套内层安装一些可以振动的触点来模拟触觉。

7.语音输入/输出

在VR系统中，语音的输入/输出也很重要。要求虚拟环境能听懂人的语言，并能与人进行实时交流。而让计算机识别人的语音是相当困难的，因为语音信号和自然语言信号有其"多边性"和复杂性特点。例如，连续语音中的词与词之间没有明显的停顿，同一个词、同一个字的发音都会受前后词、字的影响，不仅不同人说同一个词的语音会有所不同，就是同一个人的发音也会受其心理、生理和所处环境的影响而有所不同。目前，以人的自然语言为计算机输入信号有两个未解决的问题。首先是效率问题；为了便于计算机理解，输入的语音可能会相当啰唆。其次是正确性问题；计算机理解语音的方法是对比匹配，而没有人的智能。

8.形象跟踪技术

最近专家发明了一种形象跟踪技术。在VR系统中，用摄像机摄入人体动作形象，VR系统的某些数据参数就会根据人体形象的改变做出相应的改变。例如，当人在摄像机前做踢球的动作时，屏幕上被摄入的人体形象就会踢出虚拟的足球。

（三）VR技术常用的代表性设备

在VR系统中，有许多有趣的、功能不同的专用设备，下面选一些有代表性的设备予以简单介绍。

1.头盘显示器

头盔显示器是可移动式显示器，是一种半投入式视觉显示设备（图5-2）。使用时，用户可以方便地把显示器置于眼前；不用时，可以很快将其移开。HMD使用小型的阴极射线管，它产生的像素数远远小于液晶显示屏的饱和值，因而可以得到色彩比较柔和、分辨率为1280×1024像素的彩色图像。

2.数据手套

数据手套是一种输入装置。它可以把入手的动作转化为计算机的输入信号，由很轻的弹性材料制成。该弹性材料可紧贴在手上，同时其上附着许多位置、方向传感器和光纤，以实时监测手的运动状态。光纤可以测量出每个手指的弯曲和伸展程度，通过光电转换，手指的动作信息就可以被计算机识别。

3，电触摸手套

电触摸手套是一种触觉和力觉反馈装置。它利用小气袋向手提供触觉和力觉刺激。这些小气袋能被迅速地充气和放气。当虚拟手接触到一件虚拟物体时，存储在计算机硬盘里的该物体的受力模型即被调用，并控制压缩机迅速对气袋充气或放气，使入手得到一种非常精确的触觉。

4.数据衣

数据衣是为了让VR系统识别人的全身运动而设计的输入装置。数据衣可对身体上大约50个不同的关节，包括膝盖、手臂、躯干和脚等进行监测；通过光电转换，身体的运动信息即可被计算机识别，并通过HMD显示器或数据手套与虚拟环境实现交互。

二、VR技市简介

VR技术的本质是人与计算机间的通信技术，它几乎可以支持所有的人类活动形式，适用于所有人类活动的领域。正如许多报纸杂志里介绍的一样，VR技术在医疗领域也将大有作为。该技术可用于解剖教学、复杂手术过程的规划、为手术过程提供操作和信息上的辅助、预测手术的结果等。另外，在远程医疗中，VR技术也很有潜力。例如，偏远的山区有了远程医疗VR系统，患者不进城就能够接受名医的诊治；对于危急病人，利用远程医疗VR系统还可以实施远程手术，医生对虚拟病人模型进行手术，手术动作通过卫星传送给远处的手术机器人；手术的实际图像通过机器人身上的摄像机传回医生的HMD，并将其和虚拟病人模型进行叠加，为医生提供有用信息。美国斯坦福国际研究所已成功研制出远程手术医疗系统。

在航天领域中，VR技术也非常重要。例如，失重是航天飞行中必须克服的困难，因为在失重情况下物体的运动状态变得难以预测。为了能在太空中进行精确的仪器操作，就要对宇航员进行长时间的失重仿真训练。为了逼真地模拟太空中的情景，美国航天局（NASA）在"哈勃太空望远镜的修复和维护"计划中采用了VR仿真训练技术。在训练中，宇航员坐在一个模拟的具有"载人操纵飞行器"功能并带有传感装置的椅子上。椅子上有用于在虚拟空间中做直线运动的位移控制器和用于绕宇航员重心调节宇航员朝向的旋转控制器。宇航员头戴立体头盔显示器，用于显示望远镜、航天飞机和太空的模型，并用数据手套作为和系统进行交互的媒介。训练时，宇航员在望远镜周围就可以进行操作，并且通过虚拟手接触操纵杆来抓住需要更换的"模块更换仪"。抓住模块更换仪后，宇航员就可以利用座椅的控制器模拟在太空中的飞行。

当然，VR技术的应用远不止以上这些。随着计算机技术的进一步发展，虚拟现实与我们的生活将日益密切。

有些人把VR技术称为"灵境技术"，认为它是20世纪末兴起的一门崭新的综合性信息技术。但情况并非完全如此。为了能够比较准确和完整地理解VR技术在体育领域的发展过程，我们对下面的一些实际情况作简要介绍。

（一）利用各种先进的硬件技术及软件工具进行的 VR 活动

从 20 世纪 80 年代以来，各行各业在进行技能或者技巧训练时，或者从事某些特殊环境下的训练时，都在利用仿真模拟设备，可以说，模拟环境的训练在早期主要是通过硬件环境的仿真进行的。但是我们必须承认，VR 技术也经历过这样一个阶段，即硬件模拟阶段。例如，国外从 20 世纪 60 年代、国内从 20 世纪 80 年代就开始建造飞机驾驶舱及其各种仪表的模型，然后用计算机来模拟环境的变化，让驾驶员进行操控练习。这样的 VR 系统就是要利用各种先进的硬件技术及软件工具，设计出合理的硬件、软件及交互手段，使参与者能交互式地观察和操纵系统生成的虚拟设备。而在体育领域中，人们在很多年以前就使用了固定自行车、划船器、跑步机、低压氧舱和高压氧舱等器械，进行体适能练习或者是生理功能习服性的训练，特别是最近十多年，已经有不少国家能够模拟高原的生存环境，实现"高住低练"，即在低压氧舱中模拟高原的环境，让运动员在其中居住，在正常环境下进行训练。但是客观地说，在体育领域利用硬件技术和软件工具进行模拟练习的水平还不是很高。上述各种模拟设备被广泛应用在航天展览、驾驶员培训等领域。

不难看出，上述实例都建立在实用性很强的硬件环境基础之上。相比之下，我国的 VR 技术在硬件环境建设方面的发展速度和系统质量相对滞后一些。

国家体育总局体育科学研究所体育系统仿真实验室正在研发一种 VR 帆船帆板训练系统。该系统将通过各种传感器采集来的现场数据，经过数学模型的运算实地驱动三维视景，构造出逼真的虚拟训练环境。这种环境既可以满足无训练条件（诸如无风无浪的条件）下完成训练任务，也可以针对特定运动员进行评价与分析。

（二）虚拟实景和虚景

许多人坚持称 VR 是计算机模拟的三维环境，是一种可以创建和体验虚拟世界的计算机系统。虚拟环境是由计算机生成的，通过人的视、听、触觉等作用于人，使之产生有身临其境感的视景仿真；并认为它是一门涉及计算机、图像处理与模式识别、语音和立体声处理、人工智能、传感与测量、仿真、微电子等技术的综合集成技术。用户可以通过计算机进入这个环境并能操纵系统中的对象，实现与虚拟环境的交互功能。三维环境下的实时性和可交互性是其主要特征。这和前面介绍的内容多少有些差别。因此，有一些人对大型的环境或者硬件仿真要求并不高，主要是利用现代计算机的常规技术（包括数字图像处理、计算机图形学、多媒体、传感器等多个信息技术分支）架构虚拟实景或虚景。从这个意义上看，VR 技术分虚拟实景（境）技术（如虚拟游览故宫博物院）与虚拟虚景（境）技术（如虚拟现实环境生成、虚拟设计的波音 777 飞机等）两大类。VR 技术的应用领域和交叉领域非常广泛，几乎到了无所不包的地步。在虚拟现实战场环境，虚拟现实作战指挥，虚拟现实飞机、船舶、车辆驾驶、训练，虚拟飞机、导弹、轮船与轿车的制造（含系统的虚拟设计）过程，虚拟现实建筑物的展示与参观，虚拟现实手术培训，虚拟现实游戏，虚拟现实影视艺术等方面的应用和产业的形成都有强烈的市场需求和技术驱动。

下面主要介绍和人体以及与体育相关的虚拟实景和虚拟虚景技术应用。

1. 医学

在虚拟环境中，可以建立虚拟的人体模型，借助跟踪球、HMD、感觉手套等仪器，学生可以很容易地了解人体内部各器官结构；还可以模拟在各种极限情况下（例如，高山环境、超低压环境或超高温、低温等）人体的结构和生理变化。

2. 体育游戏

丰富的多维运动体展示技术与3D环境使得虚拟环境成为特别理想的视频体育游戏工具。利用VR技术制作的体育游戏可以用夸张的力量和速度实现人们在现实世界中难以实现的梦想。在这里，当普通人戴上头盔和数据手套以后，可以在虚拟世界挑战运动极限，世界拳王甚至可以冲击世界纪录。所以体育游戏的玩家不仅可以在虚拟世界里体验到竞技体育带给人们的刺激，还可以体会到获得成功的满足。英国VR中心利用真正的拳击选手，在其身上布置标志点、标志块或者连杆采集数据，建立虚拟的拳击选手，用来为游戏站制作拳击游戏。

3. 运动器材展示

多方位、多角度展示体育器材、装备是体育器材厂商经常采用的宣传手段，因此采用VR手段来介绍、推销体育用品是经常可以见到的。

4. 虚拟环境下的运动与训练

在运动训练领域中，运用VR技术是再正常不过的事情了。但是，很少会只使用单纯的VR技术，经常还要用到相关的运用与训练设备。例如，射击、射箭等设备简单的运动项目，利用虚拟实景或虚拟虚景技术是最常见的。

5. 在医学生物科学领域的应用

国外利用虚拟人在虚拟环境中的运动从事人体运动学研究在生物力学研究领域已经比较常见；而在医学生物科学领域，利用虚拟人进行虚拟实景和虚拟虚景的试验也已不是秘密。

6. 体育场地设施管理培训

现代大型体育建筑物和体育设施中，不仅其土木结构比较复杂，水暖、电路、通风空调等线路也同样比较复杂。随着近年来全民体育的不断发展，为满足群众健身的需求，需要建设许多新的体育场馆，而新场馆的投入使用，又亟需大量体育场馆工作人员上岗。那么，为了加快对工作人员的培训速度，提高培训质量，建立虚拟实景的建筑物结构，水暖、电路和安全通道展示图是非常必要的。利用虚拟建筑物实景即可用于使工作人员或者其他人直观地了解建筑物的结构、水暖、电路和安全通道等的必要信息。

7. 体育场馆安全方案和紧急预案的虚拟技术方案

一次特大规模的体育赛事往往都会涉及许多安全保卫方面的策划和措施：一般来

说，有涉及重要人物的入场和退场的通道设计、观众的进出场口和紧急疏散通道、方案的设计；紧急事件发生时观众、防护人员和车辆的疏散通行路线设计；急救运输路线和到医院、指挥中心等路线的空中和陆上交通管制、疏导等方案和消防方案设计。制定所有这些方案不可以仅仅停留在文字上，最形象有效的办法是制定虚拟实景和虚拟虚景。

8. 虚拟环境下的特殊体验

国外利用VR技术治疗恐惧症的情况。在体育领域同样有许多情况，人们不方便和真实物体直接接触。例如，深海潜水运动的环境是不方便直接接触到的，在平时的训练中利用虚拟环境技术就比较容易实现；再比如，洞穴探险类的训练中使用VR技术也是很有价值的。

9. 航空运动模拟训练

和汽车和船舶驾驶训练一样，使用VR技术进行航空运动训练也是经常采用的方法，其使用价值比想象的还更大些。人们知道，航空器实训和虚拟练习在费用方面的差距是很大的。所以虚拟航空器练习受到许多国家的重视。

10. 团体操演练仿真

随着计算机技术的发展，在PC机上实现VR技术已成为可能。它是用计算机模拟的三维环境对现场真实环境进行仿真，用户可以走进这个环境，可以控制游览方向，并操纵场景中的对象进行人机交互。据有关人士介绍我国研究人员正在研究开发大型团体操演练仿真系统。团体操演练仿真系统分为三个子系统：队形或图案设计系统、行为动作生成系统和团体操队形或图案变化仿真系统。队形或图案设计系统负责设计团体操各个章节的队形或图案。行为动作生成系统能够根据捕捉到的人体数据编辑团体操需要的动作。团体操队形或图案变化仿真系统的目标就是将虚拟人群的初始队形连续变换到目标队形：首先，团体操队形或图案变化仿真系统定义虚拟人的初始位置和目标位置，其次，对路径进行规划，最后，实现基于事件驱动的团体操队形或图案的变化仿真。

GIS的属性及应用设备分析：

地理信息可以通过一系列数据集来表达。GIS是一个管理、分析和显示地理信息的系统。

GIS还包含了一套用以处理地理数据的综合工具，以使用户可以从三个不同的角度领略GIS所描述的地理全貌。

一、对GIS属性的解祈

（一）GIS是数据库

首先从空间数据库的角度看，GIS是一个包含了多种多样地理信息、与之相关的自然与社会科学信息的数据模型（包括要素、栅格、拓扑、网络等）和由时间因素构成的数据集的空间数据库。这种数字化多重表达方法和对空间数据的概括性表达方法的结合为进一步创建地理信息数据库奠定了基础。

另外，人们还实现了对现实地理世界的概括性算法和分层表达地理信息的算法，从而进一步奠定了动态 GIS 的基础。

（二）GIS 是智能地图

从空间可视化的角度看，GIS 是智能地图，同时也是用于显示地表上的要素和要素间关系的视图。底层的地理信息可以用各种地图的方式进行表达；而用这些表达方式可以构建"数据库的窗口"来支持查询、分析和编辑信息。

由 GIS 产生的数字地图也是用像素或点表示诸如城市或农村之类的信息，用线表示道路信息，用小块表示湖泊信息等。但是不同的是，这些信息都来自数据库，并且只在用户选择显示它们的时候才能被显示。数据库中存储着诸如这个点的位置、道路的长度，甚至湖泊的面积等信息。数字地图上的每一条信息都位于某一个层上，用户可以根据需要打开或关闭这些层。某一个层也许构成了一个地区所有的道路信息，另外的层也许表现了同一个地区所有湖泊的信息。当然，也许还会有一个层描述所有的城市信息。

有的专家提出：简单地说，GIS 系统是将描述"在什么地方"的信息与描述"这是什么"的信息连接在一起的制图软件。GIS 系统将描述位置（地方）的层信息结合在一起，通过这些信息可以使用户更好地认识这个位置（地方）。最近几年，国内外开发的局域性电子地图多数兼顾到了 GIS 系统特性，即不仅仅提供二维或者三维的地理空间信息表达，解决了"在什么地方"的问题，而且还提供了与地理空间信息相关的其他信息，解决了"这是什么"的问题。这类系统在智能电子地图的窗口上提供了足够的空间，允许人们在空间地理信息表达的同时，连接更多的其他信息，甚至可以嵌入活动的影像信息；这种思想为 GIS 在体育领域中的应用提供了丰富的想象空间和更多的自由度。

（三）GIS 是信息转换工具

从空间处理的角度看，GIS 是一套从现有的数据集获取新的数据集的信息转换工具。这些空间处理功能从已有数据集提取信息，然后进行分析，最终将结果导入数据集中。

真正的 GIS 绝不是一个单向的数据展示系统，在这些地理信息表达产品中，单向性的数据库展示产品居多，且几乎都自称为"某某地理信息管理系统"。因此，作者在此提请体育专业人士注意，在试图利用空间表达技术为体育专业管理服务时，不仅要考虑到 GIS 技术是一种表达技术，更重要的是要充分发挥 GIS 软件系统的数据处理和分析功能。

二、GIS 的硬件与软件

（一）地理信息系统的硬件

GIS（地理信息系统）的硬件部分一般由计算机与一些外围设备组成。计算机是硬件的核心，用于数据和信息的处理、加工与分析。外围设备包括数据的采集设备，如数字化仪、解析测图仪、扫描仪、测绘仪器及光笔、手写笔等。数字化仪用来将地图的模拟信息转换成数字形式（矢量格式）；扫描仪用来扫描输入栅格数据，或扫描输入图像数据，再经计算机矢量化处理后成为数字形式；解析测图仪可从遥感影像上采集空间数据。数据可以通过以上这些外围设备以与计算机联机的方式输入，也可以由数字测图部门直接提供。GIS 的输出和存储设备也是标准的计算机外围设备。输出设备有绘图仪及高分辨率显示器等；而大容量硬盘、光盘则可用来存储大量的空间地理数据。

光笔由笔体、透镜组、光导纤维、光电倍增管及开关电路组成。光笔头部的透镜组将收集的光聚焦到光导纤维的端面上，由光导纤维将光引导到光笔另一端的光电倍增管上，光电倍增管将光信号转换成电信号，经过放大整形后输出一个电平信号，送给计算机。光笔具有定位、拾取、跟踪等多种功能，可用光笔在屏幕上拾取点和图形，也可以让光标跟踪光笔，在屏幕上直接作图。

（二）地理信息系统软件

GIS 软件开发的比较多，有国外出品的，也有国内出品的，还有一些是行业内部开发的专门软件。主要包括：ESRI 公司的 ESRI 产品系列；MapInfo 公司的 Mapinfo 产品系列；中国地质大学开发的 MapGIS 地理信息系统软件；北京超星地理信息技术公司开发的 Super Map 系列软件产品；武汉 Geostar 等。上面列举的每一个产品实际上都是一个软件系统，由数种功能各不相同但是又互相关联的软件组成。

这里仅向读者简单介绍一种比较常用的 GIS 软件；其他的软件系统尽管名称不同，但主要组成部分或者软件使用方面有许多地方是相通的。

1.Mapinfo 产品系列简介

MapInfo 公司出品的桌面地图信息系统软件——Mapinfo。

（1）MapInfo Professional 是 MapInfo 公司主要的软件产品，它支持多种本地或者远程数据库，较好地实现了数据可视化，生成各种专题地图。此外，还能够进行一些空间查询和空间分析运算，如缓冲区等，并通过动态图层支持 GPS 数据库。

（2）Map Basic 是为在 Mapinfo 平台上开发用户制定程序的编程语言，它使用与 BASIC 语言一致的函数和语句，便于用户掌握。通过 Map Basic 进行二次开发，能够扩展 MapInfo 功能，并与其他应用系统集成为 MapInfo Professional 用户界面。

（3）MapInfo Pro Server 是应用于网络环境下的地图应用服务器，它使得 MapInfo Professional 运行于服务器终端，并能够响应用户的操作请求；而用户端可以使用任何标准的 Web 浏览器。由于在服务器上可以运行多个 Maplnfo Professional 实例，以满足用户的服务请求，从而节省了投资。

（4）Maplnfo MapX 是 Maplnfo 提供的 OCX 控件。

（5）Maplnfo Map Xtrem 是基于 Internet/Extranet 的地图应用服务器，它可以用于帮助配置企业的 Internet。

（6）Spatial Ware 是在对象—关系数据库环境下基于 SQL 进行空间查询和空间分析的空间信息管理系统，在 Spatial Ware 中，支持简单的空间对象，从而支持空间查询，并能产生新的几何对象。在实际应用中，一般使用 Spatial Ware 作为数据服务器，而 Maplnfo Professiona 作为用户端，可以提高系统开发效率。

（7）Vertical Mapper 提供了基于网络的数据分析工具。

2.Maplnfo Professional 简单应用举例

Maplnfo Professional 是一种可以供用户端对地图进行处理的很实用而且方便的桌面软件。

例如一幅图中打开的分别是标志性建筑、长途汽车站、高架桥和地铁线路四幅分离图，它们实际上是构成一幅地图的一些基本元素（要素）。

把上述四幅图形即四个图层合并成为一幅地图，这是所有图层叠加后的观察效果。用户不仅可以在图层上添加图形标志，还可以添加注释，也可以将图和网页的某一部分进行链接。制作好的地图可以转成其他格式的文件进行保存或打印，也可以制作成可在网络进行传输的图形文件。

通过上述极为简单的介绍，读者也许会理解一幅数字地图实际上是好多基本图层的组合。而基本图层可以是输入的，也可以是人们利用软件工具自己画的或者是添加的。基本图层里面可以进行文字写入，在地图上标注文字也是十分正常的。此外，人们在浏览地图时，如果对地图的图层进行管理，人们就会在相同地理位置的地图依次读到含有不同信息的图层。

虚拟现实技术在高校体育教学中的应用：

一、 拟现实技术专业性强

经常接触国内体育游戏领域的创编人员和计算机图形领域的专业人员，就会深深地感觉到，不论是计算机游戏还是 VR 软件的创作和编制都是十分专业的工作，并且分工也很细致。从事此项工作需要各方面的工作人员。例如，美工、程序师、引擎设计和制作、统编等一系列人员，绝非简单技术。因此，真诚地希望体育专业的读者能注意到这个领域的专业性，在需要使用虚拟现实技术时，尽量请专业技术人员给予指导和帮助，这样会起到事半功倍的效果。

二、建立实景为基础的全景 拟图像

体育场地管理、大型赛会的安全保卫工作都需要了解体育设施的全景，因此全景虚拟图像或者数字地图具有很好的应用前景。2001年以来，我国一些学者已经注意到这方面。"电子地图技术是集地理信息系统（GIS）技术、数字制图技术、多媒体技术和虚拟现实技术等多项现代技术为一体的综合技术，它是一种以可视化的数字地图为背景，用文本、照片、图表、声音、动画、视频等多媒体为表现手段，展示城市、企业、旅游景点等区域综合面貌的现代信息产品，有大众GIS之称"。有的学者采用了基于实景图像的虚拟现实技术，即直接利用照相机或摄像机拍摄得到的实景图像（Real World Images）来构造视点空间（View Point Space）的虚拟景观。该方法具有快速、简单、逼真的优点，正在越来越多地应用于旅游景点、虚拟场馆介绍以及远地空间再现等方面，非常适合于实现虚拟旅游。所谓视点空间，就是指用户在一个观察点所观察到的球空间，它由不同焦距的全景图像按其焦距关系构成，反映了观察者在虚拟环境中某一观察点所能观察到的不同精确程度的场景空间。观察者可以在视点空间进行360°环视、俯视、仰视以及变换焦距等多种方式的观察。所能观察到的景观全集被定义为一幅全景图，对视点空间进行空间关联形成虚拟旅游系统。在观察时可以任意地转动观看，也可以改变视点，或是走近仔细观看。由于这些照片是相互连接的，所以只要照片有足够的精度就可以获得真实空间的感觉。同样，无论是在野外还是在复杂如迷宫的博物馆，通过建立以实景为基础的全景图像，就可以对周围进行观察，如果辅以声音，就可以获得更好的随意观察交互访问的效果。

三、用Ulead公司Cool360软件制作全景图像举例

在比较了造景师4.0、Panolama Factory1.6和Cool3601.0三个不同的全境图像制作软件之后，决定向读者介绍Cool3601.0软件的使用方法，主要原因是在国内Ulead公司的"我行我素"软件和Cool360是捆绑销售的，买到"我行我素"软件时，里面就带有正版的Cool360，这对于使用者来说就比较经济实惠。下面是使用Cool360制作全景图像的具体步骤如下：

第一步，打开Cool360。点击面板右侧工具"New Project（新建）"。这样在界面的中间就会出现一个对话框："New Project Wizard—Step1of3"，在这个对话框里面找到prose，点击它为将来做好的文件安排一个存放地址或文件夹然后点击"确定"。

第二步，输入照片。在下面的提示框里面指出："请在本项目中至少加入两张以上的照片，请在指定的文件夹中选择然后点击add（加入）或add all（全加入）。

第三步，点击"下一步"，出现一个对话框，这个对话框主要是选择用来拍摄照片的照相机和相机的焦距，如果你的相机不在右下角列出的那些照相机里面，就选择

"Custom（定制或标准）"然后点击"完成"。

然后点击"SAVE"，就可以把生成的图像保存在指定的文件夹里。看的时候，就可以在指定的文件夹里找到那个带有信封标志的"Cool"文件，双击它，Ulead-Cool360Viewer软件会自动进行播放。

第四步，关于Cool360使用的备注。在利用Cool360制作全景照片时，我们发现，一般情况下，需要提供周围360。景色照片18张，每张照片的视角20°，相邻两张照片的重合为15%，利用这些照片可以制作令人比较满意的全景照，当然用两张甚至一张照片制作全景照片也不是不可能的。例如，有人就用四张照片合成过全景照，但是效果并不是很好。所以在这里，希望体育专业的各位同仁，在拍摄准备用于全景照片制作的图像前，充分了解自己的照相机。一般合理拍摄的视角大约为20°。如果用的是变焦镜头，就可以通过适当的实验来验证自己照相机的视角大小。

GIS技术在高校体育教学中的应用：

GPS是Global Position System的简称，即全球卫星定位系统。有关专家把3S[GIS（地理信息系统）、RS（遥感技术）和GPS（全球定位系统）]合称为地理信息的三大支柱技术。可以看出GPS本身不仅是GIS的数据源，它本身也具有重要的使用价值。通常意义上的GPS是指美国全球卫星定位系统。它通过接受美国发射的24颗卫星中任意3颗以上卫星所发射的导航信号，经过计算，就可以在任何地点、任何时候准确地获得GPS接收设备和它所在物体瞬时的位置（包括：经纬度、高度、速度等位置）信息；如果和地图相结合，就组成了现代的GPS导航系统。GPS最初只是运用于军事领域，目前GPS已被广泛应用于交通行业，实现车辆的定位导航、防盗反劫、服务救援、远程监控、轨迹记录等功能。据报道，目前仅国产的"灵图"GDP软件用户就已经超过了10万户，由此可见，我国GPS装备的市场是十分广大的。在这个十分广大的市场中，绝大多数的个人GPS用户在使用时和体育运动相关。主要原因是绝大多数购买GPS产品的个人用户把GPS装备应用在体育旅游、越野、野外远足、长距离驾车旅行和登山运动中。

一、当前GPS产品的　类

目前比较常见的民用GPS设备有几种：车载GPS系统（笔记本加接收器GPS系统、PDA内置GPS系统和PDA及手机配蓝牙接收器的GPS系统）、手持GPS系统和GPS防盗装置。一般来讲，手机式的和PDA内置GPS的系统内存比较小，读图的速度相对比较慢。也有一些高端的PND类型（PDA+GPS）的产品，一般自带1G以上的硬盘，主频在300MHz左右，运算速度也比较快些。有些使用低端GPS产品参加汽车自驾游的人们曾经抱怨说：某种GPS产品的响应速度太慢，特别是在复杂的路口，几分钟都不能提供刷新的导航信息。

当前尽管GPS的产品型号品牌很多，但是本质上可以分为三大类。

（1）显示器、处理器和GPS接收器集成在一起的产品。

（2）显示器、处理器和GPS接收部分是分离的：使用者可以自己选择自己喜欢的显示器和处理器部分。例如，买一个自己喜欢的掌上电脑或笔记本电脑，买一份自己喜欢的数字地图软件，在购置一套专用的GPS接收设备和相关的软件。这样做会给喜欢野外运动的人带来额外的乐趣。另外，在许多大城市的电脑商场，有专门的柜台负责咨询和销售这类产品。

（3）用来跟踪车辆，防止车辆被盗、枪的GPS设备，在这里不多作介绍。

二、GPRS与GPS_结合带来的轨遇

GPRS是"通用分组无线业务"的英文缩写，它是在现有第二代移动通信技术GSM网络基础上叠加的一个专为高速数据通信而设计的新的网络，其充分利用了现有移动通信网的设备，通过在GSM网络上增加一些硬件设备和软件升级，形成一个新的网络逻辑实体。GPRS可以接入基于TCP/IP的外部网络和X.25网络，无线接口资源可根据业务流量和运营者的选择在语音和数据业务之间共享，从协议结构上提供了和IP网络的互通功能。GPRS能向用户提供Internet所能提供的一切功能。GPRS通讯的速率最高理论值可达171.2kb/s，目前传送速率可达到40～53kb/s。这就为在移动中的车辆提供了一个可以高速传输数据资料的必要的基础，并且GPRS的用户一开机，就始终附着在GPRS网络上，每次使用时只需一个激活的过程，一般只需1～3秒便即刻登录至互联网，比固定拨号方式接入互联网大致要快4～5倍。所以，利用这种技术人们可以将车载GPS上的位置数据或图像信号及时传输给中央控制室，也可将在运动的车辆中拍摄到的运动员实际运动的动作画面和位置信息同步的传输到大型赛会的指挥中心。实现真正的实时传输比赛的空间地理信息和运动员活动信息，并且还可以和控制中心进行双向交流。

三、体育领域应用GPS的事例

（1）GPS应用的一般情况。一般情况下，在我国许多人把GPS和越野运动、汽车自驾游、登山运动、野外远足等体育活动结合起来。利用GPS设备的定位功能和导航能力，寻找甲地到乙地的最佳路径，在行车过程中寻找行进方向和路线；在野外旅行的过程中随时了解行程的基本信息、所在位置和周围村落、道路等固定物的距离、所在地点的高度等信息。最新版本的数字地图，甚至可以给出所在地周围加油站或大型商店、酒店的信息。

此外，有一些专业GPS公司，考虑的就更多一些，让GPS深入人们的生活，甚至设计了专供人们在跑步健身活动中使用的手表式GPS。

（2）作为体育专业人士，在考虑GPS应用的时候，往往会希望把GPS方法和重要的体育活动结合起来，使它能够发挥更大的社会效益和经济效益。

第八章　高校体育教学与现代教育思想的融合

第一节　人文教育思想的融入

人文教育思想是高校体育教学未来发展的方向：

培养优秀、合格的人才是现代人文教育的主要目的，也是现代教育的重要使命之一。人文素养让人更加注重对精神层次的追求，使人的心胸变得更加宽广，行动更加自觉，道德更加高尚，谈吐更加不俗。人文素养是作为人本身最基本的修养，它主要体现在一个人对自己、社会和他人的认知行为当中。人文精神是人文素养的最高形态，主要体现在世界观、人生观、价值观、人格特征、审美情趣当中。只有把人文理论教育和人文实践活动有机地结合起来，才能达到人文教育的目的。在人文实践活动中融入人文理论教育，在人文理论教育中融入人文实践活动，不能把两者割裂开来。让学生亲近自然、善待自然是人文教育实现的有效途径。就我国人文教育现状而言，社会、学校、家庭应该为人文教育的开展创造更好的外部环境和氛围，尤其是学校，应该深层次挖掘各部门学科的人文底蕴，为学生的人文教育提供平台，促进人文教育的顺利实施。

一、人文教育思想是和谐社会发展的必然趋势

人文教育主张以人的和谐发展为目标，最终目的是通过教育促使人的尊严、人的本性、人的潜能得到最大程度的发展。它常常反对人为地、预设地、外在地去干涉教育本身，它批判现今主流教育的思想意识，建议发展人的天性、解放人的个性、激发人的潜能，最终促进学生全面综合发展。

在新课改的全面推进下，学生的人文素养受到前所未有的关注。新课改重视对学生人文素养的教育，它主张学生自身的和谐发展。这也成为我国新课改的神圣使命与核心理念。新课改明确指出，要使"学生具有强健的体魄和良好的心理素质，养成健

康的审美情趣和生活方式"。这是响应"健康第一"思想号召的体现，也是对学生人文关怀的体现。新课改一改以往只关注学生身体健康的做法，还主张让学生富有兴趣地成长。这是新课改最为重要的宗旨，它寄予着国家对未来主人的关怀与关心，在某种程度上彰显了社会的进步和教育的现代化，当然，最重要的是它体现了当今社会特有的人文精神。

二、人文思想在体育中的体现

纵观我国承办的2008年第29届奥运会，其主题是"绿色奥运、人文奥运、科技奥运"。"人文奥运"是北京向世界提出的一个新概念，它具有独特性、创新性，是三大口号中的灵魂与核心。"人文奥运"也是奥林匹克精神的彰显，早期的奥林匹克运动的思想来自文艺复兴至启蒙运动时期的人本主义思想，人本主义思想倡导民主、和平、进步、友谊、团结，它的奋斗目标是更高、更快、更强。现代奥林匹克运动的创始人顾拜旦早期创立奥林匹克运动的初衷就是使奥林匹克理想得到传播，以一种全新的视角去引导年轻人，使他们的身心得到和谐发展。

受奥林匹克运动的影响，学校体育也应该在健康的基础目标之上，把人的全面发展作为基本着眼点，对学生进行适时的人文关怀，倡导更和谐的校园生活。体育有利于学生增强体质、提高身体素质、更好地理解和感悟生活。从这点来看，体育与人文的内涵是一致的。从这种人文理念出发，要求学校体育教学的目的设定为培养德、智、体、美全面发展的新型人才。

三、人文教育思想在传统体育教学工作中的缺失

我国早期的学校体育教育的主要目的是"增强体质"和"传授技能"。而当今素质教育更侧重于发展学生的心理素质和社会适应能力，教学生学会如何做人。学校体育兼有身体属性和社会属性，在道德教育、修身养性等方面，有着特殊的意义和价值。当今社会，人文思想日益显现，学校体育必须改革自己的方针，响应人文教育的号召，摆脱传统技能教育的束缚，释放学生的天性和人文性。正如吕部长所说："体育不仅能强壮体魄，培养孩子不怕困难、不怕挫折和失败的精神，还能培养孩子敢于比赛、敢于竞争、敢于拼搏的精神，另外对培养孩子与他人合作、团结协作的精神也有一定的帮助作用。"

四、人文教育思想成为"体育与健康"课程改革的核心理念

我国"体育与健康"课程改革的根本指导思想是"健康第一"，学生在学校的体育学习中能够通过各种学习方式、锻炼方式达到身体健康，为了体现"人"在体育教学中的重要性，"体育与健康"课程改革进行了价值本位的转移，即由学科为本位转向以人的发展为本位，学科教学以人的发展为本，服从、服务于人的全面健康发展，

关注人成为本次"体育与健康"课程改革的核心理念。

如今，我国正处在由应试教育向素质教育、由传统教学理念向新课改理念变革的时期，在这一变革的过程中，理念需要不断地与时俱进，人文精神需要融入其中。在体育教学过程中实施素质教育，最终提高学生的整体素质和全民素质。这向体育教师提出了新的要求，它要求教师对学生的实践能力和创新精神进行塑造，要求教师重视发展学生的个性，并注重对学生人文素养的培养。以往的体育教学只关注学生的身体训练，注重发展学生的体质，因而对学生的自我发展和人文修养有所忽略。在新课改的要求下，"体育与健康"课程注重培养学生的人文主义精神。把培养学生的人文素质纳入体育课程的教学目标范围，不仅是从学生个体长远发展的目标出发，也符合当今社会人文理念的号召，更是体育学科与时俱进的一种表现。只有人文精神渗透于体育教育之中，才能实现教育观念的推陈出新、与时俱进，使教师更好地认知和理解新课改，并把新课改深入具体的体育教学实践中。

人文思想在高校体育教学中的细微渗透：

一、树立富有"人文精神"的教学观念，设置新的教学目标

"终身体育""全民体育"的口号在我国相继提出。因此，在未来的体育教学之中，教师要注重对学生良好体育习惯的培养。体育与健康教育，主张"健康第一"；素质教育，主张发展学生的创造力，培养学生的体育能力。二者有一个共同的核心思想，那就是在注重发展学生的身体健康的基础之上，体育能对学生起到发展个性、发展道德素养的作用。因此，体育教师必须既抓眼前，又要兼顾长远，在增强学生体质之余，也大力发展学生的体育素养、体育习惯和体育能力。

二、设置符合大学生兴趣，可使其终身参与的教学内容

在人文体育理念的影响下，高校体育教学内容必须与时俱进、推陈出新。在教学内容的选取上，应听取学生的意见和建议，选取学生非常喜爱的体育运动项目，并兼顾有人文教育价值的内容。经历九年义务教育和高中体育教育之后，大学生在技能与体能方面，水平往往较高，个性特征也比较鲜明。因此，高校体育课必然以选修课形式为主。体育教学应该为学生提供更广阔的选择空间，帮助其拓宽视野，激发身上的体育因子，调动其参与体育运动的积极性，为其"终身教育"思想的确立奠定基础。

三、采用适宜的教学方法

适宜的教学方法，将会大大提高教学的效率。体育教师可以采用一些适宜的教学方法，让教学达到事半功倍的效果，教学方法可以采用情景教学、启发教学、互助教学、探索教学、小团体教学等，在一次次教学方法的尝试中，找到最适宜的那种方法，进而提高大学生体育锻炼的兴趣，培养大学生体育锻炼的情感，积累体育锻炼过

程中的经验，使其体育价值观日趋成熟。在具体实施教学的过程中，高校体育教师还应讲究方式方法，在激发学生体育热情和活跃氛围方面有所贡献。

长期以来，受苏联体育教学模式的影响，我国体育教学一成不变、枯燥乏味、模式单一。这种情况阻碍了学生身心的健康发展。为了改变、为了发展，体育教学应该提倡丰富多彩的教学模式。体育教师应广泛采用那些可以发挥学生主观能动性、发展学生身心、施展学生个性的教学模式，使得体育教学不仅仅只是传道、授业、解惑，还能够"寓教于乐"，教人学会学习，受用终生。同时，通过体育教学中学生个性的发展、互相合作意识的培养，学生人际交往能力也会得到进一步的提高。因此，体育教学在促进学生社会化发展的进程中功不可没。因而，"以人为本"的精神也体现在体育教师对体育教学模式的灵活掌控上。

就高校体育教育而言，它还是一种养成教育，通过对学生体育爱好的强化，逐步养成一种相对稳定的运动习惯，并通过长期的坚持，最终使之成为大学生健康的生活方式之一。

四、体育教学单一评价体系向复合型评价体系转移

体育教学评价若要体现人文精神，就必须做到：第一，不能为"评价"而评价。评价应该发挥其在教学中应有的作用，鼓励学生学习，不能走形式主义。第二，评价的形式应该更客观。过程性评价与总结性评价相结合，相对评价与绝对评价相结合，这既能确保体育教学评价的公正与公平，与此同时，也能在评价中彰显人文精神。第三，评价的内容应全面，既包括学生的自我评价和相互之间的评价，又包括对学生自身技能的考核，还应包括对教师的评价。

"以人为本"是现代教育的发展趋势，也是体育教学发展的必然结果，我们应该及时更新体育教育观念，进一步认识体育教育工作的内涵，并在体育教育目标的设定、教学内容的选取、教学方法的运用、新型教学模式的创新以及教学评价体系的更新等方面积极探索，将人文主义精神真正渗透到具体的体育教学实践之中。

人文教育思想在高校篮球教学中的示例：

一、篮球基本技术教学中人文教育的体现

篮球基本技术是对篮球比赛中各种进攻与防守的专门动作、方法的总称。篮球基本技术决定着篮球运动员技术动作的到位和应变能力的创新。因此，在篮球基本技术教学中，教师首先要保证学生能够灵活掌握基本技术，其次是启发学生对各项基本技术重新进行排列组合，并应用到实际的比赛中。不仅有利于学生技能水平的提高，也有利于学生创新思维的培养。

（一）篮球基本技术教学中人文教育的主要内容

1. "从基础做起，从小事做起"的做事态度

篮球运动专项中的走、跑、跳、投等系列基本技术动作的训练比较枯燥乏味，常常得不到学生应有的重视，教师要充分利用这一过程培养学生"从基础做起，从小事做起"的做事态度。

2. 创新意识和能力

无论是在个人战术还是在全队战术中，篮球基本技术的应用不是单一的、独立的，对个人而言，它是几种基本技术的基础配合，对全队而言，它是多名队员之间协调行动的简单攻守。

（二）篮球基本技术教学中人文教育的要求

1. 练习方法和手段的多样化

教师要利用有球和无球、有防守和无防守、个体和集体等形式上的变化来变换练习的方式，激发学生从事基本技术练习的兴趣，营造一个和谐的课堂氛围。

2. 评价要因人而异

基本技术的练习从内容上看是比较单一和枯燥的，特别是针对一些基础比较好的学生，这就要求教师在课堂上对学生的评价要有区别。对于基础比较好的学生要给予适当的负面评价，而对于基础弱一些的学生要进行积极性评价。

（三）篮球基本技术教学中人文教育的案例案例一：移动技术

目的：强化学生注重基础、避免浮躁的学习态度。

方法：通过讲解、观看赛事录像等形式的教学，使学生清楚各种移动技术作为一项基本技术在快攻、空切等战术配合中的广泛的应用性和重要性，强化学生重视基本技术的意识，避免浮躁的学习态度。

启发学生进行与移动技术相组合的各种组合技术的创编和练习，特别是兼顾移动技术与持球技术动作的组合练习，这样不仅可以提高学生的学习兴趣，加强学生对侧身跑技术的练习，同时，还可以增强学生的创新意识和创新能力。

案例二：个人防守技术

目的：培养学生攻防均衡的意识和全局意识。

方法：通过讲解，使学生建立攻防均衡的意识，并明确进攻和防守在篮球比赛中同等重要，每一次成功的防守都会为全队创造一次进攻的机会。

在练习方法上，要多进行攻防结合的实战练习，这不仅可以激发学生的学习兴趣，提高练习的质量和强度，同时还可以使学生认识到个人防守技术是全队防守战术的需要，是为全局服务的技术保障。

二、"中锋"技术教学中人文教育的体现

"中锋"主要活动区域是在离篮板5米以内的位置，而且往往站位在场上5名队员的中心。其位置重要性决定了中锋是组织全队战术配合的枢纽和桥梁，是决定全队攻守转换速度的关键人物，是影响和决定全队战术意志的核心，是场上身体能量和心理

能量消耗最多的队员。其娴熟的技术、全局的意识、硬朗的作风、顽强的意志是赢得比赛胜利的关键。下面将就中锋技术教学和训练中人文教育的问题进行阐述。

（一）"中锋"技术教学中人文教育的主要内容

"中锋"的位置特点和"中锋"所特有的技术决定了它所处的是进攻和防守方竞争最激烈的区域，"中锋"将面临一个甚至四五个防守队员的协防，所要承受的压力是很大的。这对"中锋"队员不仅在技术上，同时在自信心和作风上也提出了更高的要求。因此，在"中锋"技术教学中要着重培养学生硬朗的作风和高度的责任感。

（二）"中锋"技术教学中人文教育的要求

（1）在"中锋"技术练习中，教师要穿插一定量的身体练习，这不仅可以提高"中锋"队员的身体对抗能力，同时，还可以提高"中锋"队员在对抗当中的自信心和敢于拼搏的勇气。

（2）在"中锋"进攻技术练习中，教师要加大防守强度，模拟实战强度，提高"中锋"队员的心理抗压能力。

（3）在"中锋"防守技术练习中，教师要让"中锋"队员明确"中锋"位置防守的职责，使其树立高度的责任感和使命感。

（三）"中锋"技术教学中人文教育的案例

案例一：篮下强攻投篮技术

目的：培养学生敢于拼搏的勇气和作风。

方法："一对二"的强攻练习。3人一组，"中锋"进攻篮下，两人防守，要求"中锋"要大胆进攻，主动发力，合理运用强攻技术，抓住时机，控制节奏，敢于拼抢。

"二对二"的强攻练习。4人一组，两人进攻，两人防守，进攻方"中锋"强攻篮下，另一名队员在外线缓解"中锋"的压力，"中锋"队员可以通过传球、策应和掩护等技战术来组织进攻，主要培养"中锋"队员的战术意识和智谋。

案例二：协防、补防

目的：培养学生的协作意识和高度的责任感。

方法：利用"双中锋"来练习协防、补防技术，5人一组，3人进攻，两个"中锋"进行防守，进攻方可通过跳投、运球、传切、掩护、策应等技战术摆脱防守，防守"中锋"利用移动技术来协防、补防。此练习方法不仅可以练习"中锋"队员的防守移动技术、协防和补防意识，同时，更有利于培养两名队员间的协作精神。

三、篮球基础配合教学中人文教育的体现

篮球基础配合指的是篮球赛场上两三名运动员之间组织的小规模的简单攻守配合方法，它为全队战术配合奠定基础。因为对于任何一种整体战术配合而言，它都离不

开基础配合。

（一）篮球基础配合教学中人文教育的主要内容

1.团结协作的精神

比赛战场上的基础配合需要队员与队员之间的默契和大力协作，因此，在教学和训练中，培养队员的团队协作精神尤为重要。团队协作不仅有助于提高整个队伍的战斗力，还有助于个人人文素养的塑造和形成。

2.全局观念

基础配合是全队战术的基础。在比赛中，每一个基础配合都要符合全队战术的需要，因此，队员要具备全局观念，任何一个局部的配合都要为全队战术服务，确保全队战术的实现。

3.创新意识

全队战术是由多个基础配合组合而成，队员熟悉掌握基础配合的目的，就是要将各种基础配合合理组合成全队的复杂战术，这就需要队员具备较强的创新意识和能力，才能在比赛中将基础配合运用自如。

（二）篮球基础配合教学中人文教育的要求

1.培养学生的集体意识

通过思想教育，使学生认识到个人利益与集体利益的关系，个人行为要符合战术配合的需求，强化个人服从集体，局部服从整体的意识。

2.演练与实战应结合

教师应坚持配合的演练和实战的结合，同时，注重节奏的变化。应先教无球队员之间的配合，其次教两人配合，再教三人配合。

（三）篮球基础配合中人文教育的案例案例一：掩护配合

目的：培养学生协作精神和创新意识。

方法：讲授。教师通过讲解使学生明确掩护和被掩护队员之间只有互相协作才能为彼此创造更多、更好的得分机会。在练习中，教师要教导学生依据战术时机，多给掩护队员创造机会。教师要发挥评价的积极导向作用，对积极、主动掩护队友的同学应及时给予积极评价。教师应鼓励学生以分组讨论形式，将掩护配合和其他技战术组合运用到练习和比赛中，充分调动学生的主观能动性，并培育其创新意识。

案例二：关于配合

目的：培养学生的合作意识和责任感。

方法：关门配合作用于区域联防中，教师要重点讲解各区域的职责，使学生明确责任，并体会在关门配合中只有两个人默契协作才能抑制对方进攻队员的突破。

四、快攻战术教学中人文教育的体现

快攻是果断地进行攻击，利用最短时间创造人数、时间和空间优势的一种进攻战术。快攻也最能体现篮球运动的迅速、灵活、全面、准确的特点，它对培养篮球运动员积极主动、勇猛顽强的作风，提高身体素质水平，形成迅速、全面、灵活、准确的技术等都起着重要的促进作用。

（一）快攻战术教学中人文教育的主要内容

快攻技战术的特点决定了其在比赛和训练中对培养运动员的意志品质、协作意识、顽强拼搏的精神等方面具有独特的作用。

（二）快攻战术教学中人文教育的要求

1. 快攻的理论讲授有利于增强学生的协作意识和奉献精神

快攻的成功往往都是全队上下共同努力的结果，每一个人都要为全队的目标共同努力，牢固树立"只有我为人人，人人才能为我"的奉献精神。

2. 快攻的战术教学

快攻的战术教学要按照发动与接应、推进、结束三个阶段来分解教学，使学生明确不同位置所应承担的使命和任务。使学生体验到无论得分与否，自己或者他人在这个战术中是不可或缺的。

（三）快攻战术教学中人文教育的方法和手段

案例一：二攻一配合方法

目的：增强学生的协作配合意识。

方法：当比赛结束阶段形成二攻一的局面时，两个队员之间应保持适当距离，依据防守队员的位置和防守情况进行配合。

要求：进攻队员处理球要果断。进攻的两名队员必须通过一次掩护、传球等配合手段来完成本次进攻。对于通过合理配合完成进攻的要给予即时性的积极评价，特别是给予掩护队友和传球的队员以积极评价。

案例二：五打五练习

目的：培养学生的整体意识和使命感。

方法：由教师在篮下抛篮板球，10名场上队员分两队，抢到篮板球的一队发动快攻，另一队转为防守。

要求：抢到篮板球后，进攻方队员要分工明确，跑动路线清晰，做到有接应、有快攻。教师的评价要以集体为单位进行即时性评价，重点强化整体意识和责任意识。

五、全队战术中人文教育的体现

篮球比赛中的全队战术是指在正常比赛的篮球战术活动中，全体队员共同遵守的战术行为准则，它能体现出全队的实力和风格。全队战术活动必须有统一的指挥思想，使得队员之间明确自身和了解对手，与此同时，全队战术还要求队员之间在比赛过程中要团结协作、互相配合，及时灵活地根据赛场的变化而变换对策，充分展示出团队战术配合的针对性、组织性和实效性。

（一）全队战术教学中人文教育的主要内容

与个人战术和区域战术不同的是，全队战术要求全场队员都要参与其中，这要求全队上下不仅要有心力（知情意等）、物力（身体和个人技术），同时还要具有外力（集体力量），这种外力在比赛中则表现为统一的战术策略。对全队战术教学中学生人文教育的培养就有利于这种外力的生成，如人文素养中的个人服从集体、甘于奉献、局部服从全局等精神都是最好的印证。

（二）全队战术中人文教育的要求

1. 优化全局意识的思想教育

青少年的表现欲比较强烈，特别是在比赛中，喜欢单打独斗，缺乏配合意识。全局意识，就是要让学生明确篮球作为集体项目，协同防守、协同进攻的集体对抗性是其重要特征。只有通过全队的共同进退才能获得比赛的胜利。

2. 发挥积极评价的导向作用

在全队战术配合的演练以及比赛过程中，教师对合理的，甚至是不合理的全队配合都要给予积极的评价，而对个人进攻不做积极评价，甚至要给予适当的批评，不断强化全队协调配合的协作意识和战术意识。

（三）全队战术中人文教育的案例

案例一：半场人盯人防守战术

目的：培养学生相互鼓励、相互协作的精神和与集体共荣辱的意识。

方法一：教师在场地上现场演示半场人盯人防守的阵式，

阐明其配合方法，让学生了解各个防守队员的位置、任务和要求，建立完整防守的概念。使学生清晰认识到，全队5个人的守卫就像"抗洪大堤"的5条防护带，一处决口将会全线崩溃。

方法二：在练习过程中可以将防守队员减少一名，通过这一过程使学生亲身体验到人盯人防守缺一不可，只有通过全队的共同协作才能达到防守的目的。

练习中教师要以团队为单位进行评价，充分发挥评价的导向作用，使学生理解个体行为影响的是集体的荣辱。

案例二：区域联防

目的：培养学生团队配合的意识和能力。

方法一：教师在场地上现场演示区域联防的阵式，将5个区域进行清晰划分，并分别讲授各个防守区域的任务和要求。使学生清晰认识到，在区域联防中每两个区域的交界都是防守的薄弱点，都需要其他队友的补防和协防，才能更有效地抑制对方的进攻。

方法二：教师在学生进行区域联防的练习过程中要及时对参与补防和协防的队员给予积极的评价，强化学生补防和协防意识，即队员之间相互协作的意识。

六、身体训练教学中人文教育的体现

身体训练，又称体能训练，是指在训练过程中教师运用各种练习有效地影响运动员身体形态、提高有机体技能和运动素质的特殊训练，是对运动员的走、跑、跳、投等基本能力的极限的一次次超越，是对学生的身体和心理的潜力的挖掘。因此，其训练较为枯燥和艰苦。这就决定了体能训练的功能不仅仅是提高学生的体力和综合运动能力，同时也能够加强对学生的顽强拼搏、吃苦耐劳、勇于挑战的人文精神的培养。下面将重点论述在身体训练过程中对学生的人文精神的培养。

（一）身体训练中人文教育的主要内容

身体训练不仅有提高运动员的走、跑、跳、投的基本能力的作用，还能够改变其身体形态。通过身体训练对学生进行人文教育的主要内容是对学生的意志品质、协作精神和竞争意识的培养。

（二）身体训练中人文教育的要求

1. 强化训练育人的意识

人文教育最重要的教育形式应当是隐性的、潜移默化的。因此，不要把体能训练的功能弱化，要在体能训练过程中将人文教育贯穿其中，充分发挥体能训练的教育功能。

2. 强化环境育人的意识

营造舒适安全的自然环境和和谐的人文环境是训练质量和有效进行人文教育的重要保障。舒适安全的自然环境是指身体训练场馆的周边环境要优雅、舒适和安全，这样能使学生在身体训练中保持轻松的心理状态。和谐的人文环境是指在训练过程中师生之间、生生之间要相互保护，相互鼓励，以使学生在训练中保持积极、乐观的心理状态，增强师生之间、生生之间的人文关怀。

3. 坚持一般体能训练与专项体能训练相结合

在合理安排一般体能训练的同时要合理安排专项训练，任何专项体能训练对身体都有特殊的要求，一般体能训练并不能代替专项体能训练。要合理确定一般体能训练与专项体能训练的比例，要做到因时、因项和因人而异，满足学生的个体训练需求，从而激发学生的积极性。

4. 强化思想政治教育

体能训练的一些方法往往比较枯燥，因此，在训练中加强学生的思想政治教育，可提高他们对身体训练的重要性的认识，培养他们吃苦耐劳的意志品质。

（三）身体训练中人文教育的方法和手段

在身体训练过程中要尽量将人文教育融入身体素质训练中，使学生的情感在隐性的教学形式中得到潜移默化的熏陶和影响，从而达到培育其人文精神的目的。

案例一：力量训练中的上肢卧推练习

目的：培养学生的人文关怀精神和相互协作的团队精神。方法：可以3人一组，1人训练，两人保护，保护人不仅要起到保护作用，同时要给予练习者以精神上的支持和鼓舞。在练习结束后，相互间要进行按摩、放松，让练习者充分体验同学间的关怀。

要求：（1）教师分组要考虑同组人员的上肢力量情况，以较为接近为宜。

（2）练习中教师要以团队为单位进行评价。

案例二：下肢力量练习——"蜈蚣赛跑"

目的：培养学生的团队协作能力和下肢力量。

方法：教师将学生分成人数相等的若干组，每组前面队员的左（右）脚由后面队员用其左（右）手抬起，其右（左）手放在前面队员的肩膀上，并纵队排开，全队站在起跑线以内，当听到起跑命令后，所有队员均采用单腿跳的形式前进，全部队员最先冲过终点线的一组为获胜方。

要求：中途有非起跳腿着地者视为失误，则本组返回起跑线重新开始。

案例三：速度素质训练中的折线跑

目的：增强学生的竞争意识。

方法：教师将学生分成人数相等的若干组。练习以组间竞赛接力的形式进行，每个组员往返一次半场折线跑后，击掌接力，最先完成的一组为获胜方，失败的一组全体组员每人做5次俯卧撑。

要求：教师分组要考虑男女生人数均等，身体条件均衡，保证竞赛的激烈程度。队友之间可以呐喊助威，营造竞赛的氛围，有利于产生集体归属感。

案例四：专项弹跳训练——抛篮板球接力

目的：培养学生的竞争意识、集体主义精神和空中动作协调能力。

方法：将全体学生分成人数相等的两组，每组持一只篮球，全体队员面向篮板，第一名队员向篮板抛球后，由下一名队员跳起在空中将篮球再次抛向篮板，后面队员依次反复，直到本组抛接篮板球达50次，最先完成的一组为获胜方。中间有人失误则重新计算。

要求：所有人必须同时喊出本组的完成次数。抛球人必须在空中将球抛出。

第二节　科学教育思想的体现

科学发展观指导下的高校体育教学的新发展：

以科学发展观为指导，顺应时代发展的潮流是高校体育教学发展的必然趋势，体育教学只有顺应这个趋势，才能实现可持续发展。

一、学校体育教学应重视培养学生的自觉能动性

（一）激发学生的体育兴趣

在学校体育教学中，如果体育教师能够充分尊重学生的体育兴趣、满足学生的体育需要，那将极大地激发学生学习体育的热情，为学生终身的体育学习打下坚实的基础。由此可见兴趣之于学生的重要性。因此，体育教学应激发学生学习体育的热情和兴趣，加强学生学习体育的信心，提高其积极性，使学生在掌握体育与健康的基本知识和运动技能的同时，学习体育的基本方法，选择自己喜爱的体育项目，体验锻炼身体的乐趣，形成终身锻炼的意识和习惯。

（二）培养学生的自觉能动性

西方著名学者杰弗里斯曾说过："知识的奇特就在于：谁真正渴求它，谁就能够得到它。"因此，在体育教学过程中，

必须培养学生积极、主动、自觉地探究知识的意识。只有学生才是学习和发展的主体，只有把学生培养成为教学活动的主人，使其积极主动地学习，才能提高学习效率。

（三）教师的体育活动设计科学化

教师对学生参与活动的先行设计，在一定程度上决定了学生能否积极、主动地参与体育教学过程。与很多文化学科教学相比，体育学科教学给学生施加的压力要小得多。基于此种情况，体育教师应抓住这一契机，让学生在繁重的文化课后卸下包袱，释放自己，轻装上阵。体育课的教学设计应该为学生多创设一些轻松愉悦的氛围，为学生提供释放自己、展示自我的平台，通过以上这些措施，学生就会切实地感受到运动的乐趣和价值，从而更加主动地参与体育运动锻炼，并把体育运动锻炼发展为自己的终身爱好。

二、有效实施"阳光体育"

教育部和国家体育总局于 2006 年 12 月 20 日下发了《关于开展全国亿万学生阳光体育运动的通知》，正式提出"阳光体育"的总体目标。根据该目标的指导，"校园阳光体育"的内容选取，应体现"时代性、持续性和针对性"原则，使学生从喜欢到习惯，再到自觉参与。在内容决定形式的前提条件下，"校园阳光体育"的活动形式选择，应根据不同的活动内容和目标任务，紧密结合诸如早操、下午体育活动、运动会、高校联赛等有效手段，巩固活动的内容，进而实现最终的终身体育目标。

终身体育是学生步入社会后所面临的一个贯穿一生的自发、自主的教育过程。它

是人们为了满足个体身心健康和闲暇娱乐的需要，根据自己处于不同阶段的身心特点与健康状况，根据自己的工作性质与职业特点，选择或重新学习体育锻炼的内容。值得一提的是，终身体育锻炼的内容、形式、时间和地点等方面都具有自发、自主的特点。这就使得终身体育教育思想对学校体育教学提出了高层次的新要求，体育教学中应注重学生兴趣和自觉锻炼的意识培养，最终达到人的全面发展的终极目标。

高校网球运动教学方法的科学化示例：

一、高校网球运动教学工作的科学概念

网球教学的原则是网球教学过程中客观规律的反映，是网球教学实践中成功经验的总结和概括，它对网球的教学工作具有普遍的指导意义。

网球运动的教学工作是教师根据一定的目的、计划和学生身心的特点，指导学生掌握网球的理论知识和技术技能，增强体质，发展认识能力，培养良好道德和意志品质的教育过程。网球教学工作包括以下三个方面的任务。

第一，帮助学生初步掌握网球运动的基本理论知识、基本技术战术和基本技能。使学生对网球运动有个系统的、全方位的了解，为日后网球的深入教学和技战术水平的提高打下坚实基础。

第二，提高学生身体素质、增强学生体质。网球运动是一项速度特别快、变化特别多的运动项目，经常参加网球运动可以改善人的中枢神经系统机能，发展速度、灵敏、耐力和力量等素质。同时，健康的体魄和良好的身体素质又是学习与掌握网球技术不可缺少的条件。

第三，培养良好的思想道德和意志品质。网球运动体现了一个融知识、技能、素质、道德、意志品质与情感为一体的过程，这一过程贯穿整个教学。如果教育得当，能使学生的意志品质得到有效的培养。同其他球类项目一样，网球运动也具有激烈紧张、对抗性及竞争性强的特点，学生在参与时，总是伴随着强烈的情绪体验和明显的意志努力。因此，教师应通过教学，培养学生勇敢顽强、吃苦耐劳、坚持不懈、克服困难的思想作风；培养学生团结友爱、集体主义和爱国主义精神；培养学生机智灵活、沉着果断、谦虚谨慎等意志品质，使学生保持积极健康向上的个性心理品质。

在实际教学工作中，学生必然会遇到这样或那样的困难，在克服这些困难的过程中，学生将逐步形成自觉锻炼、坚强果断的意志品质。教师应借助有针对性的一般发展和专门身体训练，发展学生机体的机能能力，促进基本心理过程的发展；以集体游戏的手段和方法，发展学生的个性心理品质。

总之，为了使学生能成为真正符合培养目标的人才，保证网球教学工作的顺利进行，思想教育工作是不容忽视的。

以上三个任务密切相连。思想教育是完成前两项任务的保证，网球教学必须与其相结合。提高学生身体素质、增强学生体质需要有一定的方法，而掌握网球的技术、

技能离不开必要的身体素质。但它们又有区别，技术教学是教学因素多，而身体素质训练是锻炼因素多。因此，在强调它们之间的联系时，应防止互相代替；在强调它们的区别时，又要防止绝对化。

二、高校网球教学工作需要坚守的科学原则

（一）培养和提高学生的自觉积极性

在网球教学中要启发学生明确学习目的，调动学习主动性，培养独立思考能力和创造精神，引导学生融会贯通地理解和掌握教学内容，并在实践中加以运用。

发展学生自觉积极性的依据主要是由教和学双边活动的特点决定的。学生完成学习目标固然是在教师的教导下达到的，但是，教好只是学好的条件，不可能代替学生学好。学好要靠学生主动钻研、勤于实践的刻苦努力。学生的这种努力来自对学习意义的认识和由此产生的学习兴趣、学习愿望以及正确的学习目的。教师的教是学生学好的必要条件，对学生的学习起着主导作用，因此，启发、提高和充分发挥学生学习的自觉积极性是教师教好的重要工作之一，应把它体现在教学工作的各个方面。

发展学生的自觉积极性应注意以下几点：

第一，提高学生对学习目的性的认识，端正学习态度。一个人做任何事情，行为是否认真、努力，取决于他对行为意义的认识和理解。学生的学习行为也是这样。因此，在网球教学中，教师应联系实际，对学生反复进行学习意义和目的性的教育。教育中要注意揭示网球的社会意义及与学生自身的发展、完善之间的关系，使其明白学习网球并从事网球锻炼既是自身的需要也是社会发展的需要，将这二者有机地联系起来。在进行网球学习目的性的教育时，教师要不断深化学生的认识，端正学生的学习态度，培养学生进取、拼搏的精神。这方面的教育可结合每学期开学时动员学习的教育、对具体教学内容的学习意义的教育，以及纪律教育、品德作风的培养等进行。

第二，确定学生应达到的教学要求。网球教学中的教学要求是多方面的，除掌握教学内容外，还有对学、练态度的要求，完成练习量的要求，组织纪律和意志作风的要求，安全卫生要求，团结互助以及爱护公物的要求，等等。一般来说，网球教学中提出这些要求都是必要的，但过高、过低或过多的教学要求，会影响学生学、练的积极性，因此，所提出的要求应是完成教学任务必不可少的，是学生经过努力可以达到的。

第三，激发学生学、练的愿望和兴趣。愿望和兴趣常常是积极行动的先导。学生的心理特点决定了他们兴趣的广泛性和不稳定性，也决定了他们对网球运动的特有兴趣。为了激发和保持学生的这种愿望和兴趣，教师应使教学活动具有启发性、知识性、变异性、游戏竞争性和鼓动性。

第四，合理组织教学活动。教学活动的合理组织可促使学生精神饱满、体力充沛地完成教学任务。教学组织松散，会导致纪律涣散，注意力不集中。而过严的教学组

织，则会使学生在学、练中机械、呆板，降低学、练活动中应有的生动活泼情趣。课课雷同的教学活动也易使学生生厌。因此，在安排各项教学活动时，教师应根据教学内容、学生特点、季节气候和场地设备条件等实际情况，使教学活动常有变换，防止千篇一律。同时，还应使教学过程张弛有道、各有侧重，既严肃紧张又生动活泼。

（二）教学活动的直观性

直观性是指在网球教学中利用学生的感觉器官和已有经验，获得生动的表象，并结合积极思维和反复练习，以掌握网球的知识、技术、技能，培养学生的观察能力和发展他们的思维能力。

在网球教学丁作中，尽量利用学生的各种器官感知动作形象，使其形成清晰的表象，以达到初步掌握网球理论、技术和战术的目的。

直观性以人们对事物的认识规律为依据。任何知识的来源都在于人的感官对客观外界的感觉。网球教学中学生掌握网球知识、技术和技能，都无一例外地必须从感知开始。因此，网球教学中首先应引导学生通过感觉器官生动地感知教材，建立正确的动作形象和概念，这对学生掌握教学内容，教师完成教学任务有重要的意义。

运用教学活动的直观性应注意以下几点：

第一，明确直观目的，正确运用直观教学方式。运用直观教学方式要有明确的目的，防止为直观而直观。应根据完成教学任务的需要、教材的性质和动作技能形成的不同阶段，以及学生的接受能力和可能条件等，有区别、有针对性地加以运用，并根据需要选用各种有效的直观教学方式，综合地作用于学生的有关感觉器官，以取得最佳的直观效果，同时要选择好运用直观教学方式的位置，把握好使用的适宜时机，这就要求教师在课前做好充分的准备。

第二，广泛运用各种直观教学方式。在教学中应注意直观教学方式运用的多样性，如动作示范、观摩优秀运动员的练习与比赛、教具演示、观看电影与录像、徒手动作示范、手把手地练习以及跟着教师做模仿练习等。在网球的技术教学中，开始时视觉往往是主要的，听觉是次要的；而概念一经形成，进人通过反复练习达到掌握动作的阶段，肌肉本体感觉就显得非常重要了。

第三，联系学生经验，运用语言直观。与其他直观教学方式比较，语言的作用既能描述事物的形象，又能揭示事物的内在联系，做到清晰人微。当教师语言的运用与学生已有的经验联系在一起时，语言就具有作为直观教学方式的显著作用。随着学生经验的丰富和抽象思维的发展，语言的直观教学方式作用也随之扩大。因此，运用语言直观时，需联系学生已有的经验并加以生动形象的描述。

第四，运用直观教学方式要与学生的积极思考相结合。掌握网球运动的本质与全貌，必须从感知到思维再到理解，只有理解了的东西，才能更深刻地感知它。因此，在教学活动中教师运用直观教学方式时，应引导学生有目的、有重点、有层次地进行观察。不仅要让学生了解动作形象，还应引导学生积极思考，从生动的直观到抽象的思维，透过现象了解动作技术的特点和有关联系，弄清动作的技术结构、技术关键和完成的方法与要领，以及掌握该动作的意义和作用，然后进行反复练习，并在基本掌握动作的基础上加以运用。这样，学生不仅感知、理解了所学的动作并能较顺利、较正确地掌握动作，同时也培养了学生观察和分析问题以及运用的能力。

例如，在提高正手抽球技术的练习中，教师应启发和帮助学生找到自己正手抽球技术存在的问题，分析产生问题的原因，选择适合自己特点的练习手段等。练习结束后，还要启发学生想一想，练得如何，有什么体会，还存在什么问题，下次怎么练等，这对于学生理解并掌握动作，发展智力，提高分析问题和解决问题的能力，加强学习效果具有十分重要的作用。

（三）网球教学中应注意从科学实际出发

教学的任务、内容、组织教学和运动负荷的确定与安排，都要符合学生年龄、性别、身心发展的特点和网球知识、技术、体能水平，以及教学条件、地区气候等实际情况，以便学生接受，便于教学工作的进行。

从实际出发是根据做好教学工作的需要和学生身心发展规律的要求提出来的。不论做什么事情，只有使主观认识、主观愿望与客观实际相一致时，才能取得良好效果。网球教学的对象是学生，通过教学不仅要使学生掌握网球的基础知识、基本技术和技能，还须促进学生身心协调、健康地发展。这主要是通过在一定条件下，学生对动作经常性、反复性的练习来达到的。在这个过程中，存在着一个学生对教学任务及要求经过努力是否能达到，对教学条件、教学方法以及运动负荷等是否能适应的问题。这些都要求网球教学的设计要适合学生身心发展的特点和规律，为学生所能接受，这样才能较好地促进学生身心的协调发展，较好地完成网球教学任务。由此可见，在网球教学中正确、切实地贯彻从实际出发的原则，具有重要的意义。

教学中从实际出发应注意以下几点：

第一，全面了解有关网球教学的情况。了解情况是做好工作的首要条件，也是教学中贯彻和运用从实际出发原则的前提。教学中须了解的有关情况很多，归纳起来主要是学生身体健康状况，体能发展水平，网球运动基础，接受能力，对网球的认识、兴趣、爱好，思想、品德、意志、纪律、作风，以及学习、生活情况，教学的场地、器材、环境和季节气候等，这些情况可通过对有关人员的调查访问和教学过程中的观察、测验等方式了解。了解情况时，既要了解一般的情况，也要了解个别的和特殊的情况，要实事求是、一丝不苟，忌带主观片面性。对所了解的情况要做出必要的分析，从中区别出现象与本质、主流与支流、主观与客观，以及有利因素与不利因素等，这样，才能较好地贯彻从实际出发的原则。

第二，一般要求与区别对待相结合。同一班级的学生其年龄大体相同，生长发育也具有共同的特点。但是，也应看到学生的个体差异是客观存在的，特别是在身体机能、基础、个性特点等方面更是如此。只有认真考虑学生的差别而采取有效的措施，才能使每个学生的能力都得到充分发展。为此，必须在一般要求的基础上进行区别对待。一般要求是指网球教学大纲中规定的要求，是经过努力，多数学生可以达到的要求。区别对待是指对有显著差异情况的学生提出不同要求。

一般要求与区别对待应体现在课程的任务、内容、运动负荷和组织教法等各个方面。例如，对多数学生提出基本学会某一动作的要求，而对少数程度较高的学生则提出改进、提高某一动作的要求，对较差的学生则提出初步掌握某一动作的要求。又如，对多数学生安排中等水平的运动负荷，对少数体能较强或较差的学生则分别安排较大或较小的运动负荷，或者在练习的重复次数、强度和间歇时间上加以区别对待。在组织教法上也须区别对待，如讲解示范的详简，辅助练习的多少，保护、助力以及表扬、鼓励和批评教育的方式方法等，均应视学生的不同情况加以区别对待。

（四）教学中应注意科学总结

在网球教学训练工作中，学生对理论知识和技术技能的掌握以及品德作风的培养，都要及时得到巩固，并在此基础上不断提局。

对网球技术、技能的掌握，必须不断强化才能得到巩固与提高，否则就会消退。学生能否牢固地掌握并提高已学到的理论知识、技术、技能并在实践中运用，是衡量教学效果的重要标志之一。

巩固和提高的原则是以条件反射的建立与消退的生理规律、人体机能适应性规律为依据的。从条件反射的建立和消退规律看，动作技术是在不断重复学、练的条件下才得以巩固并形成动力定型的。如果长时间中断练习，不仅所学动作得不到巩固，而且已经巩固了的动作也会逐渐消退遗忘。对网球技术的掌握、体质的增强、品德作风的培养也是同样的道理。因此，在教学中遵循条件反射的建立与消退规律的要求，对取得良好的教学效果有重要意义。对体质增强效果的不断巩固和提高，还需要遵循人体机能适应性规律的要求，因为增强体质的效果，是在运动负荷的作用下获得的。一定的运动负荷作用于身体，获得相应的身体锻炼效果。当身体适应于某种运动负荷时，它所产生的效果对发展体能的作用则不显著。因此，为了不断发展体能，既要以适量运动负荷反复作用于身体，使发展体能的效果得到不断的积累和巩固，又要在可接受的限度内逐步增大运动负荷，使机体在运动负荷的逐步增大中不断获得新的适应，从而使体质得到逐步的增强。

教学中运用巩固和提高原则应注意以下几点：

第一，使学生的认识正确、清晰，注重理解。通过教学使学生明确动作技术和技能的概念、完成的方法和要领，以及有关的理论知识，并注重理解。理解不仅使认识正确、深入，并且可使学习效果的巩固更为持久。

第二，坚持反复练习和经常复习。反复练习和经常复习是达到理解、巩固的基本条件和方法。复习要及时，要在未遗忘之前进行才能取得事半功倍的效果。学生反复练习动作不仅能加深对动作技术的理解和巩固，而且对动作技术的改进、提高也有重要的意义，为进一步学习和提高奠定了一定的基础。要经常复习，要有必要的练习次数和时间，才能使大脑皮质中建立的暂时神经联系得以巩固和定型。在反复练习中应逐步提高要求，不断完善动作技术。运动负荷的增大，教法和练习条件的变换等，都可成为促进巩固、提高动作技术的积极因素。

反复不是简单的机械重复。如学习技术动作，开始要求掌握动作轮廓、动作路线，而后渐渐过渡到要求把握技术细节；开始时将球打过去即可，而后逐渐提出对击球质量的要求。

第三，采用各种方法，不断重复，达到巩固提高的目的。如提问、测验（笔试、口试）、测试击球拍数、计命中率、比赛、讨论、请人辅导或给人辅导。

第四，加强学生对巩固、提高教学效果的认识。加强学生对经常学、练的必要性的认识，使其经常主动地学、练，积极地达到巩固、提高的要求。

三、常用的网球科学教学方法介绍

教学方法是指在教学过程中完成教学任务的途径和手段。教学方法的选择与运用是否切合实际和有效，对完成教学任务、提高教学质量有重要意义。

教学方法也是教师的工作方式，也就是说，教师在课堂中使用的教学方法无不体现和渗透教师的经验、知识、技能、口才以及道德风尚、责任心等方面的水平。教师的教学过程，也是教师进行创造性工作的过程，选择和运用教法本身就是一项再创造性工作。总之，教师要根据项目特点、教学对象的特点以及场地设备条件等诸多因素，经常对教法进行总结和思考，以适应教学的需要。

在实施和运用教法时，要注意贯彻循序渐进、个别对待、从实际出发的教学原则。由简到繁、由易到难，这是一般的学习规律，而对症下药、突出重点则是解决问题的有效方法，其关键都在于科学地运用。

网球运动是一项技术性强、动作细腻的项目，手臂、躯干稍有不规范的动作都会影响正确技术的形成。身体反应迟钝、不协调也会造成接受上的困难，所以网球课教学方法要求更系统和仔细，使学生能在较短的时间内，正确掌握网球基本技术。

（一）直观教学法

在教学中，借助视觉、听觉、肌肉本体感觉等感觉器官来感知动作是一种经常运用的教学方法，它有助于学生了解动作形象、结构、要领、完成方法以及时间和空间的关系。

在网球课的教学中常用的直观教学法主要有战术示范、比赛示范、电化教学示范。

1. 战术示范

方法：在进行某一战术练习时，教师可与班上技术较好的学生进行战术练习，其他学生进行观摩。教师要把战术运用的技术要求、打法和应变措施讲解清楚，充分利用讲解、示范、边讲解边示范的方法，使学生了解战术的运用和意图。

2. 比赛示范

在为期一年的教学结束前，在课内组织不同形式的比赛，以检查教学效果和学生掌握学习内容的实际水平，也是在教学中常用的一种方法。比赛示范的目的，是让学生了解比赛规则，确定基本打法的目标，在实战中加以运用，找出自己的差距和不足等。

方法：与战术示范相同，教师与技术较好的学生进行比赛示范，其他学生进行观摩；在比赛中，当任何一方出现战术运用成功、漂亮得分，或展现出运用得当的应变措施和能力等情况时，教师都应暂停并进行讲解，达到比赛示范的目的。

3. 电化教学示范

方法：可采用电影和电视录像等现代化的直观教学手段，其最大特点是生动形象，感染力强，能引起学生的学习兴趣，有助于明确动作进程，并可根据需要放慢放映速度或停顿，从而进行深入的分析和研究。

运用现代化的电化教学介绍网球的技术特点，是一个很好的教学辅助方法，随着技术的进步和条件的改善，这种直观方法肯定是教学方法发展的主要趋势。

示范要求：进行动作或其他内容的示范，也包括电视录像的播放都要做到：

第一，目的明确。教师的示范要明确所要解决的问题，要根据教学任务、步骤和学生的情况决定示范什么，怎样示范，还要注意按计划掌握示范时间，不能随意延长时间，影响学生的练习。

第二，注意示范的位置和方向。根据网球运动的技术特点和教学重点及要求，教师在做示范动作时一定要考虑到让学生从任何角度都能看清楚。为此，教师要不断调整示范位置以及正面、侧面、背面等示范方向的变换，以求达到示范的最大效果。

第三，示范动作要规范。教师的示范动作力求做到准确、熟练、轻快、优美，要留给学生以动作典范的印象，也可播放录像作为教师辅助示范。

（二）语言提示法

正确生动地运用语言，在教学中有着重要作用，也是在每个教学环节中不可缺少、不能替代的重要方法。运用语言必须限定时间，有些话要起到画龙点睛的作用。在网球教学中常用的语言提示法有讲解法、口令和指示法、口头评定法。

1. 讲解法

讲解法是网球教学工作中运用语言提示法的最普遍的形式，即教师通过用语言向学生说明教学的任务、内容、要求、动作名称、动作要领等进行教学的一种方法。讲解法在理论教学、思想教育和技术教学中都起着重要的作用。

具体运用时，应注意以下几点：

第一，目的明确、有的放矢。教师根据教学任务和学生的实际情况，有针对性、有区别地进行讲解，注意客观效果。在理论课或专项技术教学时，讲解可以详尽；但在练习课或训练课上，讲解应尽量少一些，以练习训练为主。

第二，内容正确、阐述清晰。语言是人们交流和表达的主要工具，要使语言作用发挥得恰到好处。语言使用者应善于阐述，同时还必须注意选用最能够把概念表达清楚的语言。如果词不达意，往往会引起学生的误会，致使学生形成错误的概念。这就要求体育教师不仅要在语言上下功夫，而且还应对学生已学知识和理解程度有个全方位的了解。其实，用语言来叙述和描绘技术动作并不轻松，因为肌肉的感觉是很难用语言表达清楚的，因此，从这个角度来讲，教师应该在教学语言上多做些功夫。

为了使体育教师表达清楚，除了在语言上下功夫外，还应理清教学思路，只有思维清楚了，语言才可能表达得清楚。因此，体育教师在进行理论课教学时，可以把重点或提纲提前准备好，以方便后面的体育教学。

第三，讲解前要充分准备，语言简明扼要，重点突出，层次分明，口齿清楚，语气稳重而亲切，表达生动、幽默，力求以最短时间收到最大的讲解效果。这也客观地对教师提出了更高的要求，必须熟练掌握业务，加强备课和学习，特别是要努力更新知识。

2. 口令和指示法

这是在教学中教师用语言命令进行体育教学的一种方式，如"上步""控制手腕""击球深一点"等。更多的是在实施调动队伍、队列练习、基本体操等教学内容时，运用口令和指示。教师发出的口令和指示要具有权威性，不容学生稍有迟疑和懈怠。口令要明确、有力，要起到使队伍严整、精神振奋的作用。

3. 口头评定法

在网球课教学中，学生困惑烦躁的时候，教师对其进行及时的肯定、适时的鼓舞，能够帮助学生恢复自信，这就是所谓的口头评定法。这对维护课堂秩序、创设良好的教学氛围和提高教学质量都能产生良好的效果。

（三）指标训练法

训练一般都是以时间为界限的，如右方斜线对抽10分钟。指标训练法是以完成规定指标为界限的，如右方斜线对抽，以累计对抽100拍为限。

具体方法如下：

1. 双方共同完成指标法

需双方共同努力来完成指标的练习，如正手对抽累计100拍。

2. 单方完成指标法

要求一方完成规定指标的练习，如发球上网命中20拍。指标训练法的作用：及时得到定量的反馈，刺激性强，利于调动运动员训练的积极性。

指标训练法的注意事项：所定指标以经过努力可以达到为宜，切忌指标过局或过低。

（四）练习法

在教学中，大部分时间是学生进行练习，通过实际练习来体验和掌握动作要领与教学内容。

网球教学中的练习法，可分为不打球的徒手动作练习（又可分为手法、步法及二者的结合练习）与打球练习；打球练习又可分为不上场（如垫球、对墙打、打吊球等）与上场（又可分为单球与多球练习）的打球练习。

高校体育教学活动的科学化保障研究：

一、"极点"和"第二次呼吸"

在剧烈运动时，特别是中长跑时，人体会产生胸闷、呼吸急促、动作迟缓而不协调甚至恶心等现象，这在运动生理学上称为"极点"。

"极点"出现后，应适当减慢跑速，并注意加深呼吸，坚持下去，上述生理反应则将逐步缓解与消失。而后动作将变得协调有力，呼吸均匀自如，一切不良感觉消失，身体恢复正常，此种现象，运动生理学称之为"第二次呼吸"。

（一）原因

产生"极点"的主要原因是人体各器官系统都有生理惰性，而内脏器官惰性大于运动器官，从事剧烈运动时，运动器官能很快达到最高机能水品，而内脏器官一时跟不上运动器官的需要，造成机体缺氧和酸性代谢产物的堆积。在这些代谢产物的刺激下，人体呼吸、循环系统活动失调，大脑皮层动力定型暂时紊乱，从而产生"极点"现象。"极点"出现后，如果坚持继续运动，内脏器官惰性将逐渐被克服，改善氧的供应，加上"极点"出现后运动速度减慢，乳酸产生减少，使运动器官和内脏器官的功能关系基本协调，生理过程出现新的平衡，故出现了"第二次呼吸"。

（二）处置与预防

"极点"和"第二次呼吸"是长跑运动中常见的生理现象，无须疑惑和恐惧。"极点"现象出现的早晚和表现程度与准备活动、呼吸方式及心理状态有关。只要坚持经常锻炼，剧烈运动前做好准备活动，运动中适当增加呼吸深度，稳定情绪，"极点"现象是可以延缓和减轻的，甚至可以不出现。

二、肌肉痉挛

肌肉进行不自主地强直性收缩，变得坚硬、疼痛，俗称"抽筋"。运动中最容易发生痉挛的肌肉是小腿腓肠肌，其次是足屈拇肌和屈趾肌等。

（一）原因

在寒冷环境中运动，肌肉受到寒冷刺激易引起肌肉痉挛，这常在游泳或冬季户外锻炼时发生。有时准备活动不充分或肌肉进行快速连续的收缩，也会使其因舒张不全引起痉挛。从事长时间大强度运动，特别是在夏季从事长时间大强度运动时，由于大量排汗，也能使人体内水盐代谢失调而引起痉挛。情绪过分紧张也是导致肌肉痉挛的一个因素。

（二）症状

局部肌肉剧烈挛缩发硬，疼痛难忍，而且一时不易缓解。痉挛缓解后仍有不适感。

（三）处置

遇到肌肉痉挛要沉着、冷静。在一般情况下，对痉挛部位的肌肉做牵引即可使之缓解。例如腓肠肌痉挛时，即伸直膝关节并用手牵拉脚趾使其背伸。此过程最好有同伴协助，但切忌施力过猛。此外，可配合按摩、揉捏、叩打以及点压穴位（委中、承山、涌泉穴等），以加速痉挛缓解和消失。

（四）预防

首先应加强进行运动锻炼，提高身体对寒冷的适应能力；运动前做好准备活动，对容易发生痉挛的部位，事先应适当按摩；夏季进行长时间运动时，应适当补充盐分；冬秋季运动时，要注意保暖，游泳下水前，应先用冷水淋浴，游泳时，在水中停留时间不宜过长；疲劳和饥饿时，不要进行剧烈运动。

三、运动中腹痛

这是指在运动过程中或运动结束后，由于运动锻炼而引起或诱发的腹部疼痛，它常发生在长跑、马拉松跑和竞走等耐力性运动项目中。

（一）原因

主要原因是运动前人们的准备活动不充分，开始时运动过于剧烈，内脏器官功能尚未达到竞赛状态，致使脏腑功能失调，引起腹痛；也有的因为人们运动前饮食过饱、饮水过多或饭后不久就进行运动，或腹部受凉，引起胃肠痉挛；少数人因运动时间过长或过于剧烈，使下腔静脉压力上升，引起血液回流受阻，或者因肝脾瘀血，膈肌运动异常，致使两肋部胀痛；慢性肝炎、慢性阑尾炎、溃疡病等患者在进行剧烈运动时，病变部位受到震动、牵扯等刺激也可引起腹痛。

（二）症状

腹痛的部位主要依发病原因而定，由肝脾瘀血引起的腹痛，肝痛在右季肋部，脾痛在左季肋部，疼痛性质为胀痛或牵扯性痛；胃痉挛的疼痛部位在上腹部；肠痉挛、肠结核引起的腹痛在腹腔中部；食后运动疼痛常发生在上腹部或中腹部。

（三）处置

人们在运动中发生腹痛时，如果没有器质性病变的迹象，一般可采用减慢跑步速度和降低负荷强度，加深呼吸，按压痛部或弯腰跑一段距离等方法处理，疼痛常可减轻或消失。如果疼痛仍不减轻，甚至加重，应停止运动，并口服"十滴水"，或揉压内关、足三里等穴位。如仍无效果，则需请医生诊治。

（四）预防

膳食安排要合理，饭后须经过一定时间以后（约1.5小时）才可以进行剧烈运动，运动前不宜过饱或过饥，也不要饮用过多的汤水；要充分做好准备活动，加强训练的科学性，运动量要循序渐进，并注意呼吸节奏；夏季运动后要适当补充盐分；对于各种慢性疾病引起的腹痛应就医检查，病愈之前，应在医生和教师指导下进行运动。

四、运动性肌肉酸痛

参加运动锻炼的人，特别是刚开始参加锻炼的人，在运动之后往往感到肌肉有酸痛感觉，这在运动医学中叫作运动性肌肉酸痛。

（一）原因

近代运动生理学的研究表明，运动后肌肉酸痛是运动时肌肉活动量大，引起局部肌纤维及结缔组织的细微损伤，以及部分肌纤维的痉挛所致。这种酸痛不是立刻发生在运动结束后，而是发生在运动结束后的1～2天内，因此也称为延迟性疼痛。

（二）症状

由于这种酸痛现象只是局部肌纤维损伤和痉挛，不影响整块肌肉的运动功能，但存在酸痛、发胀、发硬等感觉，所以，酸痛后经过肌肉内部对细微损伤的修复，肌肉组织会变得更加强壮，以后同样的负荷将不易再发生酸痛。

（三）处置

运动性肌肉酸痛是经常发生的，当已经出现运动性肌肉酸痛后，采取以下方法有助于酸痛的减轻或缓解：

1. 静力牵拉法

可对酸痛局部进行静力牵拉练习，即将肌肉先慢慢拉长，然后在拉长位置保持2～3秒静止状态。例如，对人腿前侧肌群做静力牵拉时，可让学生俯卧在地上将腿伸直，让另一名学生将其腿慢慢抬起，然后静置2～3秒再放下，重复2～3次即可。注意做时不可用力过猛，以免牵拉时再使肌纤维损伤。

2. 按摩

运动后有条件应进行按摩，使肌肉放松，促进血液循环，缓解肌肉痉挛和损伤组织修复。

3. 热敷

对酸痛的局部肌肉进行热敷，可促进血液循环及代谢过程，有助于损伤组织的修复及痉挛的缓解。

4. 针灸和电疗

对酸痛的局部肌肉进行针灸和电疗，可起良好的效果。

（四）预防

人们在运动前，应充分做好准备活动，并注意对即将练习时负荷重的局部肌肉进行活动；运动时，应根据自身的身体状况科学安排运动负荷，尽量避免局部肌肉负担过重；运动结束后，也要做好相应的整理活动，除进行一般性放松练习外，还应重视肌肉的伸展性练习，等等。

第三节　创新教育思想的应用

创新是当今高校体育教学的必然之路：

创新教育思想是当代人类教育实践的重要指导思想，也是我国教育改革需要遵循的重要指导方针。创新教育思想是关于知识经济时代人类教育的创新职能、创新观念、创新实践的思想。因此，我国教育改革应该以紧抓素质教育、培养创新精神为导向。

一、如何实现创新教育思想

首先，吸收创新教育思想，深化对教育的创新职能的认识。创新教育要求我们对传统教育的职能重新进行认识。传统的观念认为，教育的最大功能是韩愈所谓的"传道、授业、解惑"，即传播知识。但是，伴随着社会生产力的极大发展和知识经济时代的到来，为了适应时代的要求，教育除具有传播知识的功能外，还需具备培养创新精神和创新人才的功能。教育作为国家创新体系的重要组成部分，对教育自身创新职能的认识是非常重要也是非常必要的。

其次，学习创新教育思想，以创新素质作为素质教育的重点目标，全面推进素质教育。1999年6月由中共中央办公厅颁布的中共中央国务院《关于深化教育改革全面推进素质教育的决定》明确指出，素质教育要以培养学生的创新精神和实践能力为重点。也就是说创新教育并不是离开素质教育另搞一套，而是把培养学生的创新素质作为素质教育的重点来抓。深化教育改革，全面推进素质教育进程，其中最重要的一点就是对学生创新能力的培养，因为培养创新能力可以确保素质教育的顺利实施，并且促进其大步向前发展。

第三，学习创新教育思想，树立创新教育观念。学习创新教育思想，就要求我们必须借鉴和吸收古今中外人类社会的一切优秀文明成果，不断地丰富和发展创新教育思想。学习创新教育思想，同时还要求我们必须结合创新教育的实施原则，树立起一系列的创新教育观念，如个性化、自主性、探索性、开放性、民主性、实践性和启发性等，使我们提倡的创新教育在科学教育观念的指导下得以健康发展。

二、创新元素在高校体育教学中的应用研究

传统的体育教学模式主要以发展学生的体质为目标，以教授学生简单的运动理论和运动技能为主，不能算作真正的体育教学。此外，体育课程的构成成分单一，充分考虑了教师的主导作用，却忽略了体育教学过程中学生的主体地位。传统式的体育教学只是一味地强调给学生传授什么，整个课堂以教师为核心，学生的需求被忽视，严重束缚了学生的积极投入和自由创造。另外，传统体育教学内容涉及面广，却不精，满足不了学生精钻的需求。传统的体育教学模式在现代社会是行不通的，因此，当今的体育教学模式要进行全方位的素质教育改革。

改革即要求在传统体育教学方法上，一改以往枯燥乏味的教学模式，倡导多元化教学模式的应用。此外，体育教师要对体育教学方法有灵活运用的本领，根据学生的实际情况和体育教学所要达到的目标，寻找一些行之有效的教学方法，合理设计课堂教学环节，进而激发学生的学习动力和无限潜能，最终为提高体育学科的教学效果和教学质量服务。

高校体育教学方法的创新思考：

一、现代教学手段引入的案例分析

引入现代多媒体技术是体育教学发展的大趋势，下面以某校在健美操教学中引入现代信息技术为例作具体分析。

曾有实验将100名学生平均分为人数相等、水平相当的两个组，其中一组采用多媒体信息教学，另一组采用传统方法教学。两个小组由同一名体育教师定时进行授课，一个月后对两个小组进行兴趣比较分析。实验结果表明，采用多媒体信息教学可以大大提高学生对体育学习的兴趣。从学生的体会和感悟中，我们也不难发现，学生大多喜欢这种新式的教学手段。

由此可知，在体育教学中引入现代信息技术能够大大提高教学的效果。

二、现代信息技术融入体育教学的创新思考

（一）校园网——网络教学的基础

当今校园教学资源越来越丰富，手段越来越多样化，校园网就是其中较为典型的一种，这就为体育教学创设了很好的硬件条件。我们可以充分发挥校园网的优势，让它为我们所用，在校园网上搭建体育平台，让网络教学的实现成为可能。

（二）多媒体——课堂教学的新手段

多媒体教学已成为现代各大高校一大教学趋势，在一定程度上弥补了传统教育的不足。传统体育教学的不足主要体现在教学时间有限、教学形式单一、审美疲劳等。

因此，体育教师想要培养学生的兴趣、创新精神，提高教学质量，若仍然采用传统的、一成不变的教学方法是行不通的。教师必须充分利用多媒体教学，帮助学生生动形象地接受新知识的学习。

（三）微博——师生心得交流的新平台

微博已经成为人们交流沟通的主要工具，人们利用微博关注时事热点，是工作、学习的重要工具。时代发展的潮流，也给学校教育提出了新的要求。学生通过微博可以相互传递和交流知识，在交流的过程中，大家可以平等、自由地对话，这有利于促进学生的进步与成长，进而大大提高学习的效率。

（四）"BBS"论坛——课后学生讨论和提问的空间

"BBS"论坛主要是供人们对某一问题发表意见、进行讨论的电子公告。随着高校校园网的普及，"BBS"论坛也随之兴起。同学们经常在"BBS"论坛上提出一个问题或者观点后，就有别的同学进来解答或者相互讨论。很多学生会利用"BBS"论坛这一平台抒发自己课堂内外的真实感受。因此，体育教师利用"BBS"论坛接收课后反馈。体育教师可以结合教学所要达到的目标，配合新闻时事、时下热点、精彩赛事，对学生展开诱导。这样一来，不但能激发学生的学习热情，还能让学生掌握所学课程的要领，最终实现教学目标。

现代信息技术在体育教学中的应用，不仅为体育教师教学方法的创新带来了灵感和便捷，也为师生之间的互动提供了良好的平台，还延伸了体育课堂，为学生营造了良好的终身体育氛围。这也是现代体育教育改革的大势所趋。

高校体育教学中对学生创新能力的培养：

与传统教育不同，素质教育充分尊重人的主动精神和主体意识，它注重激活人的大脑深层，最终目标是发展一个健全的有个性的鲜活个体。体育教学是实施素质教育的有效途径，如何在体育教学中融入创新教育，对提高学生综合素质来说意义非凡。体育教学的终极目标就是完善学生的体育理论知识和运动技能，健全学生道德，促进学生全面发展。

一、树立以学生为本的理念，把学生作为教学的根本，培养学生的自主学习能力

体育教学应在尊重教师主导性的同时，充分尊重学生的主体地位，这就要求体育教学要以学生为本。以学生为本则要求体育教师激发学生的求知欲，调动学生自学的积极性，尊重学生的主动性，让学生能够自由地茁壮成才。

二、采用灵活多变的教学方式，鼓励学生积极参与，发展学生的观察力

与传统的文化课相比较而言，体育课的教学更加具有形象性、直观性、趣味性和生动性。在体育课堂上，教师是相对自由灵活的，可以在教学课堂中融入游戏、竞技

因素来丰富教学内容，吸引学生参与其中。同时，体育活动是"身体语言"固化为形象思维，再逐步形成抽象思维的过程。因此，在这个过程中，体育教师可以采用变化多端的教学方式，让学生在轻松、愉悦的游戏氛围中，提高学习兴趣、强壮体质、增强心智。

三、鼓励学生标新立异，在探索中创新

创新是事物向前进步的源源动力，因此，教师要鼓励学生创新，要勇于标新立异，推陈出新。当然，这里所说的标新立异并不是一味地"求异"，不顾基础知识，而是要鼓励学生在掌握扎实的基本功之余，用新的思维去重新审视之前学习过的内容，不断进行知识的优化重组，进而形成新的认知理论和认知方法。与此同时，体育教师要学会利用学生的某些心理特点培养学生标新立异、推陈出新的能力。体育教师要学会"引而不发"，提出某个问题，但不发表言论，一步一步地引导学生进行独立思考，最终培养学生独立创新解决问题的能力。

四、形成老师和学生间良好的沟通渠道

社会是一个群体，人与人之间要进行交流和沟通，社会才得以向前发展。体育教学也是一样，在体育课堂上，教师和学生之间也需要彼此交流和沟通。如果学生在头脑中形成创新意识和创新思路的时候，教师不作为，没有给他们提供创新的空间和平台，那么最终会把学生的创新思维和想法扼杀在摇篮里。久而久之，学生也便习惯性地压抑自己的想法，思维变得懒惰起来。填鸭式灌输的知识传授，对他们的长远发展也很不利。作为体育教师，应该从自身做起，想尽一切可行的办法，帮助学生的身心得到最大的释放。为学生创设一切可能的因素，促使他们启迪智慧、主动探究、强壮体格，充分尊重学生的主体地位，让学生成为学习的真正主人。

五、将创造力的培养延伸至课堂之外

"以学生发展为本，健康第一"是作为体育教师应有的态度。体育教师应该学会利用一切可以利用的因素，提升学生学习体育的动力，增加学生学习体育的兴趣，提高学生的学习创造力。在体育教学的实施过程中，体育教师应该在教学伊始，就对学生创新能力的培养做出长远规划，以此明确目标。在体育教学中，教师要充分尊重学生的个性和需要，从学生的生理和心理特点出发，夯实学生的体育基础理论知识，以多样化的课堂教学手段为学生锻炼提供良好的学习氛围，在体育课堂内构建和谐的师生关系，做有利于学生创新能力培养的准备。

当然，仅仅依靠课堂上的40分钟来培养学生综合能力是远远不够的，这就要求体育教师要把对学生创造力的培养延伸到40分钟之外，也就是人们常说的课外。相较于课内而言，课外的时间和空间更为广阔。课外为学生提供更多思考和实践的时间和空

间，有利于学生受到生活课堂的启发养成自主学习的习惯，也有利于学生提高学习能力，确立终身体育思想。

由此可见，培养学生创新能力的过程是一个长期而复杂的过程，需要教师和学生共同的坚持和努力。因此，体育教师要突破以往传统的教学模式，利用身边一切先进的资源，为学生构建一个宽松、民主、富于创新精神的教学天堂。在这个天堂里，教师尊重学生，尊重他们的主体地位，尊重他们的个性，尊重他们一切值得尊重的东西，并提升学生的自信，不断鼓励学生去发现、去认识、去创造，使学生在创造的过程中渐渐成才。

第四节　终身体育思想的强化

终身教育思想阐释：

"所谓终身教育是指一系列非常特殊的观念、实验与成就；换言之，就其最完整的意义而言，教育包含各个层面与方向，从出生到临终未曾间断的发展，以及各个不同的点与发展阶段之间非常密切且有机的关系。"这是终身教育的倡导者朗格朗给终身教育下的定义。终身教育思想并不是现代体育思想的一个新名词，它发源于古代，并在人类历史长河中不断积淀、丰富、发展和完善，并在现代得到提倡。

纵观历史，终身教育思想之所以在现代得以倡导并广泛传播，是有其深刻的社会和历史原因的。终身教育思想的观点主要包括以下几点：第一，从教育历程来看，跨越学校的围墙，人从出生直至生命终结都是受教育的过程；第二，从学习方式来看，不再一味地被动接受学习，而是自我主动地学习；第三，从教育目标来看，终身教育重在发展完善的人和和谐的社会。由此可见，终身教育思想的产生和传播是有着深刻的社会和历史意义的，终身教育有利于教育往高效、公正、人道的方向发展，而且也有利于变革社会中主流的教育思想观念，使之朝科学化的方向发展。

终身体育思想下高校体育教学的改革研究：

当今的学校体育教育已经慢慢跨越了学校的围墙，时间上由学生时期延伸到下作后，空间上由学校延伸到社区。这就是所谓的学校体育体系整体化，简而言之，就是把学校体育看作一个统一的整体，把学校体育教育的纵向横向紧密联系起来。

就纵向而言，学校体育分为学前体育、学中体育、学后体育，或幼儿体育、中学体育、大学体育以及就业以后的体育。纵向体育充分考虑到学校体育的阶段性、连续性、统一性和整体性，它还把学校体育内部各环节协调组合成一个统一的整体，从而发挥着各自的特定功能。就横向而言，学校体育体系是终身体育体系中的一个重要构成，它并列于家庭体育、社会体育，使得学校体育与社会体育、家庭体育统一发展，三者密切配合、相互协调、互相促进，形成一个由幼儿体育、青少年体育、中老年体育有机贯穿的以全民为对象的终身体育教育体系。

基于上述情况，高校终身体育教学主要可以从以下几个方面入手。

一、延伸教学范围

事实表明，体育课堂教学毕竟是有限的，只有把体育课堂向外拓展，才是真正培养学生的体育兴趣、激发学生的体育动机、提高技能的有效途径。此外，体育课堂的延伸还有利于学生之间技能的交流与展示。基于此，学校应该结合自己的实际情况，经常开展如年级联赛、俱乐部赛等丰富多样的课外竞赛活动，以便学生有选择、参与和展示自己的机会。课外竞赛是张扬学生个性和显示学生兴趣的最佳办法。此外，还可以通过开展一些知识竞赛，来提高学生对体育文化理论知识的理解和掌握。与此同时，体育教师还应给他们讲解一些常见的运动损伤，传授其应对方法，让他们防患于未然，对将来有可能发生的危险有所准备，不至于在突发状况发生时手足无措。他们能在实践中感受到学有所用，更加懂得保护自己，更加有成就感，从而激发他们的运动热情。

二、完善教学方法

（一）多种教学方法并用

在过去传统的体育教学中，教学方法一成不变，单一乏味，吸引不了学生的兴趣，激发不了学生的参与热情。因此，在现今的体育教学中，我们要一改以往的教学方法，多采用新奇的方式引起学生的注意和兴趣，并鼓励学生手脑并用，积极参与体育教学。只有教师经常向学生提出新要求、新任务，才能不断吸引学生的练习兴趣，保持神秘感，一直牵动学生那颗好奇的心。此外，在教学过程中，体育教师要广泛运用挂图、录像、示范等教学手段，吸引学生对体育的兴趣。这样一来，学生就会对所学的内容产生浓厚的兴趣，进而积极主动地参与学习过程。学生"动心""用心""专心"，注意力高度集中，教学秩序井然有序，学习效率也必将大大提高。

（二）用体育游戏激发学生兴趣

体育游戏的外在表现形式为游戏，但它实际上属于身体锻炼活动的一种。它在进行之初就设计好了目的和规则，因而是一种有组织的体育锻炼活动。体育游戏也是一种有意识的、创造性的活动。此外，体育游戏还具有普及性、趣味性、锻炼性等特点。由于体育游戏对设施要求不高，简单易行，而且难度低，趣味性强，因此它适合各类身体素质的学生共同参与。体育教师可以在日常枯燥乏味的体育教学过程中，融入一些符合教学内容和教学目标的游戏环节，想必会深受广大学生的喜爱。

体育游戏必须符合课程内容和学生的特点。例如，高校体育教学过程中选取的游戏就一定要符合大学生的年龄特点，游戏的动作、情节、规则和组织方法都要与大学生的身体素质和教学目标相适应。游戏的内容要有教育意义，其形式要简单易行，这样才有利于教学目标的最终达成。除此之外，游戏还有利于学生提高基本运动技能、提高身体素质、养成团队合作意识。游戏的设计也应当把教学场所和教学设备等实际情况考虑进去，要从学校的实际硬件设施出发，安排一些切实可操作的游戏活动。例如，有些游戏，虽然内容和形式都很新颖，很能吸引学生的注意力，但是由于受很多硬件设施的限制，不能很好地实施起来，因而也不能在体育教学中得到运用。所以，体育教师在设计游戏之初，就应该把简便性原则作为游戏选择的首要原则。同时还要考虑到游戏功能的发挥，选择游戏内容时，既要选择那些能够提高学生运动技能、发展学生身体素质的游戏，也要选择那些能够活跃教学氛围、增强团队精神的游戏。

三、培养学生的学习能力

终身体育思想的树立，应该同素质教育和现代体育教育结合起来，不可割裂来看。首先，在体育教学中，体育教师应注意增强学生的体育意识、培养学生锻炼身体的习惯、增强学生体育学习的能力，为终身体育奠定坚实的基础。其次，体育教学的方法和各个实施环节都要建立在学生综合素质提高的基础之上，体育教师要变革传统的体育教学方式和体育教学内容，把传统的体育理论知识和技能的教授转变为尊重学生的主体地位、发展学生的创造性思维、培养学生自主学习的教授过程。再次，体育教师应处理好自己和学生之间的关系，对教与学有个正确的认知，广泛利用周边一切的积极因素，最大限度地激发学生学习体育的热情和自觉性。最后，"以学生为中心"，让学生当自己学习的主人，使学生养成学会学习的习惯，培养学生自我摸索、自我发展、自我形成终身体育的态度和行为。

在现代社会，只有不断创新才能吸引人们的眼球。学校体育教育也是如此，只有创新的课程才能吸引学生的注意。这就要求体育教师要不断更新、与时俱进、把握时代的脉搏，丰富教学内容，采用创新的教学方法，并将其很好地融合到具体的体育教学实践当中，吸引学生参与体育活动过程，进而塑造学生自我锻炼的良好素养和提升学生自我学习的能力。只有这样的课堂才能打动学生的内心，终身体育才指日可待。

激发学生的体育兴趣，为终身体育奠基：

一、兴趣的重要性

心理学认为，人力求认识某种事物或进行某种活动的心理倾向就是"兴趣"。兴趣是一种稳定的、瞬时性的心理倾向。兴趣体现在教学活动中，具体表现为学生强烈的积极性和兴奋状态，一旦教学内容吸引了学生，学生就会对学习充满兴趣，引发前所未有的求知欲，进而表现出对所学内容想要理解和掌握的强烈需求。这就会促使学生学习积极主动，效率得以提高。学校体育作为众多教育学科的基础学科之一，与其他专业课程一样，也承载着教书育人的使命。培养身心健康的学生才是体育教学的最终宿命，因为大学生身心发展直接关系着祖国的现代化建设，直接关系着科学技术的发展，直接影响着综合国力的提升，当然与之最密切的当属他们自身的发展。因此，学生身心和谐发展才是体育教学的最终目标。体育锻炼之所以特殊，就在于它需要人们亲力亲为，不可代替，而且收益最大的永远是人自身。因此，帮助学生养成良好的体育锻炼习惯必将让学生受益终生，这也是体育教学优秀成果的一个展示。如果体育教师不注重对学生体育活动兴趣和锻炼的习惯的培养，那么终身体育也就如同无源之水、无本之木，遥不可及。因此，学校体育改革不仅要在学生基本运动技能和理论知识上下功夫，还应该侧重培养学生的体育能力，让学生体育在课内外有个很好的衔接过程，进而激发学生体育锻炼的动机和兴趣，最终培养学生终身体育锻炼的好习惯。

二、如何培养学生的体育兴趣

（一）树立体育重要的观点

受传统观念的影响，体育课长期得不到学校与家长的重视，甚至很多学生和教师也都觉得体育课程不重要。因此，体育教师在教学过程中，要更正学生的这种错误观念，使学生认识到体育的重要性，提高对体育课的重视程度。使学生明确体育的重要性如同经济、政治、军事、科技一样，都是国家、民族的综合实力的体现和主要构成部分。此外，体育课程对强健学生的体魄、培养学生的坚强意志、塑造敢想敢做的优良品质具有极其重要的影响。良好的身体是为祖国提供有用之才最基本的保障。

（二）确立教师的主导地位

体育教师在体育课程教学中占据着主导地位，同时也是体育课堂的指导者。因此体育教师要做好自己的本职工作，当学生遇到困难无法解决的时候，应该对他们进行及时的关怀和开解，并鼓励他们提高战胜困难的信心和决心。此外，体育教师作为人民教师，还应该为人师表，为学生起到表率作用，用自己特有的精神风貌去感染身边的每一个学生，让他们受到熏陶和感染。长此以往，学生和教师之间就会建立良性的师生关系，学生对教师既有崇拜之情，又有朋友之情，教师的举手投足都会影响到学生的言谈举止。学生会因为爱上体育老师，而爱上体育课程的学习，这也是体育教师的魅力所在。

（三）让学生体验成功的快乐

"成就感"能增强人的自信和兴趣，在教学过程中，体育教师要细分教学目标，让学生尽可能通过努力便能达成目标，获得成功的体验。在体育教学过程的点滴之中，最大限度地挖掘每个学生的优点和独特之处，不断地对他们进行肯定和表扬，欣赏他们身上的每一处发光点，进而增加学生的自信心和学习体育的兴趣。

（四）通过组织竞赛激发学生的兴趣

每个学生都想获得大家的赞美和认可，都想把自己最好的一面展示在大家面前，这就需要体育教师为学生提供一些可以尽情展示自己的平台。体育教师可以多组织体育竞赛。在竞赛中，每个学生都有获胜的机会，每个学生都可以尽情地展示自己，每个学生都能在竞赛中获得快乐体验。

（五） 鼓励大胆创新，勇于实践

"创新"是国家兴旺发达的不竭动力，是推动民族进步的灵魂，是素质教育的核心目标。体育课堂为创新教育的实施提供了基本的平台，因此，在教学过程中，体育教师要竭尽所能为学生创设民主和谐的良好氛围，鼓励学生敢于创新、善于创新，不断超越过去，促进学生创新精神的培养，加速素质教育的实施进程。

（六） 教学方法的采用

体育教学需要场地、运动器材等，教师在安排场地、器材时要以激发学生学习兴趣、营造快乐氛围为前提，这样有利于学生更好地学习和掌握运动技能。在教学过程中，要穿插多种教学手段，改变以往体育教学给学生留下的死板、单一的印象。体育教师可以在教学过程中广泛运用风趣、诙谐的语言，使学生在教学过程中得以放松和愉悦。在进行动作示范时，体育教师应尽量严格要求自己，让自己的动作尽可能的标准和美观，让学生受其影响，并努力效仿。

学校体育教育为终身体育意识奠基，它能够潜移默化地影响人的一生。学校体育教育不仅关系着学生终身体育的体质基础，还影响着学生终身体育的动机和行为习惯。学生在进行体育锻炼的过程中，形成一技之长，并发展自己进行体育锻炼的积极性和主动性，为将来终身体育意识和行为的形成奠定坚实的基础。让学生体会到体育和生命的价值，生命在于运动，运动使生活更美好。

参考文献

［1］尚新茂、毛振明：《体育教学内容论》，北京体育大学出版社 2014 年版。

［2］毛振明：《体育教学论（第 2 版）》，高等教育出版社 2011 年版。

［3］周登嵩：《学校体育学》，人民体育出版社 2014 年版。

［4］龚正伟：《体育教学论》，北京体育大学出版社 2014 年版。

［5］肖林鹏：《现代体育管理》，北京体育大学出版社 2013 年版。

［6］胡爱本：《体育管理学导论》，高等教育出版社 2014 年版。

［7］冯卉：《体育教学之美学》，《辽宁师专学报》2016 年第 2 期。

［8］龚坚：《现代体育教学论》，西南师范大学出版社 2011 年版。

［9］潘凌云：《体育教学模式探讨》，硕士学位论文，华中师范大学，2012 年。

［10］史兵：《体育教学论》，陕西师范大学出版社 2016 年版。

［11］邓星华、谭华：《新编体育教学论》，华东师范大学出版社 2008 年版。

［12］杜俊娟：《体育教学设计》，北京体育大学出版社 2017 年版。

［13］杨雪芹、刘定一：《体育教学设计》，广西师范大学出版社 2014 年版。

［14］邓凤莲：《体育教学设计系统观和设计程序研究》，《体育教学》2011 年第 11 期。

［15］张玉生：《体育教学设计的新视角》，《体育教学》2011 年第 10 期。

［16］张伟、李智：《浅谈现代教育技术在体育教学中的应用》，《学苑教育》2013 年第 9 期。

［17］肖晶品：《构建体育教育专业学生社会实践能力培养的"太极"模式研究》，硕士学位论文，长江大学，2014 年。

［18］吴迪：《论普通高校体育教育专业学生能力培养》，《体育科技文献通报》2015 年第 5 期。

［19］李启迪、邵伟德：《体育教学基本理论研究》，北京师范大学出版社 2014 年版。

［20］ 马行风：《对高校体育弱势群体的赏识教育方法研究》，《南京体育学院学报》2014年第4期。

［21］ 晁嘉文：《对高校学生体育弱势群体的研究》，《青春岁月》2013年第10期。

［22］ 罗敏：《论高校体育粥势群体的赏识教育》，《新西部》2015年第3期。